# 대법원 판례로 읽는 법적 논증

— 어려운 사건을 해결하는 19가지 논증 도구 —

김범진

(변호사, 법학박사)

박영사

# 서문

수년 전 업무에 시달리며 법과 판례에 대한 지식이 고갈되어 가고 있다는 위기의식에 출퇴근 지하철에서 대법원 전원합의체 판결 읽기를 시작했다. 논쟁적인 대법원 전원합의체 판결들을 하나둘 읽다 보니, 문득 내용은 사안마다 다르지만, 논리구조에서 뭔가 같은 것이 무한 반복되고 있다는 느낌이 들었다. 논쟁적인 대법원 판결들이 다루는 주제들은 사안마다 다르지만, 다수의견과 반대의견이 대립하는 지점, 논쟁이 이루어지는 기본구조에서 어떤 공통된 흐름이 내재되어 있다는 것이었다. 그리고 그런 반복되는 논리구조를 정리하는 것이 가능할 것 같다는 생각이 들었다.

송무변호사인 필자는 언제부터인가 법적 논증이론, 법학방법론 등 기초법학에 관심을 갖게 되었다. 우연한 기회에 기초법학 연구모임인 방법론연구회에 참여할 기회를 얻었다. 내공이 깊으신 교수님들과 세미나를 거듭하면서 많은 배움을 얻을 수 있었다. 하지만 학자들의 담론체계와 실무의 언어코드 사이에 일정한 간극이 존재한다는 점도 알게 되었다. 이 책은 실무가의 입장에서 실무의 법적 논증을 대법원 판례를 중심으로 분석 및 정리한 것이다.

이러한 시도가 이론적 관심만은 아니다. 실무가 입장에서 어려운 사건에서 어떤 논리를 구성하고, 어떤 논거를 제시할지는 업무 그 자체이다. 논쟁적인 대법원 판결 읽기는 좋은 논증의 밑거름이 될 수 있다. 특히 대법원 전원합의체 판결은 1~3심의 당사자, 대리인, 하급심 판사, 재판연구관을 거쳐 대법관들의 고민과 지혜가 응축된 집약체다. 당연히 좋은 논증과 논리들이 응축되어 있을 수밖에 없다. 그런 글을 읽는 것은 실무가들에게 생각의 원천이 될 수 있다.

필자는 2018년부터 로스쿨, 사이버대학 등에서 글쓰기 강의를 하였다. 2021년 필자가 만든 강의안을 토대로 『법률가의 글쓰기』라는 책을 발간하였다. 그 이듬해 법률신문사로부터 '내가 쓴 책'이라는 코너에 기고를 요청받았다. 기사에서 필자는 책을 쓴 동기를 다음과 같이 밝혔다. '법학은 실용학문임에도 여전히 실무와 이론의 간극이 크다. 그 결과 실무에서 필요한 내용 중 이론화되지 않은 빈 공간이 많다. 글쓰기도 그중 하나인데, 필자는 그 간극을 조금이나마 메워보고 싶었다.' 이 책도 같은 맥락이다. 법률가들이 매일같이 하는 일이 논증이다. 하지만 이론이든 실무든 논증에 대한 교육은 없다. 그저 교과서, 판결문을 반복하여 읽으며 감각적으로 익힐 뿐이다.

이처럼 공백으로 남겨진 영역을 정리하는 작업에 흥미와 보람을 느껴 어느새 두 번째 책을 내게 되었다. 시론(試論)적이고, 부족한 글이라는 점을 알지만, 이러한 작업이 실무가들에게는 생각을 정리할 수 있는 기회를, 학자들에게는 실무가의 문제의식을 전달하는 계기가 될 수 있으리라는 기대를 해본다.

출간을 허락해주신 박영사와 까다로운 편집을 깔끔하게 마무리해주신 편집부 이승현 차장님, 부족한 필자에게 많은 가르침을 주신 방법론연구회 교수님들, 선후배 변호사님들, 사랑하는 아내와 아들 수한, 딸 수현에게 고마움을 전한다.

2025. 9. 10.

김 범 진

# 차례

## 제1장 들어가며



## 제2장 개념쪼개기 등 : 법개념 자체에 도선하는 논증기법

## 제4장 한 걸음 나아가기(one step forwards) : '결과고려 논증', '정책논증'

## 제5장 좌우 둘러보기 : 법적 논증의 보조장치들

제1장

# 들어가며

제1장

# 들어가며

## 1. 논증, 법적 논증, 어려운 사건

### (1) 논증의 의미

> "법률가들은 논증한다. 법관은 명문의 소송법 규정에 따라 자신의 판결에 대해 근거를 제시할 의무가 있다. 형사변호인 또는 민사소송 대리인은 재판부가 자신의 의뢰인에게 유리한 결정을 내리도록 논증을 해야 한다 … 법률가의 무기는 논거다. 즉 법률가는 다른 사람을 확신하게 만들어야 한다."
>
> 울프리드 노이만(Ulfrid Neumann)[1]

법률가들이 하는 일은 논증이다. 논증이란 '근거'를 토대로 '주장'을 개진하는 것이다.[2] 논리학에 의하면 좋은 논증이 되기 위해서는 주장명제가 근거명제에 의해 합당하게 뒷받침되어야 한다. 법률가들도 특정한 법률효과를 얻기 위해 법령 또는 판례에 근거를 둔 주장을 한다. 법적 논증 역시 논증의 일종이다.

법적 삼단논법(legal syllogism)은 법적 논증의 기본구조다. 법적 삼단논법 역시 논증이므로 주장과 근거로 나눌 수 있다. 대전제와 소전제가 근거이고, 결론이 주장이다. 다음과 같이 정리할 수 있다.

| 예시 | 법적 삼단논법 구조 | 논증 구조 |
|---|---|---|
| 살인한 자는 사형에 처함 | 대전제 | 근거 |
| A는 B를 살해함 | 소전제 | |
| ∴ A는 사형에 처함 | 결론 | 주장 |

1 U. Neumann 외 2, 윤재왕 역, 『현대 법철학과 법이론 입문』, 박영사, 2024, 443면(일부 발췌).

2 I. Copi 외 2, 박만준 외 1 역, 『논리학 입문』, 경문사, 2015, 6~25면 참조. 논거와 결론으로 구성된다고도 한다. 즉 논거는 근거, 주장은 결론과 같은 말이다.

피고가 불법행위 손해배상책임을 부담해야 한다고 주장하는 원고는 그러한 주장에 대한 법적 근거(대전제)와 사실관계(소전제)를 논증해야 하고, 피고인이 횡령, 배임, 사기 등의 죄책을 부담해야 한다고 주장하는 검사도 법적 근거와 사실관계를 논증해야 한다.

### (2) 어려운 사건과 논증

그런데 법적 논증에는 매우 특이한 점이 있다. 논리학자들의 설명에 따르면 삼단논법은 연역논증의 일종이고, 연역논증은 논리필연적인 하나의 답을 갖는다.[3] 하지만 법적 논증의 경우 원, 피고 모두 '삼단논법 형식'으로 논증하지만 결론은 반대다. 물론 많은 경우 한 쪽 논증은 불완전하거나 허구적이다. 하지만 그렇지 않은 사안도 많다. 원, 피고 주장 모두 나름의 근거가 있고, 재판부도 쉽게 어느 주장이 타당한지 단정할 수 없는 사안도 많다.

법이론가들은 이러한 사안을 '어려운 사건(hard case)'이라고 부른다.[4] 어려운 사건은 기계적인 삼단논법에 의해 정답이 쉽게 도출되지 않는 사안이다. 그렇기 때문에 특정 결론을 지지하기 위해 추가적인 논증 내지 논거가 필요하다. 그러한 논증 내지 논거는 1개일 수도 있고, 여러 개일 수도 있다. 원, 피고 쌍방 주장이 나름의 합리성을 갖는 경우 반대방향의 논거들이 치열하게 대립할 수도 있다.

이 책은 대법원 판례를 중심으로 우리 실무에서 어려운 사건(hard case)에서 활용되는 논증구조 내지 논거유형을 분석한다. 그러한 보충적 논증 내지 보강논거를 (i) 법개념 자체에 도전하는 방법, (ii) 한 걸음 물러서서 보는 방법(기원에 관한 논증), (iii) 한 걸음 나아가서 보는 방법(결과고려 논증), (iv) 법적 논증의 보조장치를 활용하는 방법의 4가지로 나누고, 각 항목마다 4~5개의 세부유형을 고찰한다.

각 유형이 담고 있는 질문을 아주 쉬운 표현으로 정리하면 다음과 같다. 즉, 어

3 I. Copi 외 2, 박만준 외 1 역, 『논리학 입문』, 경문사, 2015, 33~35면, 물론 이는 연역논증에 오류가 없는 경우를 전제로 한다. 이에 비해 귀납논증은 개연성의 정도로 평가된다는 차이가 있다.

4 어려운 사건 개념에 대한 이론적 논의에 대해서는, 공두현, "판결하기 어려운 사건, 쉬운 사건, 보통의 사건 — 법적 추론과 논증의 영역들" 한국법학원 「저스티스」 통권 제192호, 2022 참조. 법철학의 논의를 보더라도 쉬운 사건에 대한 정의는 별 다툼이 없다. 즉 기계적 삼단논법에 의해 결론이 도출되는 사안이다. 반면 어려운 사건을 어떻게 정의할 것인지, 그 본질은 무엇인지에 대해서는 여러 견해가 대립한다(자세한 내용은 위 논문, 384~385면 참조). 그리고 그러한 사안에서 판사의 재량을 인정할 것인지 아니면 그럼에도 하나의 정답이 있다고 보아야 하는지의 문제가 법실증주의자와 드워킨(R. Dworkin)의 유명한 논쟁이기도 하다.

려운 사건은 단지 법의 의미를 해석하는 것으로 사안이 해결되지 않는다. 그러한 경우 최종 결론에 이르기 위해 법률가들은 다음과 같은 여러 질문을 던지고 그에 대한 답변을 고려한다는 것이다.

### 19가지 세부유형이 던지는 질문들

| 대분류 | 소분류 | 질문 |
|---|---|---|
| 개념 쪼개기 | 형식논리 부수기와 목적론적 축소 | 법개념이 너무 넓어 세분화해야 하는 것은 아닌지? |
| | 정확한 실체 접근 | |
| | 개념의 확장, 축소 | 법개념의 적용범위에 대한 인식에 오류가 있는 것 아닌지? |
| | 개념어 창조 | 이 현상을 설명할 언어가 부족한 것은 아닌지? |
| 한 걸음 물러서기 | 숨겨진 전제 찾기 | 논리적 전제를 간과한 것은 아닌지? |
| | 입법의 목적, 취지 | 애초에 이런 법규정을 둔 이유가 무엇이었는지? |
| | 입법자의 의사 | 이 법을 제정할 당시 입법자의 의사는 무엇이었는지? |
| | 제도의 사회적 기원 | 당해 법령의 전제가 된 사회제도의 의미, 기능은 무엇인지? |
| | 일반론적 전제 | 당해 쟁점과 관련하여 우리는 어떠한 일반론적 전제로 사고하는지? |
| 한 걸음 나아가기 | 판결의 경제적 결과 | 판결의 특정 결론이 사회경제적 비용배분에 어떤 영향을 미칠지? |
| | 판결의 사회적 결과 | 전체 사회에 부정적 파급효를 미치는 것은 아닌지? |
| | 판결의 논리적 결과 | 특정 결론에 의할 때 부당한 결과(absurd result)가 나오지는 않을지? |
| | 판결의 제도적 결과 | 특정 결론이 인근 법제도와 부조화를 이루지는 않을지? |
| | 판결의 규범적 결과 | 어느 결론이 규범적으로 더 나은 결과를 가져오는지? |
| 법석 논증의 보조장치 | 원리논증 | 법리 해석이 정의, 형평 같은 법원리(legal principle)와 배치되는 것은 아닌지? |
| | 체계논증 | 특정 결론이 인근 조문, 인근 법령, 나아가 유사 판례법리와 정합적인지? |
| | 헌법논증 | 특정 결론이 당해사건의 쟁점과 관련된 헌법적 가치에 의해 지지되는지? |
| | 비교법논증 | 최근 외국 법제에서는 이 문제를 어떻게 바라보는지? |
| | 구체적 타당성 논증 | 특정 결론이 구체적 타당성 면에서 옳은지? |

법문언은 대단히 압축적이다. 그 결과 재판에서 법조문이 친절한 가이드가 되지 못하는 경우가 많다. 법조문이 말해주는 것이 생각보다 적은 것이다. 그래서 실무가들은 법 이상으로 판례법리에 의존한다. 하지만 법과 판례를 아무리 봐도 결론을 내릴 수 없는 사건들은 여전히 많다. 그러한 사안에서 법률가들은 추가적으로 어떤 점들을 고려해야 하는가?

이 책은 바로 그러한 점, 즉 어려운 사건에서 "법령의 해석에 더하여 고려되는 여러 생각들"을 대법원 판례를 중심으로 정리한 것이다. 이를 통해 필자는 우리 실무에서 법적 논증이 어떠한 방식으로 이루어지는지를 실증적으로 밝히고, 나아가 법학방법론의 핵심 주제, 즉 법적 논증의 본질은 무엇인지, 혹은 법의 해석과 적용이란 무엇인지 대한 분석을 시도하고자 한다.

한편 위와 같은 순서는 법적 논증의 일반적 순서에 따른 것이라는 점도 지적하고자 한다. 법적 논증의 출발점은 언제나 법문언이다. 어려운 사안에서 아무리 다양한 논거들이 경합한다고 하더라도 가장 중요한 것은 법령의 문언이다. 바로 그러한 점에서 제2장은 법문언 자체(더 정확히 말하면 그에 대한 해석론)에 관한 논증기법을 살펴보는 것이고, 제3~5장에서 살펴보는 내용은 법문언의 해석에 의해서도 결론이 도출되지 않을 때 검토하는 보강논거들을 과거/미래/현재의 순으로 살펴보는 것이다.

## 2. 이 책의 한계 내지 주의할 점

어려운 사건은 법철학, 법이론에서는 물론 실무적으로도 매우 중요한 문제이다. 하지만 법적 논증은 어려운 사건에서만 필요한 것은 아니다. 따라서 법적 논증의 전체적 구도라는 더 큰 틀에서 보면 이러한 고찰은 다음과 같은 한계가 있다는 점에 주의할 필요가 있다.

첫째, 어려운 사건의 양과 질을 과장해서는 안 된다. 21세기 격변하는 시대에 어려운 사건이 점점 늘고 있는 것은 사실이다. 하지만 다른 한편으로 판례와 이론의 축적에 따라 기존 법리로 해결할 수 있는 영역도 그에 못지않게 늘고 있다. 어려운 사건이 많아지는 것처럼 다양한 사안들에 적용될 수 있는 일반 법리들도 엄청난 속도로 축적되고 있다.

정확한 통계를 찾기는 어렵지만, 실무에서 기존의 학설, 판례에 따라 해결할 수 있는 사건이 오히려 절대다수라고 해도 과언이 아니다. 따라서 실제 사건을 다루는 실무가에게 기존 법리에 대한 치밀한 검토가 최우선이다. 그러한 검토 없이 이 책에서 살펴보는 내용들을 섣부르게 활용하려고 해서는 안 된다. 민법학자 권영준 교수의 다음과 같은 지적이 적절하다(밑줄은 필자가 추가함).[5]

> … 그러나 성문법, 판례, 학설을 소재로 한 구체적 법명제들의 체계적 집합에 익숙해짐으로써 법리를 잘 활용하는 것은 민법을 공부하거나 민사재판을 하는 데에 반드시 요구되는 능력이다. 이러한 논리적이고 수학적인 능력을 배양하지 않은 채 철학자 행세를 하는 것은 위험한 일이다. 그러한 점에서 민사재판에 관여하는 법관에게는 수학적 사고와 수학자적 집요함이 요구된다.

요컨대 법률가의 미덕은 촘촘하게 짜여진 법령과 판례의 기존 법리를 치밀하게 검토하는 것이다. 그래도 해결되지 않는 사안에서 비로소 어려운 사건에 고유한 논리구조, 논증방식을 고민해 보아야 한다.

둘째, 좋은 논증은 복잡한 논증이 아니라 단순하고, 간결한 논증이라는 점 또한 강조하고자 한다. 이 글에서 필자는 대법원이 제시한 논증의 도구들을 종합적으로 정리해 보았지만, 그러한 모든 논거들을 전부 들이댄다고 좋은 논증이 되는 것은 아니다. 오히려 난삽한 장광설이 될 가능성이 높다. 좋은 글, 좋은 논증의 핵심적 특징 중 하나는 단순성, 간결성이다. 저명한 물리학자 파인만(R. Feynman)은 현상은 복잡해도 법칙은 단순하다고 하였다. 예술은 궁극의 경지에서 단순해진다는 말도 있다. 진리는 단순하고, 좋은 글은 간결하고 명료하게 핵심을 전달한다.

물론 사실관계가 복잡하게 꼬여 있고 법리도 까다로운 사안을 풀기 위해 복잡한 논리전개가 불가피한 경우도 있다. 하지만 그 경우에도 핵심을 간결하게 정리하는 것은 가능하고 또 필요하다. 또한 복수의 논거들이 필요한 경우에도 논거배열에서 선택과 집중이 필요하다. 장황하게 모든 논거를 나열하는 것은 독자의 피로도만 높일 뿐이다. 버릴 것은 과감히 버리고, 핵심적인 것에 집중하는 요령이 필요하다. 이 책에서 19가지 논증의 도구를 정리한 것이, 그러한 도구를 전부 사용하

5 권영준, 『민법학의 기본원리』, 박영사, 2020, 30면.

라는 취지는 아니라는 점을 분명히 강조하고자 한다.

마지막으로, 이 책의 핵심은 대법원 판례를 중심으로 실무의 법적 논증의 객관적 양상을 분석하는 것이고, 법이론적 분석은 필요최소한 한도 내에서만 언급하였다는 점을 지적하고자 한다. 이 책에서 다루는 주제들 중 상당 부분은 법이론적으로도 깊이 있는 논의가 필요한 것들이다. 하지만 전문학자가 아닌 필자가 그러한 이론적 논의들을 온전히 담을 능력은 없으므로, 이론적 문제는 최대한 간단하게 언급하고 주로 대법원 판결 위주로 실무의 논증방식을 정리하였다.

### ✪ 일러두기

이 책에서 인용하는 대법원 판결이유 부분의 밑줄, 굵은 활자 표시, 색표시, 넘버링 등은 원문에 없는 것을 필자가 추가한 것이다.

제2장

# 개념쪼개기 등 : 법개념 자체에 도전하는 논증기법

Ⅰ. 개념쪼개기와 형식논리 부수기, 목적론적 축소

Ⅱ. 개념분화와 정확한 실체의 포착

Ⅲ. 개념의 포섭범위 변경 : 개념의 확장 vs 축소

Ⅳ. 새로운 개념어 창조, 기존 개념어 재활용

제1절

# 들어가며

## 1. 서설

이 장에서는 법개념 자체에 도전하는 논증기법에 대해 살펴본다. 실무의 법적 논증에서 그 출발점인 대전제, 즉 법령의 정당성에 대해서는 별 의문을 갖지 않는 것이 보통이다. 예외적으로 법률에 위헌의 소지가 있다고 생각될 때 위헌법률심판제청신청을 고려할 수 있다. 하지만 그 정도에 이르지 않는다고 하더라도, 법개념의 의미 내지 적용범위에 관한 통념에 문제가 있어 법적 논증에 오류가 발생하는 경우는 생각보다 많다. 그 경우 법개념을 분화/확장/축소/변형/창조하는 다양한 논증기법이 활용된다. 이 장에서는 그러한 논증기법을 살펴본다.

## 2. 개념쪼개기란?

법개념에 도전하는 논증기법 중 가장 중요한 것은 개념쪼개기다. 그렇다면 개념쪼개기란 무엇인가? 이 점부터 간략히 살펴보자.

미국 작가 다니엘 핑크(Daniel Pink)는 후회를 네 가지로 나누어 설명한다.[6]

① 도덕성 후회는 양심적이지 못한 것에 대한 자책입니다.
② 관계성 후회는 더 사랑하고 손 내밀지 못한 것에 대한 아쉬움입니다.
③ 기반성 후회는 삶을 위한 안정적인 인프라를 만들지 못한 것에 대한 후회입니다.
④ 대담성 후회는 성장을 위해 위험을 감수하지 않는 것에 대한 자책입니다.

박수영 판사는 형사재판에서 "판사님, 저는 정말 억울합니다"라는 피고인의 말은 다음과 같은 여러 의미가 있다고 한다.[7]

6 김지수, 『위대한 대화』, 생각의 힘, 2023, 160면.

① 저는 진짜 결백합니다.
② 비록 죄는 지었지만, 이런 죄를 짓게 한 불우한 처지가 억울합니다.
③ 다른 놈들도 있는데 저만 잡힌 게 억울합니다.
④ 똑같이 걸렸는데 빽 없는 저만 더 무겁게 처벌되니 억울합니다.

조금 다른 얘기지만, 색에 대한 표현도 비슷하다. 미술, 디자인을 업으로 하는 사람들에게 **빨간 색(red color)**은 거대범주다. 빨간 색에도 수십, 수백 가지가 있기 때문이다. 짙은 빨강에서 옅은 빨강까지 긴 스펙트럼은 물론이고, 색감에 따라서도 다양한 하부유형이 있다. 흥미로운 것은 그에 해당하는 용어도 어느 정도는 갖추어져 있다는 점이다(영어, 한국어 모두).

### 빨간 색(red color)의 하부 범주 표현들

선홍색(scarlet), 진홍색(crimson), 자홍색(magenta), 다홍색(cherry red), 분홍색(pink), 홍옥색(ruby), 적갈색(reddish brown), 벽돌색(brick red), 와인색(wine, merlot), 자주색(purple), 암적색(carmine), 연지색(blush) …

그냥 빨간 색이라고 표현할 수도 있지만, 특정 색감에 맞는 표현을 정확하게 짚어주면 언어는 훨씬 정교해진다. 미술 전문가들에게 **빨간 색(red color)**이라는 표현은 너무 모호한 표현일 수 있다.

학문 세계에서 이런 예는 무수히 많다. 예를 들어, 근대 사회학의 기초를 닦은 막스 베버(M. Weber)는 합리화(rationalization)를 근대사회의 본질적 징표로 보았다. 하지만 다음과 같은 의문이 제기되었다. **"인간사회는 날이 갈수록 합리화되는데, 왜 인간의 삶이 더 좋아졌다고 말할 수 없는가?"** 이 의문을 해결한 사람은 하버마스(J. Habermas)다. 잘 알려진 바와 같이 하버마스는 '수단적 합리성'과 '의사소통적 합리성'을 구별하였다. 전자가 효율만을 강조하는 자본주의의 비인간적 모습과 연결된다면, 후자는 법치주의, 인권 등 근대의 긍정적 이성을 표상한다. 개념분화로 합리화의 이중적 성격이 설명된다.

모든 학문 발전의 역사는 **개념의 창조와 분화의 역사**라고 말해도 과언이 아니

7 박주영, 『어떤 양형이유』, 김영사, 2019, 265~266면.

다. 학자들의 핵심적 역할 중 하나는 어지러운 현상을 설명하고 개념을 창조하는 일이다. 그런데 그러한 개념의 창조 중 상당 부분은 기존 개념을 분화하는 방식으로 이루어진다.

## 3. 법적 논증에서 개념쪼개기가 문제되는 이유

법학에서 그리고 재판에서 개념의 세분화 내지 개념쪼개기는 특별한 의미를 갖는다. 왜 그런가? 그 이유는 다름 아닌, **법개념의 일반추상성** 때문이다. 주지하다시피 법조문은 일반추상성을 본질로 한다. 근대 이후 입법은 **"헌법이 정하는 바에 따라 입법권을 지닌 입법기관이 헌법이 정하는 절차에 따라 추상적이고 일반적인 법규범을 정립하는 작용"**으로 정의된다.[8] 반대로 재판에서 문제되는 개별 사안들은 배경사실이 모두 다르다. 재판의 본질은 저마다 다른 '개별구체적 사실'을 '일반추상적인 법조문'에 포섭시킬 수 있는지의 문제다.

그러나 법률의 일반추상성이 고정불변의 실체는 아니다. 19세기 이전에는 법률을 개별, 구체적 사건 유형에 따라 세분화하려는 시도들도 많았다. 이른바 결의론(決疑論, casuistry)적 입법방식이 대표적이다. 예상되는 모든 구체적 경우의 수를 입법에 반영하는 방식인데, 그 결과 조문수가 엄청나게 많았다. 결의론적 입법의 대표적 예로 알려진 독일의 1794년 프로이센 일반란트법(Allgemeines Landrecht für die Preußischen Staaten)의 경우 명예훼손에 대해 무려 153개의 조문을 두는 등 전체적으로 1만 7,000여 개의 조문을 두고 있었다고 한다.[9·10]

또한 21세기에 법률의 일반추상성에 반하는 흐름도 존재한다. 일례로, 매우 시론적이기는 하지만, 최근 21세기 법학의 화두로 '법의 개인화(personalization of law)' 혹은 '맞춤형 법(tailored law)'을 제시하는 논의도 등장하고 있다.[11] 각주 11의 논문 일부를 인용하면 다음과 같다

8 홍완식, "입법의 원칙에 관한 연구", 법제처 「법제논단」, 2006, 104면 참조.

9 Münchener Kommentar zum Strafgesetzbuch : StGB Band 4 : §§185-262, 3. Auflage, 2017; J. Merryman 외 1, 김희균 역, 『대륙법전통』, 책과함께, 2018, 84면 참조.

10 이는 판사들이 법해석 및 포섭판단에 대한 고민 없이 기계적으로 법을 적용할 수 있도록 하겠다는 근대 계몽주의 초기 법실증주의 법개념이 투영된 것이다.

11 권영준, "법의 개인화 단상", 「법조」 제70권 제5호(통권 제749호), 법조협회, 2021. 10. 참조.

"이러한 법의 개인화(personalization)는 얼핏 생각하면 황당한 발상이다. 하지만 법의 유형화나 세분화가 가능하다면 법의 개인화가 불가능할 이유는 없다. 법의 유형화나 세분화는 이미 널리 활용되고 있다. 민법상 사람(人)은 소비자, 투자자 등의 유형으로 분류된다. 소비자의 하위 유형인 금융소비자는 일반금융소비자와 전문금융소비자, 투자자는 일반투자자와 전문투자자로 다시 세분화되기도 한다. 이들에게는 각각의 특성에 최적화된 맞춤형 규율이 제공된다. 누구도 법의 유형화가 추구하는 정신에 쉽게 반대하지 못한다. 법의 유형화는 법의 적합성과 세밀성을 높여 법의 생명력을 유지하는 요긴한 수단이기 때문이다."

이러한 사실들은 법률의 엄격한 일반추상성이 고정불변의 진리가 아니며 20세기적 현상임을 시사한다. 뒤에서 보겠지만, 우리 법체계는 이미 다양한 방식으로 개념을 분화하고, 새로운 범주들을 만들어 나가고 있다. 대법원 판례법리의 전개과정, 법적 논증의 실무적 발전과정을 살펴보면 개념의 세분화가 매우 중요한 역할을 하고 있다는 점을 간파할 수 있다. 이 점을 비롯하여 법개념 자체에 도전하는 논증기법이 이 장에서 살펴보는 내용이다. 이하에서 4가지 세부유형에 따라 살펴본다.

제2절

# 유형별 검토

## I 제1유형 : 개념쪼개기와 형식논리 부수기, 목적론적 축소

### 1. 들어가며

법적 논증에서 개념쪼개기의 효용은 두 가지다. 하나는 형식논리적 오류를 극복하는 것이고, 다른 하나는 이른바 '목적론적 축소해석'의 수단이다. 기본개념부터 살펴본다.

#### (1) 형식논리에 의한 오류논증 극복

법적 논증의 기본형식은 법적 삼단논법(legal syllogism)이다. 그런데 삼단논법을 형식적으로 적용한 결과 부당한 결론에 이르는 경우는 생각보다 많다. 형식논리에 의한 오류논증은「실질적 의미를 간과하고 언어의 외피에 매몰되어 잘못된 결론에 이르는 것」을 의미한다. 논리학에서 말하는 '애매어의 오류'가 대표적이다. 다음과 같은 식이다.[12]

죄를 지은 자는 감옥에 간다.
→ 모든 인간은 신 앞에 죄인이다.
→ 따라서 모든 인간은 감옥에 간다.

고대 그리스에서 난무하였다는 이러한 논증을 궤변(sophistry)이라고 한다. 이 논증이 허구인 이유는 무엇일까? 답은 '죄'라는 용어의 이중성에 있다. '죄'라

12 E. Damer, 김회빈 역,『논리의 오류』, 중원문화, 1994, 35~38면.

는 표현은, ① '범죄(crime)'라는 뜻과 ② 종교적 '죄(sin)'의 두 가지가 있다. 위 삼단논법에서 1문의 죄는 범죄(crime)이다. 반면 2문의 죄는 종교적 죄(sin)이다. 따라서 결론이 맞을 리 없다.

이를 기호논리로 설명하면 다음과 같다. 가령 A→B이고, B→C라면, A→C 라는 결론은 참이다. 다음과 같이 정리할 수 있다.

$$A \rightarrow B, B \rightarrow C \therefore A \rightarrow C$$

하지만 만일 B에 그 하부범주로 B1, B2가 있다고 해보자. B1과 B2는 명백히 다른 개념임에도 B라는 하나의 언어로 불리고 있다. 그리고 위 사례처럼 B1(crime)만을 일관되게 사용하면 문제될 것이 없다. 즉 A→B1이고, B1→C라면, A→C 라는 결론은 맞다. 하지만 B1과 B2를 혼동하여 사용하면 논리구조가 깨진다.

| | | |
|---|---|---|
| A→B1→C | O | 예) 죄를 지은 자는 감옥에 간다.<br>갑은 살인죄를 저질렀다.<br>그러므로 감옥에 간다. |
| A→B2→C | X | 예) 신 앞의 죄인인 모든 인간은 감옥에 간다. |

여기서 강조하고자 하는 것은 오류논증 자체가 아니다. 오히려 "오류논증을 시정하는 논증방법"이다. 오류의 원인을 정확하게 밝혀야 그릇된 결론을 피할 수 있는데, 그 방법이 바로 개념쪼개기라는 것이다. 문제는 이러한 개념미분화의 오류가 항상 위 sin/crime 사안처럼 명백한 것만은 아니라는 점이다. 때로는 많은 사람들이 혼동할 정도로 미묘한 사안도 많다. 그러한 경우 개념의 정확한 의미를 통해 사태의 본질을 파악하지 않는다면 오류논증에 당할 수밖에 없다.

### (2) 법이론적 측면 : 목적론적 축소

법학에서 개념쪼개기는 '목적론적 축소'의 기법이기도 하다. 목적론적 축소란 법문의 목적에 비추어 지나치게 넓게 파악된 법문의 적용범위를 축소, 적용하는 것이다.[13] 뒤에서 보는 바와 같이 대법원은 다양한 사안에서 개념을 쪼개서 새

13 김영환, "한국에서의 법학방법론의 문제점 — 법발견과 법형성 : 확장해석과 유추, 축소해석과 목

로운 범주를 창조하는 방식으로 목적론적 축소를 시도한다.

## 2. 구체적 사례들

대법원 판례의 사례들을 본다. 이하 사례들은 모두 개념쪼개기에 의해 형식논리적 사고를 배척하고 오류논증을 시정하거나, 합목적적인 법해석에 따라 목적론적 축소를 시도한 사례들이다(다만 어느 측면이 더 강한지는 사안에 따라 다르다).[14]

### (1) 동시이행의 두 개념 : 대법원 1999. 7. 9. 선고 98다47542, 47559 판결

사안의 개요는 다음과 같다.

- A(채무자)는 B(채권자)에게 금전을 차용하며 담보로 어음 교부
- 변제기에 B가 A에게 대여금 반환청구를 하면서 변제기 이후 지연이자를 청구함
- A는 지연이자 청구에 대해 다음과 같이 다툼 : "어음반환과 채무변제는 동시이행관계에 있고, 동시이행관계에 있으면 지체책임이 면제되므로, B의 지연이자 청구는 부당하다."

결국 쟁점은 "**담보용 어음을 반환할 때까지 원인채무의 지체책임은 면제되는가?**"이다. 항소심은[15] 다음과 같은 삼단논법으로 그 주장을 받아들였다.

**항소심의 삼단논법**

| 항소심의 삼단논법 |
|---|
| 대전제 : 동시이행관계이면 지체책임을 지지 않는다. |
| 소전제 : 담보용 어음이 교부된 경우 어음반환과 대여금 상환은 동시이행관계이다. |
| 결론 : 따라서 피고는 지체책임을 부담하지 않는다 |

적론적 축소 간의 관계를 중심으로", 이계일 엮음, 『법학방법론』, 558면.

14 가령 1번 사례는 목적론적 축소라기보다는 형식논리적 오류논증 사례이고, 뒤로 갈수록 오류논증이 측면보다는 목적론적 축소의 요소가 강하다.

15 서울고등법원 1998. 8. 14. 선고 97나25189, 25196 판결.

이러한 항소심의 논증은 타당한가? 그렇지 않다. 대법원은 다음과 같이 설명하며 항소심 판결을 파기하였다.

### 대법원 98다47542 판결의 논증

> "그러나 채무자가 어음의 반환이 없음을 이유로 원인채무의 변제를 거절할 수 있는 것은 채무자로 하여금 무조건적인 원인채무의 이행으로 인한 **이중지급의 위험을 면하게 하려는 데에 그 목적이 있는 것이지,** 기존의 원인채권에 터잡은 이행청구권과 상대방의 어음 반환청구권이 민법 제536조에 정하는 쌍무계약상의 채권채무관계나 그와 유사한 대가관계가 있어서 그러는 것은 아니므로, (중략) 따라서 채무자는 **원인채무의 이행기를 도과하면 원칙적으로 이행지체의 책임**을 진다."

흔히 **동시이행관계는 지체저지효가 있다고** 알려져 있다.[16] 하지만 항상 그런 것은 아니다. 동시이행관계의 발생원인은 2가지이다. (i) 두 채무가 대가적 관계에 있는 경우, (ii) 이중지급을 막기 위한 경우가 그것이다. 전자는 지체저지효가 있지만, 후자는 그렇지 않다.[17]

### 동시이행의 두 가지 종류

| B1 : 양 채무 사이 민법 제536조의 견련관계 존재 | 지체저지효 O |
|---|---|
| B2 : 증거증권 교부에 따른 이중지급 회피 목적 | 지체저지효 X |

항소심은 이러한 법리를 간과하고 잘못된 결론을 내렸다. 어째서 쟁쟁한 고등법원 판사들이 이런 오류를 범하였을까? 다름 아닌 언어의 외피에 매몰되어 형식논리에 빠졌기 때문이다. 내용이 다소 복잡하지만 그 논리구조의 본질에서 앞서 본 애매어의 오류 사례와 차이가 없다.

16 민법 제536조 참조.

17 다음 판결들도 유사한 취지이다.
① 대법원 2015. 1. 29. 선고 2013다100750 판결(골프장 예탁금 반환의무와 회원의 회원증 반납의무는 동시이행관계에 있지만 지체저지효는 없음)
② 대법원 2007. 9. 20. 선고 2005다63337 판결(상품권 발행인의 상품권 미발행으로 인한 손해배상책임과 상품권 반환의무는 동시이행관계이지만 지체저지효는 없음)

### (2) 시효취득기간 도과 후 등기의 두 종류 : 대법원 2002. 3. 15. 선고 2000다23341 판결

위 사건은 조금 더 미묘한 사안이지만 결국 유사한 문제가 내재하고 있다. 사안의 개요는 다음과 같다.

- A는 지방자치단체 B 명의 토지를 20년 넘게 소유의 의사로 점유(점유 취득시효 완성)
- 23년이 지난 시점에 지방자치단체 구역변경으로 인해 B 지자체에서 C 지자체로 등기 명의가 변경됨

점유 : A ------------------------------(20년)------ (23년)
등기 : B 지자체 ----------------------------------- C 지자체

이러한 경우에도 이른바 '구분설'에 의해 A는 C 지자체에게 취득시효를 주장할 수 없는가?[18] 항소심은 구분설에 따라 A가 C에 대해 취득시효를 주장할 수 없다고 보았다.[19] 하지만 대법원은 항소심을 파기하였다.

일응 생각해도 항소심의 판단은 형식논리적이다. 뭔가 **실질적으로 변경된 것이 아니라 행정구역 변경으로 지자체의 명칭만 바뀐 것**이기 때문이다. 대법원은 취득시효기간 도과 이후의 등기도, (i) 통상의 거래에 의한 등기 명의의 변경과 (ii) 그렇지 않은 경우를 나누었다. 그리고 위 사건의 경우 지방자치법 제5조에 따른 지방자치단체의 폐치, 분합, 구역변경, 승계에 따른 등기 명의의 변동이므로 통상적인 부동산 거래에 따른 등기이전과 같이 볼 수 없다고 판단하였다. 대법원의 논리를 보자.

> "… 취득시효 완성을 주장할 수 없는 제3자는, 취득시효기간 만료 후에 새로운 이해관계를 가지게 된 제3자로서, **부동산에 관한 거래의 안전과, 등기제도의 기능을 해하지 아니하기 위하여 보호하여야 할 가치가 있는 자에 국한**되어야 할 것인바,

18 주지하다시피 구분설이란, (i) 취득시효 기간인 20년 이전에 등기 명의가 변경된 경우에는 취득시효를 주장할 수 있지만, (ii) 20년이 지난 이후 등기 명의가 변경된 경우에는 취득시효를 주장할 수 없다는 판례법리이나(대법원 1995. 2. 24. 선고 94다18195 판결 등 다수).

19 부산지방법원 2000. 4. 7. 선고 99나9209 판결.

> 어느 부동산에 관하여 취득시효가 완성된 이후에 지방자치단체의 구역변경이나 폐치·분합으로 인하여 지방자치법 제5조 제1항의 규정에 의하여 새로운 지방자치단체가 종전 지방자치단체의 **사무와 재산을 승계함으로 인하여** 당해 부동산을 취득하게 된 경우에 (중략) 보호하여야 할 가치가 있는 자에 해당한다고 보기는 어렵다."

결국 이 사건도 원심은 A→B→C의 형식논리에 따라 판단하였지만, 대법원은 B를 B1, B2로 쪼개서 B1은 '구분설' 법리에 포섭되지만, B2는 포섭되지 않는다고 판단한 것이다. 대법원은 B1과 B2를 구별하는 기준으로 "부동산에 관한 거래의 안전과, 등기제도의 기능을 해하지 아니하기 위하여 보호하여야 할 가치가 있는 자"라는 표현을 고안하였다.

취득시효의 법리 및 제도의 취지, 대법원이 구분설을 견지하는 이유 등을 고려하면 이러한 대법원 판결의 개념쪼개기식 논증이 사건의 실질에 맞고, 이는 형식논리에 매몰된 판단을 배척한 것으로 볼 수 있다.

### (3) 소유권이전등기청구권 양도의 두 종류 : 대법원 2018. 7. 12. 선고 2015다36167 판결

이 사건은 점유취득시효 기간이 완성되어 등기명의인에게 소유권이전등기청구권을 행사할 수 있게 된 시효취득자가 등기청구권을 A에게 양도하고, A가 B에게 등기청구권을 행사한 사안이다. B는 "소유권이전등기청구권의 양도에는 3자 합의가 필요하고, 단순히 채권양도 방식으로 양도될 수 없다"는 판례법리를 근거로,[20] A의 청구는 기각되어야 한다고 주장하였다. 하지만 대법원은 다음과 같이 판시하면서 B의 주장을 배척하였다.

> "부동산매매계약에서 매도인과 매수인은 서로 동시이행관계에 있는 일정한 의무를 부담하므로 이행과정에 신뢰관계가 따른다. 특히 매도인으로서는 매매대금 지급을 위한 매수인의 자력, 신용 등 매수인이 누구인지에 따라 계약유지 여부를 달

20 대법원 2001. 10. 9. 선고 2000다51216 판결. "매매로 인한 소유권이전등기청구권의 양도는 특별한 사정이 없는 이상 양도가 제한되고 그 양도에 채무자의 승낙이나 동의를 요한다고 할 것이므로 통상의 채권양도와 달리 양도인의 채무자에 대한 통지만으로는 채무자에 대한 대항력이 생기지 않으며 반드시 채무자의 동의나 승낙을 받아야 대항력이 생긴다."

리 생각할 여지가 있다. (중략) 그러나 취득시효완성으로 인한 소유권이전등기청구권은 채권자와 채무자 사이에 **아무런 계약관계나 신뢰관계가 없고, 그에 따라 채권자가 채무자에게 반대급부로 부담하여야 하는 의무도 없다**. 따라서 취득시효완성으로 인한 소유권이전등기청구권의 양도의 경우에는 매매로 인한 소유권이전등기청구권에 관한 양도제한의 법리가 적용되지 않는다고 보아야 한다."

소유권이전등기청구권을 채권양도 방식으로 양도할 수 없다는 법리는 이행과정의 신뢰관계를 근거로 한다. 그런데 취득시효 완성에 의해 취득하는 소유권이전등기청구권의 경우 그러한 신뢰관계가 문제되지 않는다. 따라서 "소유권이전등기청구권이기 때문에 채권양도 방식으로 양도할 수 없다"는 주장은 형식논리, 개념미분화의 오류논증이다. 대법원은 판례법리의 취지를 토대로 형식논리적 주장을 배척하였다.

### (4) 채권증서의 두 종류 : 대법원 2013. 8. 22. 선고 2013다32574 판결

이 사건은 조금 어렵고 미묘한 문제가 있지만 역시 그 본질은 유사하다. 사안의 개요는 다음과 같다.

- 채권자 A를 위해 채무자 B는 자신의 임대인 C에 대한 임대차보증금반환채권에 질권을 설정 : 그런데 당시 임대차계약서를 교부하지 않았음
- A가 질권을 실행하려고 하자, C는 계약서를 교부받지 않은 점을 이유로 질권의 효력을 다툼

민법 제347조는 채권증서의 교부를 질권의 성립요건으로 정하고 있다.[21] 위 사안의 경우 임대차계약서를 교부하지 않았으므로 질권의 효력이 부정되는지가 쟁점이다. 원심은 질권의 효력이 부정된다고 보았다.[22] 하지만 대법원은 민법 제347조가 말하는 채권증서는 민법 제475조에서 정한 채권증서를 의

21 민법 제347조(설정계약의 요물성) 채권을 질권의 목적으로 하는 경우에 채권증서가 있는 때에는 질권의 설정은 그 증서를 질권자에게 교부함으로써 그 효력이 생긴다.

22 서울고등법원 2013. 3. 28. 선고 2012나72225 판결.

미하는 것이고, 임대차계약서는 그에 해당하지 않는다고 보아 원심을 파기하였다. 대법원의 논리를 보자.

> "민법 제347조는 채권을 질권의 목적으로 하는 경우에 채권증서가 있는 때에는 질권의 설정은 그 증서를 질권자에게 교부함으로써 효력이 생긴다고 규정하고 있다. 여기에서 말하는 '채권증서'는 채권의 존재를 증명하기 위하여 채권자에게 제공된 문서로서 특정한 이름이나 형식을 따라야 하는 것은 아니지만, 장차 변제 등으로 채권이 소멸하는 경우에는 **민법 제475조에 따라 채무자가 채권자에게 그 반환을 청구할 수 있는 것**이어야 한다. 이에 비추어 임대차계약서와 같이 **계약 당사자 쌍방의 권리의무관계의 내용을 정한 서면**은 그 계약에 의한 **권리의 존속을 표상하기 위한 것이라고 할 수는 없으므로** 위 채권증서에 해당하지 않는다고 할 것이다."

채권증서에는 두 가지 종류가 있다. 하나는 민법 제475조[23]가 정한 협의의 채권증서이고, 다른 하나는 말 그대로 넓은 의미에서 '채권에 관한 서류'이다. 민법 제475조가 정한 채권증서는 차용증, 보관증, 예금증서와 같이 주로 금전채권과 관련하여 그 증서 자체에 의해 채권이 입증되는 경우를 의미한다(위 조항 자체가 변제의 효과와 관련된 것이다).

민법 제352조와 민법 제475조의 취지, 그리고 문언 자체에서 양자 모두 "채권증서가 있는 때에는"이라는 표현을 두고 있는 점에 비추어 민법 제352조의 '채권증서'는 민법 제475조의 '채권증서'와 같은 의미(즉 협의의 채권증서)라고 보아야 한다는 취지이다. 이 역시 B를 B1, B2로 나눈 논증이다.[24]

23 민법 제475조(채권증서반환청구권) 채권증서가 있는 경우에 변제자가 채무전부를 변제한 때에는 채권증서의 반환을 청구할 수 있다. 채권이 변제 이외의 사유로 전부 소멸한 때에도 같다.

24 다만 지시채권, 무기명채권에 대한 질권설정의 경우 민법 제350조, 제351조에서 특칙을 두고 있어 민법 제347조가 적용되는 것은 지명채권의 경우뿐이다. 그런데 지명채권의 경우 통지, 승낙이라는 별도의 대항요건을 규정한 점에 비추어 민법 제347조의 실질적 의미 내지 실효성에는 의문이 제기되고 있고, 2004년, 2014년 민법 개정안에서는 위 조문의 삭제가 검토되고 있다고 한다. 『주석민법 물권』 제2편 제8장 질권, 676~677면 참조.

### (5) 임대차 배신행위론 : 대법원 1993. 4. 27. 선고 92다45308 판결 등

위 판결은 이른바 임대차 배신행위론으로 잘 알려진 판결이다. 사안의 개요는 다음과 같다.

- A는 토지를 임차하여 건물을 짓고, 건물에서 가구점을 경영하고 있었음
- 그러다가 자신의 처인 B에게 건물 소유권 및 토지 임차인 지위를 이전함
- 토지 소유자인 임대인은 민법 제629조에 근거하여 무단전대를 이유로 계약해지를 주장함

민법상 임대인의 동의를 받지 않은 무단전대, 무단양도는 임대차계약의 해지사유이다(민법 제629조). 하지만 대법원은 모든 무단전대, 무단양도가 해지사유에 해당한다고 보지 않고, 그러한 "무단 전대, 무단양도가 배신행위라고 볼 수 있는 사정"이 있는 경우에만 해지사유에 해당하고, 그렇지 않은 경우에는 해지사유가 될 수 없다는 법리를 제시하였다.

> "임차인이 임대인으로부터 별도의 승낙을 얻은 바 없이 제3자에게 임차물을 사용·수익하도록 한 경우에 있어서도 임차인의 당해 행위가 임대인에 대한 **배신적 행위라고 인정할 수 없는 특별한 사정이 있는 경우**에는 위 법조항에 의한 해지권은 발생하지 않는다."

이러한 판례법리 역시 개념쪼개기 논증기법에 의해 형성된 것이다. 법률문언에 따른 삼단논법은 무단전대를 하나로 보고 세분화하지 않는다. 하지만 대법원은 무단전대를 두 가지로 나누어 B1은 되지만 B2는 안 된다고 본 것이다.

| 무단전대의 두 종류 | B1 - 배신행위로 평가되는 무단전대 |
|---|---|
| | B2 - 배신행위로 볼 수 없는 무단전대 |

개념을 둘로 나누는 근거는 위 판례가 설시하는 것처럼 제도의 취지이다. 임

대차계약에서 무단전대/무단양도에 대해 동의를 받도록 한 것은 일반적인 채권과 달리 임대차계약은 양 당사자 사이의 신뢰관계에 기반하기 때문이다.[25]

이러한 법리는 어떻게 형성되었을까? 애초에는 모든 사안이 민법 제629조의 법리로 해결되었을 것이다. 하지만 부부 사이의 양도, 경매에 의한 양도 등 사안에서 그와 같은 법리를 형식적으로 적용하는 것은 부당하다는 의문이 들기 시작하였을 것이다. 그러한 주장을 최초로 한 당사자(혹은 대리인)는 그러한 부당함을 '배신행위'라는 개념어로 표현하였을 것이고, 적극적인 판사에 의해 그 주장이 최초로 받아들여진 사안이 있었을 것이다.

이러한 개념쪼개기는 개념의 창조와 맞물려 있다. 이 사건에서 '배신행위라고 볼 수 없는 사정'과 같은 개념이 그러하다. 애초에 하나의 개념으로 논증을 하다가 그러한 단일논리가 실체에 부합하지 않는다는 판단 하에 개념을 분화하면서, 분화된 범주에 새로운 이름을 붙인 것이다.

### (6) 기타 「개념분화 → 목적론적 축소 + 새로운 개념 창조」 유형

이처럼 대법원이 개념을 분화하는 방식으로 목적론적 축소해석을 하고, 그에 따라 예외를 인정하는 사례들은 셀 수 없이 많다. 몇 가지 예를 정리하면 다음과 같다.

| 명칭 | 대법원 판례 | 기본법리 | 예외인정 요건 |
|---|---|---|---|
| 불법성 비교론 | 대판 95다49530 등 | 불법원인급여에 해당하여 반환 불허 | 일방의 불법이 현저히 큰 경우 예외 인정 |
| 비채변제와 자유의사 | 대판 2008다39786 등 | 비채변제는 반환불허 | 자유의사가 부정되는 경우 예외 인정[26] |
| 부속물매수 청구권 배제 특약의 허용 | 대판 92다24998 등 | 부속물매수청구권 배제 특약은 무효 | 전체적으로 임차인에게 불리하지 않은 경우 예외 인정 |
| 물적 담보제공의 사해행위성 | 대판 2000다50015 등 | 채무초과 상태에서 물적 담보제공은 사해행위 | 사업계속 추진 위한 신규자금 융통 목적인 경우 예외 인정 |

25 채권양도에서 지명채권은 통지, 승낙만으로 채무자에게 대항할 수 있고, 무기명채권은 통지조차 필요 없다. 임대차계약도 넓은 의미에서 지명채권에 해당하지만 계약당사자들 사이에 신뢰관계가 요구된다는 특수성을 갖는다.

## 3. 정리 및 생각해볼 점

(1) 법학의 기초적 사고형식 중 하나는 법적 삼단논법이다. 법률가들은 굳이 논리학을 공부하지 않아도, 수많은 사례학습을 통해 법적 삼단논법을 몸으로 익히게 된다. 문제는 그러한 논리구조를 관성적으로 구사하다 보면 개념이 미분화된 상태의 형식논리에 속기도 한다는 것이다.

하지만 올바른 법적 논증은 형식논리가 아니라 실질논리이다. 이 책의 제3~5장에서 계속 살펴보는 것처럼 좋은 법적 논증은 형식적으로 논리에 맞는 것만으로는 충분하지 않다. 법원리, 제도의 취지, 당해 법조문의 목적 등 법령의 배후에 있는 근본이념에 부합해야 한다. 개념쪼개기 내지 개념의 정교한 사용은 형식논리를 배격하고 실질논리를 살릴 수 있는 첫 번째 논증도구이다.

(2) 이는 법원리 등에 기한 예외인정의 논리학이기도 하다. 제5장에서 자세히 보겠지만, 법에는 법원리(legal principle)라는 것이 있다. 누구나 아는 정의, 형평, 신뢰보호 등과 같은 것이다. 법의 형식적 적용이 정의관념 등 법원리에 현저히 부합하지 않을 경우 법원이 개념쪼개기를 통해 예외를 인정하는 것이다.

결국 개념쪼개기 과정에서 새롭게 형성된 법리는 법원리와 개념 분화적 사고, 목적론적 축소가 한데 어우러져 논리적으로도, 실체적으로도 타당한 결론을 고민하는 과정에서 형성되는 것이라고 할 수 있다.

---

26 변제가 자유로운 의사에 반해서 이루어진 경우까지 반환을 금하는 것은 부당하므로, 비록 채무 없음을 안 경우라고 하더라도 그 지급이 임의성이 있는 경우와 그렇지 않은 경우를 구별한다는 것이다. 대법원은, (i) 채무자가 가진행 있는 패소판결을 받고 어쩔 수 없이 지급한 경우(대판 67다1683), (ii) 전기공급을 받기 위해 잘못된 체납전기요금 청구에도 불구하고 납입한 경우(대판 87나432), (iii) 번세요구 거절 시 강제집행을 하겠다는 위협을 받은 경우(대판 2008다39786) 등에서 이러한 법리를 인정한다.

# II 제2유형 : 개념쪼개기와 정확한 실체의 포착

## 1. 들어가며

개념쪼개기의 두 번째 효용은 개념 분화를 통해 정확한 실체에 접근하고, 이를 통해 논증의 설득력을 높이는 것이다. 주로 반박의 기술 등 공방의 형식으로 이루어지는 논증과 관련되며, 오류의 문제라기보다는 기존의 고정관념을 깨거나, 두루뭉술하게 사고하던 것을 더 정확하게, 정교하게 분석하는 방법이다. 당연하다고 생각하던 하나의 범주를 조금 더 정교하게 세분하여 보면, 논의 수준이 훨씬 높아진다. 마치 '빨간 색'이라고 표현하기보다 '진홍색' 혹은 '선홍색'이라고 표현하는 것이 더 정확한 것과 같다.

간략한 예를 보자. 의사가 최선을 다해 진료하였지만, 환자가 사망하였다. 의사의 책임을 부인하고자 하는 다음 두 주장을 비교해 보자.

| 평범한 주장 | 더 설득력 있는 주장 |
|---|---|
| 비록 환자가 사망에 이른 것은 안타깝지만 의사인 피고는 최선을 다했으므로, 피고에게 고의, 과실을 인정할 수 없다고 보아야 한다. | 비록 환자가 사망에 이른 것은 안타깝지만 진료채무는 결과채무가 아닌 수단채무인데, 피고는 나름의 최선을 다하였으므로 채무불이행이 성립하지 않는다. |

통설, 판례는 의무의 성격에 따라 수단채무, 결과채무라는 구별을 인정한다. 민법의 일반법리에 의하면 환자가 사망하거나 질병이 악화된 경우에도 의사의 고의, 과실이 부정된다면 의사는 채무불이행 책임을 지지 않는다. 그런데 의료과실 사안에서 단순히 고의, 과실이 없었다고 주장하기보다는 우선 의무의 성격이 "결과채무가 아니라 수단채무"라는 점을 강조한다면 면책을 주장하는 길은 더 수월해진다.[27]

또 다른 예를 보자. 위약벌 약정이 존재하지만 그 액수가 과다해서 일부 무효를 주장하는 사안이다. 이 경우 위약벌을 부담해야 하는 입장에서는 항상 그 금액

27 통상 채무불이행 사건에서 고의, 과실의 부존재는 매우 입증하기 어려운 요건사실인데, 수단채무에서는 최선을 다했다는 사실만으로 그러한 입증이 이루어진 것으로 보기 때문이다.

이 과다하다고 다투게 된다. 다음 두 주장을 비교해 보자.

**밋밋한 주장**

> "사적 자치의 원칙이 민법의 대원칙이지만 다른 한편으로 우리 민법의 또 다른 원칙인 공공복리, 정의, 형평과 같은 다른 원칙에 의해 제약이 가해질 수 있다."

그저 일반론에 해당하는 것이어서 별 감흥이 없다. 반면 다음과 같이 주장하면 어떨까?

**조금 더 세련된 주장**

> "사적 자치도 권리, 의무의 영역 / 책임의 영역 / 사적 제재의 영역 등에 따라 제한의 정도를 달리 할 수 있다. 권리, 의무의 영역에서는 사적 자치의 원칙이 폭넓게 보장될 수 있다고 하더라도, 의무 위반에 대한 제재는 역사적으로 공법 친화적 영역이므로 그와 같이 볼 수 없다(대판 2010다50922 참조). 위약벌은 사적 제재이므로 사적 자치를 인정하는 데에도 신중할 필요가 있다."[28]

이처럼 개념을 적절히 쪼개는 것은 사태의 객관적 실체에 접근하는 유용한 방법이다. 이하에서 대법원 판례의 사례들을 살펴보기로 한다.

## 2. 구체적 사례들

### (1) 형식적 권력분립과 기능적 권력분립 : 대법원 2021. 7. 22. 선고 2020다248124 판결(전)

위 사건은 판결절차에서 집행절차의 일종인 간접강제를 명할 수 있는지가 문

28 인용한 대법원 2010. 9. 30. 선고 2010다50922 판결은 소송촉진 등에 관한 특례법상의 이자와 관련하여 "나아가 위 법규정은 위와 같이 금전채무불이행자에 대한 '처벌'을 입법 목적의 하나로 한다고 할 것인데, 규범위반자에 대한 처벌 내지 제재는 사법(私法)에서 일반적으로 추구되지 아니하는 법목적이어서 이를 보다 신중하게 해석·적용할 필요가 있다."라고 판시한 바 있다.

제된 사안이다.[29] 다수의견은 분쟁의 효율적 해결, 채권자 구제 등을 근거로 긍정한 반면 반대의견은 판결절차와 집행절차의 엄격한 구별이라는 제도적, 절차적 문제를 들어 반대하였다. 이러한 반대의견의 제도적 구별론에 대해 다수의견 측 김선수 대법관은 다음과 같이 형식적 권력분립/기능적 권력분립이라는 대립쌍을 제시하면서 반박한다.

> "고전적 삼권분립론은 권력분립을 국가권력의 기계적 분립과 엄격한 절연을 의미하는 것으로 파악하였으나, **기능적 권력분립론은** 권력분립이 그 자체가 목적이 아니라 **국민의 자유와 기본권을 최대한 보장한다는 목적을 달성하기 위한 것이므로 권력 상호 간 공화와 협조를 통한 권력의 합리화를 지향**한다. 헌법재판소는 헌법상 권력분립원칙이란 국가권력의 기계적 분립과 엄격한 절연을 의미하는 것이 아니라 권력 상호 간의 견제와 균형을 통한 국가권력의 통제를 의미하는 것으로 이해하고 (헌법재판소 2021. 1. 28. 선고 2020헌마264, 681 전원재판부 결정 등 참조), 나아가 오늘날 행정입법을 허용하게 된 동기가 종래의 형식적 권력분립주의로는 현대사회에 대응할 수 없다는 **기능적 권력분립론에 있다는 점을 인정하고 있다**(헌법재판소 2016. 2. 25. 선고 2015헌바191 전원재판부 결정 등 참조). 권력분립을 국민의 자유와 기본권을 최대한 보장한다는 목적 달성을 위하여 기능적으로 파악하는 것과 마찬가지로, **소송절차와 관할의 구분에 관한 문제도 분쟁 해결에 효율적인 절차의 마련이라는 목적 달성을 위하여 기능적으로 접근할 필요가 있다**."

판결절차에서 집행절차에 해당하는 간접강제를 선고할 수 없다는 주장에 대한 근거로 들고 있는 권력분립 원칙 주장에 대해 권력분립을 형식적/기능적인 것의 두 가지로 나누어서 오늘날 주류인 후자의 관점에서 보면 그와 같이 형식적으로 볼 수 없다고 반박한 것이다.

### (2) 대향적 계약관계와 신인적 계약관계 : 대법원 2020. 9. 3. 선고 2017다218987, 218994 판결

대법원은 변호사보수,[30] 공인중개사의 보수,[31] 세무사의 보수,[32] 그리고 위 사

29 이 판결에서 다투어진 쟁점의 구체적 내용은 제4장 제4유형(판결의 제도적 결과)에서 살펴본다.
30 대법원 2018. 5. 17. 선고 2016다35833 전원합의체 판결.
31 대법원 2012. 4. 12. 선고 2011다107900 판결.
32 대법원 2006. 6. 15. 선고 2004다59393 판결.

건에서는 재건축조합장의 보수가 과다한 경우 민법 제103조 위반으로 일부 무효가 될 수 있다는 법리를 확립하고 있다. 문제는 이론구성이다. 대법원은 일관하여 신의칙을 그 근거로 들고 있다.[33] 신의칙은 우리 사법체계에서 가장 중요한 법원리 가운데 하나이다. 하지만 법원리에 의해 판결의 결론을 내리는 것은 현행법의 법리에 기초하여 결론을 내리는 것보다 설득력이 떨어진다(일반조항의 도피).

이와 관련하여 위와 같은 제한 근거를 추상적 신의칙보다는 '신인관계'라는 특수성에서 찾아야 한다는 견해가 있다.[34] 신인관계란 수탁자가 본인을 위하여 사무를 처리할 신인의무(fiduciary duty)를 부담하는 계약관계를 의미한다. 매매계약이나 임대차처럼 쌍방의 권리, 의무가 대립되는 대향적 계약관계와 대비되는 개념이다. 이러한 신인관계가 존재하는 계약은 그러한 의무가 존재하지 않는 대향적 계약관계와 성격이 다르고,[35] 따라서 신인적 계약관계에서는 법원에 의한 후견적 관여가 좀 더 폭넓게 허용될 수 있다는 것이다.

이러한 설명은 대향적 계약관계와 신인적 계약관계라는 개념쪼개기에 의해 더 정교한 실체에 접근하고, 이를 통하여 신의칙이라는 일반적 법원리보다 설득력 있는 논거를 제시한 경우라고 할 수 있다. 대법원이 이러한 개념을 사용하지는 않았지만, 위 대법원 판결 중 아래 문구는 그러한 문제의식을 어느 정도 보여주고 있다.

"재건축조합 임원의 보수 특히 인센티브(성과급)의 지급에 관한 내용은 정비사업의 수행에 대한 **신뢰성이나 공정성의 문제**와도 밀접하게 연관되어 있고 여러 가지 부작용과 문제점을 불러일으킬 수 있으므로 **단순히 사적 자치에 따른 단체의 의사결정에만 맡겨둘 수는 없는 특성**을 가진다."

33 "재건축사업의 수행결과에 따라 차후에 발생하는 추가이익금의 상당한 부분에 해당하는 금액을 조합 임원들에게 인센티브로 지급하도록 하는 내용을 총회에서 결의하는 경우 조합 임원들에게 지급하기로 한 인센티브의 내용이 부당하게 과다하여 신의성실의 원칙이나 형평의 관념에 반한다고 볼 만한 특별한 사정이 있는 때에는 적당하다고 인정되는 범위를 벗어난 인센티브 지급에 대한 결의 부분은 그 효력이 없다고 보아야 한다."

34 이계정, "변호사 보수청구 제한의 근거로서 신의칙과 신인관계 — 법관의 합리적 재량 행사의 문제를 겸하여 —", 서울대학교 「법학」 제60권 제4호, 2019.

35 권영준, 『민법판례연구 II』, 박영사, 2021, 33면도 같은 취지이다.

### (3) 주거침입죄의 두 보호법익 : 대법원 2022. 3. 24. 선고 2017도18272 판결(전) 등

최근 대법원은 주거침입죄의 보호법익을 '주거권자의 의사침해'에서 '사실상의 평온을 해하는 것'으로 변경하였다. 판례변경에는 몇 가지 이유가 있는데, 그에 대한 논증구조를 보면 개념을 분화하여 더 정교한 이론구성을 하는 시도들이 엿보인다(이하에서는 이 점에 대해서만 살펴본다).

종래 대법원은 일반인의 출입이 허용된 음식점이라고 하더라도 도청장치를 설치할 목적으로 들어간 경우 주거침입죄의 성립을 인정하였다.[36] 하지만 위 전원합의체 판결은 다음과 같은 개념분화 기법으로 이러한 논증의 문제점을 비판한다(넘버링은 필자가 추가함).

> "(1) 사생활 보호의 필요성이 큰 사적 주거나 외부인의 출입이 엄격히 통제되는 군사보호시설과 같은 건조물의 경우 해당 공간의 보호대상인 사실상 평온의 성질 등에 비추어 거주자나 관리자의 외부인 출입에 관한 의사가 객관적·외형적으로 이미 드러나 있으므로 상대적으로 중요한 고려 요소가 될 수 있는 반면, (2) 일반인의 출입이 원칙적으로 자유로운 백화점이나 관공서의 민원실과 같은 건조물의 경우는 그와 같다고 보기 어렵기 때문이다."

생각해 보면 이는 지극히 당연한 구별이다. 사인의 주거는 허락 없이 들어갈 수 없는 것이 원칙이다. 반면 음식점, 백화점 등은 특별한 사정이 없는 한 들어오는 것이 전제된 시설이다. 양자를 같은 선상에서 볼 수 없음은 당연하다. 음식점이라고 하더라도 도청목적으로 들어간 경우 주거침입죄가 성립한다고 본 기존 판례는 도의적인 정당성을 내세워 법리적 정치성을 훼손한 것이다. 반면 위 논증이 명백히 구별해야 할 두 경우를 정확하게 나눈 것이다. 위 대법원 판결은 기존 입장을 다음과 같이 비판한다.

> "이 사건이나 폐기 대상인 대법원 95도2674 판결의 사안과 같이 음식점의 방실에

36 대법원 1997. 3. 28. 선고 95도2674 판결(이른바 '초원복집 사건').

녹음·녹화장치나 도청용 송신기를 설치할 목적으로 들어갔더라도 음식점 영업주의 의사에 반하는 것은 (1) '들어가는 행위 그 자체'가 아니라 (2) '녹음·녹화장치나 도청용 송신기를 설치하는 행위'이므로 영업주의 의사에 반하여 음식점의 방실에 침입하였다고 볼 수 없다."

이러한 논증 역시 개념쪼개기 논증기법이다. 주거에 들어가는 행위자의 의사를 (i) 주거에 들어가는 행위와 (ii) 그곳에서 행할 범죄행위로 세분화함으로써 두루뭉술한 개념화에 기반한 기존 논리의 문제점을 극복한 것이다.[37]

### (4) 공유물의 보존행위 관련 : 대법원 2020. 5. 21. 선고 2018다287522 판결(전)

위 대법원 판결은 공유물 보존행위의 범위와 관련한 종전 대법원 판례를 변경하였다. 과거 대법원은 "공유자 1인이 공유물을 독점하는 경우 다른 공유자가 보존행위로 그 배제를 구할 수 있나"는 취지였는데, 이를 변경하였다. 다수의견과 반대의견은 민법 관련조문의 해석론, 공유물 사용수익권의 본질, 보존행위의 범위와 한계 등 여러 법리적 쟁점에서 공방을 벌였는데, 다수의견의 아래 논증은 개념쪼개기 기법을 잘 보여준다(넘버링은 필자가 추가함).

"보존행위를 공유자 중 1인이 단독으로 할 수 있도록 한 것은 보존행위가 다른 공유자에게도 이익이 되기 때문이라는 점을 고려하면, 이러한 행위는 민법 제265조 단서에서 정한 보존행위라고 보기 어렵다. (중략) 따라서 (1) 소수지분권자인 피고가 공유물을 독점적으로 점유하여 사용·수익하고 있더라도, (2) 공유자 아닌 제3자가 공유물을 무단으로 점유하는 것과는 다르다."

공유물의 불법점유라고 하더라도 (i) 제3자가 불법점유하는 경우와 (ii) 공유

37 다만 이러한 대법원 판결의 입장변경에 대해서는 비판적 견해가 많다. 가령 백승주, "공동 거주자 1인의 승낙을 얻어 주거에 들어간 행위가 다른 공동 거주자의 의사에 반하는 경우 주거침입죄의 성부 — 대법원 2021. 9. 9. 선고 2020도12630 전원합의체 판결 —", 「저스티스」 통권 제187호, 2021. 12. 참조. 실제로 대법원의 입장 변경 이후에도 과거 의사침해설 입장을 취한 듯한 대법원 판결들이 나오고 있다(대판 2023도16595, 퇴거불응죄에 관한 대판 2023도9350 참조).

자 1인이 공유물 전체를 점유하는 경우를 구별하여, 전자에 대해서는 공유자 1인의 전체 공유물 반환청구를 인정하는 것이 타당하지만 후자는 달리 보아야 한다는 것이다. 종래 대법원이 공유자 1인이 공유물 전체를 점유하고 있는 경우 다른 공유자가 보존행위로서 공유물 전부의 반환을 구할 수 있다고 한 것은 그것이 불법점유라는 사고를 전제한 것이다. 그런데 그렇다고 하더라도 불법성의 정도와 양상은 제3자가 전체를 점유한 경우와는 다르다는 것이다. 이 논리는 위 대법원 판결 다수의견이 기존 판례의 문제점을 지적하는 핵심 논리이다.

이를 반박하는 반대의견의 논증 가운데에도 재미있는 개념쪼개기 논증이 드러난다. 다수의견의 기존 판례에 대한 비판 중 하나는 '순환소송의 문제점'이다. 기존 판례에 따르면 공유자들 간에 반환청구가 끊임없이 반복될 수밖에 없다는 것이다. 이에 대해 반대의견은 다음과 같이 반박한다(넘버링은 필자가 추가함).

> "원고의 인도청구를 허용하는 것은 (1) 원고 단독으로 점유를 취득하도록 하기 위한 것이 아니라 (2) 피고의 위법한 독점적 점유를 배제하기 위한 것이고, 인도 집행의 과정에서 공유자인 피고가 배제되는 것은 위법 상태를 해소하기 위한 일시적인 현상에 불과하다."

다른 공유자의 반환청구를 허용하는 것은 영구적 반환을 허용하는 것이 아니라 일시적 반환을 허용하는 것이라는 취지로, 이 역시 개념쪼개기 논증으로 순환소송의 문제점 지적을 반박한 것이다.

기존 대법원 판결과 위 대법원 전원합의체 판결의 결론은 정반대이고, 여전히 논쟁적인 위 판결은 학설상으로도 찬반 양론이 대립한다.[38] 하지만 어느 결론이 타당한지와 무관하게 위 대법원 판결의 전문을 읽어보면 전체적으로 논리가 정치해지는 등 논증의 수준이 높아졌다는 점을 확인할 수 있다.

---

38 이러한 논쟁의 논의구도에 대해서는 권영준, 『민법판례연구 II』, 박영사, 2021, 93면 참조. 전체적으로 기존 대법원 판례에 대해 비판적인 입장이 많고, 따라서 위 대법원 판례에 대해서는 찬성론이 우세하다고 한다.

### (5) 사용자책임과 고의의 불법행위에 의한 상계 : 대법원 2006. 10. 26. 선고 2004다63019 판결

위 대법원 판결의 사실관계는 다음과 같다.

- 은행직원이 고객을 기망하여 선이자 명목으로 고객자금을 편취함
- 고객은 은행을 상대로 사용자책임을 묻는 소송을 제기함
- 은행은 고객에 대한 대출금채권으로 상계를 주장함

사안의 쟁점은 사용자책임의 경우에도 "고의의 불법행위를 수동채권으로 하는 상계는 허용될 수 없다"는 민법 제496조가 적용될 수 있는지 여부이다. 대법원은 이를 긍정하였는데, 그 근거로, (i) 사용자의 손해배상책임은 피용자의 배상책임에 대한 대체적 책임이라는 점, (ii) 피해자가 현실적으로 변제를 받도록 한 민법 제496조의 취지 등을 들었다.[39]

이에 대해 서울대 윤진수 교수의 판례평석은,[40] 비교적 짧은 글이지만 다양한 개념쪼개기를 통해 위 대법원 판결의 논리를 정치하게 비판한다. 평석의 논증구조를 조금 세밀하게 살펴보자.

#### ① 제도의 취지에 대한 기존 견해의 문제점

종래의 통설은 민법 제496조의 취지에 대해 고의의 불법행위 손해배상채권으로 하는 상계를 허용하면 보복적 불법행위를 유발할 우려가 있기 때문이라고 설명한다. 쉽게 말해 A가 B에게 채권이 있는데 B가 돈을 갚지 않자 화가 난 A가 B를 폭행하거나 물건을 훔쳐서 상계를 주장하는 경우를 말하는 것이다. 기본적으로 맞는 말이고, 많은 법률가들은 그렇게 이해하고 있다. 하지만 위 평석은 손해배상채권이 먼저 생긴 경우라면 어떠할까의 문제를 지적한다. 위와 같은 통설적 설명은 손

39 "민법 제756조에 의한 사용자의 손해배상책임은 피용자의 배상책임에 대한 대체적 책임이라 할 것이고(대법원 1992. 6. 23. 선고 91다33070 판결 참조), (중략) 불법행위의 피해자에게 현실의 변제에 의하여 손해를 전보케 하려는 취지에서 규정된 민법 제496조의 적용을 배제하여야 할 이유는 없다고 할 것이므로, 사용자책임이 성립하는 경우 사용자는 자신의 고의의 불법행위가 아니라는 이유로 민법 제496조의 적용을 면할 수는 없다고 할 것이다."

40 윤진수, "민법 제496조는 사용자책임에도 적용되는가?" 「법률신문」 2007. 4. 9.자 판례평석.

해배상채권이 먼저 성립하고 그 이후에 대여금 채권이 성립한 경우를 설명할 수 없다는 것이다. 이러한 주장은 수동채권의 성립시기 전후로 구별함으로써(개념쪼개기) 매우 설득력 있는 비판이 된다.

### ② 행위불법과 결과불법의 구별

이러한 한계를 극복하기 위한 대안으로 윤진수 교수는 고의적 불법행위의 '행위불법성'에 주목한다. 불법행위의 불법성을 행위불법과 결과불법으로 구별하고(개념쪼개기) 고의의 불법행위는 전자의 측면에서 과실에 의한 불법행위와 차이가 나므로, 민법 제496조는 그에 대한 제재를 규정한 것으로 보아야 한다는 것이다.

### ③ 사용자책임의 법적 성질에 대한 두 가지 구별

마지막으로 대법원 판례는 사용자책임을 대체적 책임으로 해석하지만 통설의 경향은 그렇지 않고 과실책임과 결과책임 사이에 있는 중간책임이라는 점을 지적한다. 이와 같이 볼 경우 고의의 불법행위자가 아닌 사용자에 대해서도 상계를 불허하는 위 대법원 판결의 결론은 타당하지 않다는 것이다. 평석의 원문을 직접 인용하면 다음과 같다.

> "그런데 사용자책임의 경우에는 비록 그 피용자의 불법행위는 고의에 의한 것이었다 하더라도, 사용자에게는 그러한 고의가 있었다고 할 수 없으므로 사용자에 대한 비난가능성이 다른 과실에 의한 불법행위에 비하여 크다고는 할 수 없다. 그러므로 이 사건과 같은 경우에는 비록 피용자의 불법행위가 고의에 의한 것이었다 하더라도 사용자의 상계를 허용하지 않을 이유는 없는 것이다."

신문기사의 짧은 평석이지만 단계별로 매우 정교한 논증이 돋보인다. 그러한 정교한 논증의 배후에는 다양한 개념쪼개기 기법이 있다. 이처럼 개념쪼개기의 활용은 두루뭉술한 개념이 아닌 실체에 부합하는 정확한 하부 개념으로 객관적 실체에 더 정밀하게 접근하는 것이다.

### (6) 기타 몇 가지 사례들

개념쪼개기 논증의 사례는 많고, 그 세부유형도 다양한 분류가 가능할 수 있다. 몇 가지 사례들만을 간략히 지적하고자 한다.

#### ① 공무원의 직무상 과실에 대해 손해배상책임을 부담하게 되는 경우 : 대법원 1998. 9. 22. 선고 98다2631 판결

공무원이 직무상 의무를 위반하였고, 그 결과 사익이 침해된 경우 불법행위책임을 부담하는가? 공무원이 직무상 잘못을 하였다고 항상 불법행위책임을 지는 것은 아니다. 이에 대해 대법원은 (i) 직무상 의무의 내용이 일반, 추상적 이익을 위한 것과 (ii) 전적으로 혹은 부수적으로라도 사회구성원 개인의 이익을 보호하기 위한 것을 구별하여 그에 따라 손해배상책임 유무를 판단한다.[41]

> "공무원에게 부과된 직무상 의무의 내용이 단순히 공공 일반의 추상적 이익을 위한 것이거나 행정기관 내부의 질서를 규율하기 위한 것이 아니고 전적으로 또는 부수적으로 사회구성원 개인의 구체적인 안전과 이익을 보호하기 위하여 설정된 것이라면, 공무원이 그와 같은 직무상 의무를 위반함으로 인하여 개인이 입게 된 손해에 대하여는 상당인과관계가 인정되는 범위 안에서 국가가 그 손해배상책임을 부담하여야 할 것" (이하 생략)

#### ② 강행법규 위반의 2가지 종류 : 대법원 2017. 12. 21. 선고 2012다74076 판결(전)

강행법규를 위반한 법률행위를 무효로 볼 것인지는 어려운 문제이다. 대법원

41 이러한 기준에 따라 대법원은 (i) 경매법원 공무원의 과실로 위법한 경매절차가 진행되어 경락허가결정이 취소된 경우 경락인이 경락부동산에 대한 소유권이전등기를 경료하기 위하여 지출한 국민주택채권 할인료 상당의 손해배상을 청구할 수 있다고 보았다(대법원 2007. 12. 27. 선고 2005다62747 판결). (ii) 반면 어린이가 '미니컵 젤리'를 먹다가 질식하여 사망한 사안에서, 식품의약품안전청장 등이 그 사고 발생 시까지 구 식품위생법상의 규제 권한을 행사하여 미니컵 젤리의 수입·유통 등을 금지하거나 그 기준과 규격, 표시 등을 강화하고 그에 필요한 검사 등을 실시하는 조치를 취하지 않은 점에 대해서는 손해배상책임을 부정하였다(대법원 2010. 9. 9. 선고 2008다77795 판결).

은 입법취지, 보호법익, 위반의 중대성 등 여러 요소를 종합하여 판단한다.[42] 위 대법원 판결은 국가계약법상 계약대금 조정조항의 강행법규성이 문제된 사안이다. 다수의견은 부정하였고, 반대의견은 긍정하였는데, 고영한, 김재형 대법관의 반대의견 중 아래 부분을 보자(넘버링은 필자가 추가).

> "특히 (1) **법률행위의 양쪽 당사자를 규율**하는 법령을 위반하여 법률행위를 한 경우에는 특별히 예외적인 사정이 없는 한 그 법률행위를 무효로 보아야 한다. (2) **한쪽 당사자를 규율하는 법령**을 위반한 경우에는 거래의 안전과 상대방의 보호를 고려하여 그 법률행위의 효력을 판단하여야 하는데, 그 법령의 주된 목적이 상대방을 보호하기 위한 것이라면 이를 위반하는 법률행위는 원칙적으로 무효로 보아야 한다."

대법원이 설시한 고려요소들 외에 위 판시이유에서 제시한 구별은 (i) 법률행위의 양 당사자를 규율하는 규정과, (ii) 일방 당사자만을 규율하는 규정을 나눈 것이고, 후자는 거래안전이 문제되지만 전자는 그렇지 않으므로 다른 특별한 사정이 없는 한 전자의 무효가능성이 더 크다는 취지이다. 또한 후자의 경우도 그 법령의 목적에 따라 구별한다. 위와 같은 구별논증은 주장의 설득력을 높인다.

### ③ 채권자대위권에서 제3채무자의 항변권의 범위 : 대법원 2015. 9. 10. 선고 2013다55300 판결

위 판결은 채권자대위권에서 어떤 범위에서 제3채무자가 채무자가 채권자에 대해 갖는 항변권을 적법하게 행사할 수 있는지에 대한 기준을 제시한 사안이다(넘버링은 필자가 추가함).

> "(1) 채권자가 채권자대위소송을 제기한 경우, 제3채무자는 채무자가 채권자에 대하여 가지는 항변권이나 형성권 등과 같이 **권리자에 의한 행사를 필요로 하는 사유**

42 "이와 달리 금지 규정 등을 위반한 법률행위의 효력에 관하여 명확하게 정하지 않은 경우에는 그 규정의 입법 배경과 취지, 보호법익, 위반의 중대성, 당사자에게 법규정을 위반하려는 의도가 있었는지 여부, 규정 위반이 법률행위의 당사자나 제3자에게 미치는 영향, 위반 행위에 대한 사회적·경제적·윤리적 가치평가, 이와 유사하거나 밀접한 관련이 있는 행위에 대한 법의 태도 등 여러 사정을 종합적으로 고려해서 그 효력을 판단하여야 한다."

를 들어 채권자의 채무자에 대한 권리가 인정되는지 여부를 다툴 수 없지만, (2) 채권자의 채무자에 대한 권리의 발생원인이 된 법률행위가 무효라거나 위 권리가 변제 등으로 소멸하였다는 등의 **사실을 주장**하여 채권자의 채무자에 대한 권리가 인정되는지 여부를 다투는 것은 가능하고, 이 경우 법원은 제3채무자의 주장을 고려하여 채권자의 채무자에 대한 권리가 인정되는지 여부에 관하여 직권으로 심리·판단하여야 한다."

이 판례 이전에는 제3채무자가 채무자의 채권자에 대한 항변권을 행사할 수 없다는 판례[43]와 그렇지 않다고 본 판례[44]가 공존하였다. 위 판례는 (i) "권리 자체의 행사를 필요로 하는 사유"와 (ii) "이미 발생한 사실만을 주장할 수 있는 사유"라는 두 개념어를 통해 명확한 기준을 제시하였다.[45]

43 이는 주로 소멸시효의 원용권에 관한 판례들이다. 대법원 1992. 11. 10. 선고 92다35899 판결 등.

44 대법원 2008. 10. 23. 선고 2008다37223 판결 등.

45 이는 채권자대위권의 기본적 법리를 생각해 보면 당연한 것이다. 제3채무자는 채무자가 채권자에 대해 갖는 권리를 행사할 수 없다. 하지만 다른 한편으로 채권자대위소송에서 피보전권리는 소송요건이다. 채권자대위소송의 피고인 제3채무자는 소송요건에 관한 방소항변을 할 수 있나. 권영준, 『민법판례연구 II』, 박영사, 2021, 327면 참조.

## 3. 마무리, 더 생각해 볼 점

이 부분과 관련해서는 생각해 볼 점이 상당히 많다.

(1) 개념쪼개기는 기존에 확립된 법리에서도 이미 다양하게 활용되고 있다. 진정/부진정, 협의/광의, 추상적/구체적, 행위불법/결과불법, 행위방해/상태방해[46] 등 기존의 개념쪼개기 도구들을 활용할 수도 있다. 이러한 개념도구들은 주어진 상황이 그에 해당한다면 다음과 같이 활용될 수 있다.

| 상대방 주장 | 밋밋한 반박 | 정교한 반박 |
|---|---|---|
| 어떠한 위험이 존재한다. | 그런 위험은 없다. | 그렇지 않다. 설령 지적하는 위험이 존재한다고 하더라도 이는 추상적 위험에 불과하다. |
| 어떠한 개념에 해당한다. | 그 개념에 포섭되지 않는다. | 광의로 보면 그럴 수 있지만 협의로 보면 그렇지 않다. |
| 위법성이 없다. | 그렇지 않고 위법하다. | 결과불법의 측면에서 보면 그럴 수 있지만, 행위불법의 차원은 다르다. |

(2) 개념쪼개기가 가장 다양하고, 풍부하게 활용되는 영역은 단연 학술논문이다. 학자들 연구의 최대 장점은 기존의 관습적, 상식적 사고보다 깊은 통찰을 보여주는 것인데, 그러한 통찰 가운데 상당 부분은 개념 분화를 통해 발현된다. 그런 점에서 실무상 어려운 문제들에 맞닥뜨릴 때 학자들의 깊이 있는 논의에 관심을 가질 필요가 있다.

(3) 다만 학자들의 연구가 부재하더라도 쟁점을 찬찬히 살펴보는 관찰적 숙고에 의해 개념쪼개기는 얼마든지 활용될 수 있다. 추상적 개념에 의한 사고는 추상적이고 모호한 결론으로 이어질 수밖에 없다. 조금 더 실체에 맞는 구체적 사고가 필요하고 그에 따라 개념도 정비할 필요가 있다.

※ 사고가 언어를 지배하는 것 같지만 반대로 언어가 사고를 지배하기도 한다.
내가 가진 개념어가 부족하면 나의 사고도 그 한계에 갇히는 것이다.

46 대법원 2016. 7. 29. 선고 2016다214483, 214490 판결.

## III 제3유형 : 개념의 포섭범위 변경 – 개념의 확장 vs 축소

### 1. 들어가며

#### (1) 의미

개념에 관한 논증의 세 번째 방법은 개념의 확장, 축소의 논증기법이다. 이는 개념을 쪼개는 것은 아니지만 그 본질은 개념쪼개기와 다르지 않다. 기존의 범주, 기존의 개념에 의할 때 합당한 결과가 나오지 않을 경우 외연을 넓히거나 좁히는 방식으로 합당한 결론을 이끌어내는 것이기 때문이다.

모든 개념은 내포와 외연을 갖는다. 논리학에 의하면 내포란 특정 개념의 공통된 속성을 의미하고, 외연은 그 개념이 타당하게 적용될 수 있는 대상의 범위를 의미한다.[47] 가령 '마천루'의 내포는 "일정한 높이 이상의 빌딩"이고, 외연은 63빌딩, 롯데타워 등등이다. 63빌딩, 롯데타워는 비교적 명확하지만 서울 시내의 어느 30층, 40층 건물을 마천루라고 볼 수 있는가? 내포와 외연을 논하는 것은 어렵지 않을 수 있지만, 개별 사안에서 정확한 외연을 확정하는 일은 쉽지 않은 일이다.

#### (2) 법이론적 검토

법철학자 하트(H.L.A. Hart)는 법개념에 명확하게 포섭되는 영역을 중심부(core)라고 하고, 그렇지 않고 애매한 영역을 반영부(penumbra)라고 표현하였다.[48] 독일에서 개념의 핵(Begriffskern)과 개념의 뜰(Begriffshof)로 나누는 것도 유사하다.[49] 한계사례(marginal case), 즉 반영부나 개념의 뜰에 속한 사안은 특정한 사실관계가 당해 법규정에 포섭되는지 여부가 명확하지 않은 사안이다. 어려운 사건의

47 I. Copi 외 2, 박만준 외 1 역, 『논리학 입문』, 경문사, 2015, 115~116면 참조.

48 H. L. A. Hart, Positivism and the Separation of Law and Morals, Harvard Law Review, Vol. 71, No. 4 (Feb. 1958) 참조. 법철학 교재에 등장하는 Hart-Fuller 논쟁에서는 다음과 같은 예를 든다. "공원에서 탈 것 진입금지(No vehicle in the park)"라는 법규정이 있다. 자동차는 명백히 해당하지만 롤러스케이트, 장난감 자동차, 핵사용 군용트럭 등이 '탈 것(vehicle)'에 해당하는지는 명확하지 않다는 것이다.

49 이 개념은 Heck가 처음 사용하였는데, 그 이후 보편적 개념으로 받아들여졌다고 한다. 오세혁, 『법학방법론』, 박영사, 2024, 62면 참조.

전형이다. 그러한 사안에서 원, 피고는 저마다 다양한 논거들을 들어 당해 사안이 왜 그 개념에 포섭되는지/그렇지 않은지를 논증한다. 쉽게 말해 쌍방은 문제의 행위가 불법행위/사기/배임에 해당한다/하지 않는다는 식으로 논증한다.

그런데 역으로 생각해 보자. 그러한 한계사례의 경우 법규정 개념의 외연 내지 포섭범위를 넓히면 포섭의 가능성이 높아지고, 반대로 좁히면 줄어들 것이다. 그 점에서 개념의 확장/축소는 법적 논증에서 중요한 기능을 할 수 있다.

그렇다면 개념의 포섭범위는 어떻게 확장/축소하는가? 귀납적 방법과 연역적 방법이 있을 수 있다. 전자는 개별 사안의 축적을 통해 구체적 포섭범위를 점진적으로 변경하는 것이다. 반면 후자는 특정 법개념을 정의하는 문구, 즉 법해석론의 변경으로 대상의 포섭범위를 일순간에 변경하는 것이다. 법조문은 대부분 추상적, 압축적이다. 그러한 법문의 구체적 외연은 그 의미를 밝히는 법해석에 의해 조금 더 명확해지는데, 그 과정에서 개념의 포섭범위가 변동될 수 있다. 따라서 법규정의 정의를 어떻게 하는지, 즉 법해석을 어떻게 하는지는 최종 결론에 영향을 미칠 수밖에 없다. 이하에서는 그와 같은 방법(즉 연역적 방법)만을 고찰하는데, 역시 사례들을 통해 살펴본다.

## 2. 구체적 사례들

### (1) 포섭범위의 확장

#### 1) 자동차손해배상보장법상의 운행, 승객, 부수장치 등의 개념

자동차손해배상보장법(이하 '자배법')은 자동차 사고로 인한 손해배상에 관한 특별법이다. 잘 알려진 것처럼 자배법이 적용될 경우 피해자는 보험사에 대해 직접 청구를 할 수 있으므로 피해자 보호 측면에서 유리하다. 그렇기 때문에 대법원은 그 적용범위를 넓히는 다양한 논증(법해석적 논증)들을 받아들인다. 몇 가지 예들을 본다.

**① 운행 개념 : 대법원 1999. 11. 12. 선고 98다30834 판결 등**

대표적으로 '운행' 개념부터 그러하다. 대법원 1999. 11. 12. 선고 98다30834

판결 등은 다음과 같이 판시한다(넘버링은 필자가 추가함, 이하 같음).

> "(1) 자동차손해배상보장법 제2조 제2호는 '운행'이라 함은 사람 또는 물건의 운송 여부에 관계없이 자동차를 당해 장치의 용법에 따라 사용하는 것이라고 정의하였는바, (2) 여기에서 자동차를 당해 장치의 용법에 따라 사용한다는 것은 자동차의 용도에 따라 그 구조상 설비되어 있는 각종의 장치를 각각의 장치 목적에 따라 사용하는 것을 말하는 것으로서, 자동차가 반드시 주행 상태에 있지 않더라도 주행의 전후단계로서 주·정차 상태에서 문을 열고 닫는 등 각종 부수적인 장치를 사용하는 것도 포함하므로, (3) 자동차손해배상보장법상의 '운행'은 도로교통법상의 '운전'보다 넓은 개념이지 동일한 개념이 아니라고 할 것이다."

논리구조를 보자. 우선 (1)은 자배법 제2조 제2호의 '운행' 개념을 단순서술한 것이다. 늘 그런 것은 아니지만, 개별법령의 경우 당해 법령에서 빈번하게 사용되는 주요 개념에 대한 정의규정을 두고 있다. (2)는 그 정의를 더 세밀하게 재정의하고 있다. 이는 법해석이자 판례법리의 정립 단계인데, 대법원은 이 단계에서 운행 개념의 외연을 확장한다. 이러한 작업을 거쳐 (3)에서 운행과 운전을 구별한다는 결론을 내리고, 이를 통해 자배법 적용범위를 확장하여 피해자를 두텁게 보호하고자 하는 것이다. 대법원 판례지만, 논증의 관점에서 보면 최초에 위와 같은 논증으로 자배법 적용범위를 넓히는 대리인의 주장이 법원에서 인정받은 사례가 있었을 것이고, 그것이 일반적 법리로 확립된 것이다.

### ② 승객 개념 : 대법원 2008. 2. 28. 선고 2006다18303 판결

위 판결은 고속도로에서 1차 사고로 정차한 관광버스의 승객 일부가 버스에서 하차하여 갓길에 서서 사고상황을 살피다가 2차 사고를 당한 경우 자배법 적용 여부가 문제되었다. 원심은 피해자가 고속버스의 지배범위를 벗어났으므로 승객이 아니라고 보았다.[50] 하지만 대법원은 나음과 같이 '승객' 개념을 재정의하면서

50 서울고등법원 2006. 2. 10. 선고 2005나39473 판결. "… 사고 수습에 참여하기 위하여 자발적으로 위 관광버스에서 하차한 후 위 관광버스의 후방 갓길 여러 곳에 서서 수지합 라이터 등을 켜 들고 진행 차량에 대하여 신호를 보내거나 함께 모여서 이야기를 나누던 중 위 2차 사고를 당한 사실을 인정할 수 있는바, 위 2차 사고 당시 망 소외 2는 임의로 위 관광버스 운행자의 지배하에서 벗어남으로써 더 이상 승객의 지위에 있지 아니하였다고 봄이 상당하다."

원심을 파기하였다.

"승객이란 (1) 자동차 운행자의 명시적·묵시적 동의하에 승차한 사람을 의미하는데, 반드시 자동차에 탑승하여 차량 내부에 있는 사람만을 승객이라고 할 수 없고, (2) 운행중인 자동차에서 잠시 하차하였으나 운행중인 자동차의 직접적인 위험범위에서 벗어나지 않은 사람도 승객의 지위를 유지할 수 있으며, 그 해당 여부를 판단함에는 운행자와 승객의 의사, 승객이 하차한 경위, 하차 후 경과한 시간, 자동차가 주·정차한 장소의 성격, 그 장소와 사고 위치의 관계 등의 제반 사정을 종합하여 사회통념에 비추어 결정하여야 한다."

위에서 본 '운행'과 달리 자배법은 '승객'에 대한 정의규정을 두고 있지 않다. 그런 경우 1차적으로 사전적 정의가 출발점이 되지만, 최종적으로는 법해석에 의해 그 외연이 확정될 수밖에 없다.

위 판결에서 (1) 부분은 승객 개념에 대한 기본적, 사전적 정의라면, (2) 부분은 외연확장을 위한 부가적, 법해석적 정의이다. 이러한 해석론에 따른 부가적 정의를 통해 기본정의의 외연을 확장하고, 이를 통해 포섭판단의 결론을 달리한 것이다.

### ③ 고정된 장치 : 대법원 2004. 7. 9. 선고 2004다20340, 20357 판결

위 사건에서는 환자를 병원으로 후송한 후 구급차에 비치된 '들것'으로 환자를 하차시키던 중 들것을 잘못 조작하여 환자가 상해를 입은 경우 자배법이 적용될 수 있는지가 문제되었다. 원심은 들것은 대법원 판례가 말하는[51] '고정된 장치'가 아니므로 자배법이 적용될 수 없다고 보았다.[52] 대법원은 다음과 같이 판시하면서 원심을 파기하였다.

---

51 "자동차손해배상보장법 제3조 본문 및 제2조 제2호에 의하면, 자기를 위하여 자동차를 운행하는 자는 그 운행으로 인하여 다른 사람을 사망하게 하거나 부상하게 한 때에는 그 손해를 배상할 책임을 지고, 그 '운행'이라 함은 사람 또는 물건의 운송 여부에 관계없이 자동차를 그 용법에 따라 사용 또는 관리하는 것을 말한다고 규정되어 있는바, 여기서 '자동차를 그 용법에 따라 사용'한다는 것은 운전자나 동승자 및 화물과 구별되는, 자동차의 용도에 따라 계속적으로 **고정되어 있는 장치**로서 자동차의 구조상 설비되어 있는 당해 자동차의 고유의 장치 전부 또는 일부를 각각의 사용목적에 따라 사용하는 것을 말한다."

52 서울고등법원 2004. 3. 18. 선고 2003나58838 판결.

> " … 부수적인 장치를 사용하는 것도 포함하는 것이고, (중략) 그 장치가 평상시 당해 자동차에 고정되어 있는 것으로서 (1) 그 사용이 장치목적에 따른 것이고 당해 자동차의 **운행목적을 달성하기 위한 필수**적인 요소이며 (2) 시간적·공간적으로 당해 자동차의 사용에 **밀접하게 관련된 것**이라면 그 장치를 자동차에서 분리하여 사용하더라도 자동차를 그 용법에 따라 사용하는 것으로 볼 수 있다."

위 판결이유의 논리구조는 앞서 본 두 판례와 또 다르다. 대법원은 위 (1), (2)의 두 가지 개념징표를 제시하면서 부수장치라는 개념의 포섭범위를 확정한 뒤 위 사안의 경우를 포섭하였다. 들것은 고정된 것은 아니지만 구급차의 운행목적 달성을 위해 필수적이고, 자동차의 사용과 밀접한 관련성이 있다고 본 것이다.

2) 당사자 범위의 확장

외연 확장이 문제되는 또 다른 예는 당사자 범위를 확장하는 것이다. 몇 가지 사례들을 본다.

#### ① 피해자측 과실이론 : 대법원 1999. 7. 23. 선고 98다31868 판결 등

잘 알려진 피해자측 과실이론이 대표적이다. 대법원은 다음과 같이 판시한다.

> "불법행위로 인한 손해배상의 책임 및 그 범위를 정함에 있어 피해자의 과실을 참작하는 이유는 불법행위로 인하여 발생한 손해를 가해자와 피해자 사이에 공평하게 분담시키고자 함에 있으므로, 피해자의 과실에는 피해자 본인의 과실뿐 아니라 그와 신분상 내지 사회생활상 일체(一體)를 이루는 관계에 있는 자의 과실도 피해자측의 과실로서 참작되어야 하고, 어느 경우에 신분상 내지 사회생활상 일체를 이루는 관계라고 할 것인지는 구체적인 사정을 검토하여 피해자측의 과실로 참작하는 것이 공평의 관념에서 타당한지에 따라 판단하여야 한다."

과실상계는 손해배상 사건에서 공평의 관점에서 피해자측 과실을 참작하여 배상액을 줄이는 것인데, 법률적으로 제3자이지만 피해자와 동일시 할 수 있는 경우는 피해자의 과실로 인정하겠다는 의미이다.[53]

53 잘 알려진 바와 같이 이 이론은 구상관계의 간명화에 실질적 의미가 있다. 가령 A와 B의 쌍방과실

### ② 실질적인 피압수자의 법리 : 대법원 2022. 1. 27. 선고 2021도11170 판결 등

최근 대법원은 다양한 압수수색 사안에서 참여권이 보장되는 당사자의 의미와 관련하여 '실질적인 피압수자'라는 법리를 정립해가고 있다.

> "이와 같이 정보저장매체를 임의제출한 피압수자에 더하여 임의제출자 아닌 피의자에게도 참여권이 보장되어야 하는 '피의자의 소유·관리에 속하는 정보저장매체'란, 피의자가 압수·수색 당시 또는 이와 시간적으로 근접한 시기까지 해당 정보저장매체를 현실적으로 지배·관리하면서 그 정보저장매체 내 전자정보 전반에 관한 전속적인 관리처분권을 보유·행사하고, 달리 이를 자신의 의사에 따라 제3자에게 양도하거나 포기하지 아니한 경우로서, 피의자를 그 정보저장매체에 저장된 전자정보에 대하여 실질적인 피압수자로 평가할 수 있는 경우를 말하는 것이다"

이러한 판례 법리 역시 피압수자의 외연을 확장하여 절차적 기본권의 적용범위를 확대하는 것이다.[54]

### ③ 기망행위의 상대방 : 대법원 1998. 1. 23. 선고 96다41496 판결 등

위 판결은 민법 제110조 제2항이 정한 상대방의 범위가 문제된 사안이다. 민법 제110조 제1항과 제2항은 사기, 강박행위를 한 행위자를 기준으로 요건을 달리 규정하고 있다.[55]

문제된 사안은 피고 은행의 직원인 A가 원고를 기망하여 손해를 입힌 사안이다. 피고 은행과 직원 A는 법인격이 다르지만 대리인으로 볼 여지가 있다. 원심은

---

로 B 차량에 탑승하고 있던 피해자가 상해를 입었는데 B와 피해자가 부부였다고 가정해 보자. 법리적으로는 피해자에 대해 A, B는 부진정연대책임을 부담하므로, 피해자는 A에게 전액 청구하고 A는 B에게 과실비율에 따른 구상청구가 가능할 것이다. 하지만 그런 소송의 순환을 인정하기보다는 B와 피해자의 과실을 하나로 묶어서 A에게 나머지 부분만을 청구하는 것이 간명하다는 것이다. B는 부부이므로 어차피 피해자는 B에게는 청구하지 않을 것이기 때문이다.

54 이러한 판례법리에 대한 비판적 견해로는, 이성일, "형사소송법상 피압수자의 개념과 범주", 2024. 7. 13.자 법률신문 칼럼 참조.

55 민법 제110조 ① 사기나 강박에 의한 의사표시는 취소할 수 있다.
② 상대방이 있는 의사표시에 관하여 제삼자가 사기나 강박을 행한 경우에는 상대방이 그 사실을 알았거나 알 수 있었을 경우에 한하여 그 의사표시를 취소할 수 있다.

A가 피고 은행의 대출과장이므로 사실상 상대방과 동일하다고 보았다. 대출과장이 한 일이 결국 피고 은행이 한 것 아니겠느냐는 취지다. 하지만 대법원은 다음과 같이 판시하면서 원심을 파기하였다.

> "의사표시의 상대방이 아닌 자로서 기망행위를 하였으나 민법 제110조 제2항에서 정한 제3자에 해당되지 아니한다고 볼 수 있는 자란 그 의사표시에 관한 상대방의 대리인 등 **상대방과 동일시할 수 있는 자**만을 의미하고, 단순히 상대방의 피용자이거나 상대방이 사용자책임을 져야 할 관계에 있는 피용자에 지나지 않는 자는 상대방과 동일시할 수는 없어 이 규정에서 말하는 제3자에 해당한다."

대법원은 상대방의 범위를 확장하고, 제3자의 범위를 축소하는 것은 맞지만 항소심처럼 그렇게 넓게 할 수는 없다고 본 것이다. 말이 다소 꼬여 있어 이해하기 어려운 면이 있지만 다음과 같이 정리할 수 있다.

| 제1항이 적용되는 경우 | 제2항이 적용되는 경우 = 제3자인 경우 |
|---|---|
| (1) 상대방이 사기, 강박한 경우<br>(2) 상대방 자신이 아닌 제3자이지만 대리인이어서 사실상 상대방과 동일시할 수 있는 자 | (1) 상대방과 무관한 제3자<br>(2) 상대방의 피용자 등은 제3자임 |

위 판례는 법해석론의 관점에서 보면 목적론적 확대해석과 축소해석의 결합이다. 제1항의 관점에서 보면 확대해석이고, 제2항의 관점에서 보면 축소해석이기 때문이다. 그러한 개념의 확대, 축소는 제도의 취지와 실체적 정의를 살리되, 그러면서도 문언의 범위를 지나치게 벗어나지 않으려는 균형적 사고의 결과이다.

3) 기타

**① 시간적 외연의 확장 : 고도의 개연성 개념**

법에는 시간적 한계를 정한 규정들이 많다. 그러한 시간적 한정이 때로는 불합리한 결과를 초래할 때 법원은 그 한계를 확장하는 경우가 있다. 그러한 경우 법원이 단골손님처럼 사용하는 개념 중 하나가 바로 '고도의 개연성' 개념이다. 대법원은 (i) 사해행위취소소송의 피보전권리,[56] (ii) 압류, 가압류의 피압류채권,[57] (iii) 압류, 가압류의 피보전권리[58] 등에서 이 개념을 통해 그 외연을 확장한다.

#### ② 법정지상권과 건물의 의미

법정지상권은 저당권 설정 당시 건물의 존재가 요건인데, 대법원은 법정지상권 성립요건으로서 건물의 의미를 넓게 인정한다.[59] 이는 사회경제적 낭비를 방지한다는 법정지상권 제도의 취지를 고려한 것이다.

### (2) 포섭범위의 축소

위와 반대로 개념의 외연을 제한/축소하는 경우도 많다.

#### ① 이른바 운용이익의 법리 : 대법원 1995. 5. 12. 선고 94다25551 판결 등

부당이득법상 손해와 이익의 관계는 미묘하다. 전통적인 입장은 이익과 손해 가운데 적은 쪽을 기준으로 한다는 입장이다.[60] 하지만 최근 대법원은 부당이득법의 중심은 손해가 아닌 '이익'이라고 보아 과거에 손해가 없다면 부당이득반환청구권이 성립할 수 없다는 판결들을 변경하기도 하였다.[61]

56 원칙적으로 사해행위 이전에 성립해야 하지만, 채권 성립의 기초되는 법률관계의 존재, 채권성립에 대한 고도의 개연성, 실제로 현실화할 것의 요건이 충족될 경우 예외를 인정한다(대법원 2012. 2. 23. 선고 2011다76426 판결 등).

57 가압류의 피압류채권은 현실적으로 존재해야 하는 것이 원칙이지만 가압류명령의 송달 이후에 채무자의 계좌에 입금될 예금채권도 그 발생의 기초가 되는 법률관계가 존재하여 현재 그 권리의 특정이 가능하고 가까운 장래에 예금채권이 발생할 것이 상당한 정도로 기대된다고 볼 만한 예금계좌가 개설되어 있는 경우 등에는 가압류의 대상이 될 수 있다(대법원 2023. 12. 14. 선고 2022다210093 판결, 대법원 2010. 2. 25. 선고 2009다76799 판결 등). 압류에 대해서는 대법원 2010. 2. 25. 선고 2009다76799 판결 등 참조.

58 가압류의 피보전권리는 가압류신청 당시 확정적으로 발생되어 있어야 하는 것은 아니고 이미 그 발생의 기초가 존재하는 한 조건부 채권이나 장래에 발생할 채권도 가압류의 피보전권리가 될 수 있다(대법원 1993. 2. 12. 선고 92다29801 판결 등).

59 저당권이 설정될 당시 토지 소유자에 의하여 그 지상에 건물을 건축 중이었던 경우 그것이 사회관념상 독립된 건물로 볼 수 있는 정도에 이르지 않았다고 하더라도 건물의 규모, 종류가 외형상 예상할 수 있는 정도까지 건축이 진전되어 있었고, 그 후 경매절차에서 매수인이 매각대금을 다 낸 때까지 최소한의 기둥과 지붕 그리고 주벽이 이루어지는 등 독립된 부동산으로서 건물의 요건을 갖춘 경우 법정지상권이 인정된다(대법원 2004. 2. 13. 선고 2003다29043 판결 등).

60 대법원 1982. 5. 25. 선고 81다카1061 판결, 『민법주해 XVII』 채권(10)(양창수 집필 부분), 169면.

침해부당이득의 경우 침해자가 얻은 이익이 손해인 것이 원칙적 모습이다. 하지만 사안에 따라 달리 구성되기도 하는데, 대법원이 제시하는 '운용이익의 법리'는 손해의 범위를 사회통념에 비추어 상당한 범위로 축소하는 법리이다.

> "일반적으로 수익자가 법률상 원인 없이 이득한 재산을 처분함으로 인하여 원물반환이 불가능한 경우에 있어서 반환하여야 할 가액은 특별한 사정이 없는 한 그 처분 당시의 대가이나, 이 경우에 수익자가 그 법률상 원인 없는 이득을 얻기 위하여 지출한 비용은 수익자가 반환하여야 할 이득의 범위에서 공제되어야 하고, 수익자가 자신의 노력 등으로 부당이득한 재산을 이용하여 남긴 이른바 운용이익도 그것이 사회통념상 수익자의 행위가 개입되지 아니하였더라도 부당이득된 재산으로부터 손실자가 당연히 취득하였으리라고 **생각되는 범위 내의 것이 아닌 한** 수익자가 반환하여야 할 이득의 범위에서 공제되어야 한다."

### ② 보험자대위의 적용범위 제한 : 대법원 2002. 9. 6. 선고 2002다32547 판결

위 사건은 보험자대위에 관한 상법 제682조[62]의 적용범위를 제한한 판결이다. 사안의 개요는 다음과 같다.

- 소외 1(아버지)의 아들인 피고 1은 아버지 차량을 몰래 운전하다 사고를 일으켜 동승한 여자친구가 상해를 입음
- 소외 1은 자동차종합보험에 가입하고 있었으므로, 보험회사는 피해자에게 보험금을 지급
- 그 이후 보험사는 상법 제682조에 기해 소외 1(보험계약자)의 피고 1(불법행위자)에 대한 손해배상청구권의 대위를 주장

61 대법원 2020. 5. 21. 선고 2017다220744 전원합의체 판결, 아파트 구분소유자의 1인이 복도, 계단 등 공용부분을 독점적으로 사용하는 경우 다른 구분소유자들에게 부당이득반환의무를 부담하는지가 문제된 사안에서 종래 손해가 없다는 이유로 부당이득반환청구권이 성립하지 않는다는 종전 판결들을 변경하였다.

62 상법(2014. 3. 11. 개정되기 전의 것) 제682조(제삼자에 대한 보험대위) 손해가 제삼자의 행위로 인하여 생긴 경우에 보험금액을 지급한 보험자는 그 지급한 금액의 한도에서 그 제삼자에 대한 보험계약자 또는 피보험자의 권리를 취득한다. 그러나 보험자가 보상할 보험금액의 일부를 지급한 때에는 피보험자의 권리를 해하지 아니하는 범위 내에서 그 권리를 행사할 수 있다.

논리적으로 보면 보험자대위가 성립해야 할 것 같지만, 대법원은 다음과 같이 판시하면서 보험사의 청구를 배척하였다.

"피보험자의 동거친족에 대하여 피보험자가 배상청구권을 취득한 경우, 통상은 피보험자는 그 청구권을 포기하거나 용서의 의사로 권리를 행사하지 않은 상태로 방치할 것으로 예상되는바, 이러한 경우 피보험자에 의하여 행사되지 않는 권리를 보험자가 대위취득하여 행사하는 것을 허용한다면 사실상 피보험자는 보험금을 지급받지 못한 것과 동일한 결과가 초래되어 보험제도의 효용이 현저히 해하여진다 할 것이고, 무면허면책약관은 보험약관에 있어서의 담보위험을 축소하고 보험료의 할인을 가능하게 하는 데 그 취지가 있는 것이기는 하나, 그 경우에도 피보험자의 명시적이거나 묵시적인 의사에 기하지 아니한 채 무면허 운전자가 피보험자동차를 운전한 경우에는 면책조항의 예외로서 보험자가 책임을 지는 점에 미루어 무면허 운전자가 동거가족인 경우에도 보험자의 대위권 행사의 대상이 되는 것으로 해석한다면, 무면허 운전자가 가족이라는 우연한 사정에 의하여 면책약관에 위배되지 않은 보험계약자에게 사실상 보험혜택을 포기시키는 것이어서 균형이 맞지 않는 점 등에 비추어, 무면허운전 면책약관부 보험계약에서 무면허 운전자가 동거가족인 경우 특별한 사정이 없는 한 상법 제682조 소정의 제3자의 범위에 포함되지 않는다고 봄이 타당하다"

대법원은 당사자의 의사, 보험제도의 취지와 효용 등을 근거로 무면허운전자가 동거가족인 경우에는 상법 제682조의 적용을 배제하였다. 동조의 제3자 범위를 축소한 것이다. 참고로 위 대법원 판결 이후 2014년 개정상법은 그러한 취지를 명문화하였다.[63]

63 제682조(제3자에 대한 보험대위) ① 손해가 제3자의 행위로 인하여 발생한 경우에 보험금을 지급한 보험자는 그 지급한 금액의 한도에서 그 제3자에 대한 보험계약자 또는 피보험자의 권리를 취득한다. 다만, 보험자가 보상할 보험금의 일부를 지급한 경우에는 피보험자의 권리를 침해하지 아니하는 범위에서 그 권리를 행사할 수 있다.
② 보험계약자나 피보험자의 제1항에 따른 권리가 그와 생계를 같이 하는 가족에 대한 것인 경우 보험자는 그 권리를 취득하지 못한다. 다만, 손해가 그 가족의 고의로 인하여 발생한 경우에는 그러하지 아니하다. [전문개정 2014.3.11]

### ③ 이행보조자 개념의 축소 : 대법원 2013. 8. 23. 선고 2011다2142 판결 :

위 대법원 판결의 사안은 다음과 같다.

- 공연기획사인 원고와 피고(예술의 전당)는 예술의 전당 대관계약 체결
- 원고는 오페라 공연을 위해 국립오페라단과 별도의 계약 체결
- 공연도중 국립오페라단 소속 직원 과실로 화재가 발생 : 대관계약 이행불능

원고는 국립오페라단이 피고(예술의 전당)의 이행보조자라고 주장하면서 피고를 상대로 손해배상청구 소송을 제기하였다. 원심은 아래에서 보는 일반론을 근거로 원고 주장을 받아들였다.[64] 반면 대법원은 다음과 같이 판시하며 원심 판결을 파기하였다.

> "민법 제391조의 이행보조자로서의 피용자라 함은 채무자의 의사 관여 아래 그 채무의 이행행위에 속하는 활동을 하는 사람을 의미하므로(대법원 2002. 7. 12. 선고 2001다44338 판결, 대법원 2007. 6. 14. 선고 2007다10290 판결 등 참조), 채무자의 채권자에 대한 채무 이행행위에 속한다고 볼 수 없는 활동을 하는 사람을 민법 제391조의 이행보조자에 해당한다고 볼 수는 없다."

원심은 같은 취지의 대법원 판결도 인용하면서도, 다른 한편으로 그보다 더 넓은 범주를 설정한 대법원 90다카10343 판결을 인용하였다. 그렇다면 항소심과 대법원이 공히 인용하고 있는 대법원 2002. 7. 12. 선고 2001다44338 판결은 이행보조자를 어떻게 정의하고 있을까? 다음과 같다(원심과 같다).

---

64 서울고등법원 2010. 12. 16. 선고 2008나121776 판결. "민법 제391조의 이행보조자로서의 피용자라 함은 일반적으로 채무자의 의사관여 아래 그 채무의 이행행위에 속하는 활동을 하는 사람이면 족하고, 반드시 채무자의 지시 또는 감독을 받는 관계에 있어야 하는 것은 아니므로 채무자에 대하여 종속적인가 또는 독립적인 지위에 있는가는 문제되지 않는다(대법원 2002. 7. 12. 선고 2001다44338 판결 등 참조). 다만 이행보조자의 행위가 채무자에 의하여 그에게 맡겨진 이행업무와 객관적, 외형적으로 관련을 가지는 경우에는 채무자는 그 행위에 대하여 책임을 져야 하고, 채무의 이행에 관련된 행위이면 가사 이행보조자의 행위가 채권자에 대한 불법행위가 된다고 하더라도 채무자가 면책될 수는 없다(대법원 1990. 8. 28. 선고 90다카10343 판결 등)."

"민법 제391조에서의 이행보조자로서의 피용자라 함은 일반적으로 채무자의 의사 관여 아래 그 채무의 이행행위에 속하는 활동을 하는 사람이면 족하고, 반드시 채무자의 지시 또는 감독을 받는 관계에 있어야 하는 것은 아니므로 채무자에 대하여 종속적인가 독립적인 지위에 있는가는 문제되지 않는다."

결국 위 2013년 대법원 판결은 기존 판례에서 반복되는 이행보조자의 정의를 인용하면서도, 위 2001년 판결의 정의 중 밑줄 친 부분만 인용함으로써 개념의 외연을 축소하였다. 포섭의 전제가 되는 이행보조자의 개념 내지 외연을 달리 보는 이상 최종적 포섭의 결과도 달라질 수밖에 없다.

## 3. 마무리

이 논증방법에는 다음과 같은 두 가지 한계 내지 제한이 있다는 점에 주의해야 한다.

(1) 법원리 내지 제도의 취지의 요청 : 이 논증은 그 자체로 독자적 의미를 갖는 논증방법이 아니라 수단적 의미를 갖는다. 즉, 자기에게 유리하다고 무조건 넓히거나 좁힐 수 있는 것은 아니고, 그럴만한 제도적, 법원리적 요청이 있어야 한다. 앞서 본 바와 같이 자배법상의 개념들은 모두 피해자 보호라는 법이념, 피해자측 과실이론은 구상관계의 간명화의 요청 등 그 배후에 실질적 근거(= 법원리적 근거)가 존재한다.[65]

(2) 일반화 가능성에 따른 제한 : 이러한 논증이 등장한 것은 항상 개별적 사안일 것이다. 하지만 그에 그치지 않고, 그러한 개별 사안이 일반적으로 적용될 수 있는 일반화된 법해석론이 가능해야만 성립할 수 있다.

65 이를 역으로 말하면, 이처럼 실정법의 문언해석과 배치되는 법이념 내지 법원리적 요청이 존재하는 사안의 경우 단순히 법원리만을 내세울 것이 아니라 그 구체적 실현방법을 제시하는 것이 필요한데(이 점에 대해서는 제5장 제1유형(원리논증)에서 살펴본다), 개념의 확장/축소는 바로 그와 같은 기능을 할 수 있다는 의미이기도 하다.

## IV 제4유형 : 새로운 개념어 창조, 기존 개념어 재활용

### 1. 들어가며

#### (1) 의미

저명한 철학자 헤겔(F. Hegel)은 "철학이란 자기가 사는 시대를 '개념'으로 포착하는 것"이라고 하였다. '개념'이란 쉽게 말하면 세상의 삼라만상의 본질적 징표를 하나의 압축적 언어로 정리한 것이다. 그런데 표현의 대상인 세상은 급격하게 변동한다. 존재하는 것이 변화할 뿐만 아니라 과거에 없던 새로운 현상이 나타나기도 한다. 인터넷을 비롯하여, SNS, 전기자동차, ChatGPT, 메타버스, … 과거에 상상도 못했던 실체가 등장하면 필연적으로 그 실체를 표현하는 언어가 뒤따른다. 이 점은 법학도 마찬가지다. 법학에 등장하는 수만 가지 개념어들이 그렇게 창조된 것이다. 개념의 창조 및 변용 필요성은 실용학문인 법학의 본질적 요소이다. 실무에서 기존 개념으로 포섭할 수 없는 새로운 현상은 항상 발생한다. 그러한 경우 실체에 맞는 새로운 개념어의 창조는 당면한 문제를 해결하는 중요한 실마리가 될 수 있다.

#### (2) 법이론적 검토

본질적 속성상 보수적이고, 느린 법학에서 가장 창의적이고, 가장 압도적인 개념어 창조의 예는 널리 알려진 미란다 원칙(Miranda rights)이다. 잘 알려진 바와 같이 미란다 원칙은 묵비권, 변호인 선임권을 미리 고지하지 않은 체포는 위법하다는 법리이다. 이 원칙은 미국 연방대법원의 Miranda *v.* Arizona, 384 U.S. 436 (1966) 판결에서 비롯되었다. 이 판결의 유래는 다음과 같다. Miranda는 전과가 많은 상습 성폭행범으로, 미성년자 납치 및 강간으로 기소되어 50년형을 선고받았다. 무죄 변론은커녕 양형주장할 사정도 딱히 없는 상습범이자 중범죄자였다. 그런데 당시 국선변호인이었던 Alvin Moore는 최초로 미란다 원칙에 해당하는 법리를 주장하였다. Arizona주 법원은 1~3심 모두 이러한 주장을 배척하였다. 아마도 담당판사들은 별 괴상한 수상을 다한다고 생각했을 것이다. 하지만 1966년 미국 연방대법원이 전격적으로 Alvin Moore의 주장을 받아들였고, 그 이후 전세계로 퍼지게 되었다.

잘 알려진 바와 같이 미국 연방대법원은 1년에 약 80~90건 정도만 판결하므로 상고허가(writ of certiorari)를 받는 것 자체가 하늘에 별 따기이다. 그런데 위 사건은 상고허가를 통과하였을 뿐만 아니라 상고인용까지 되었으니 소송당사자 입장에서는 로또를 맞은 것과 다름없다. 이런 일이 어떻게 가능하였을까? 미국 형사소송법의 역사는 대립하는 두 이념의 등락의 역사이다. 하나는 흉악범죄 처벌 필요성이라는 축이고, 다른 하나는 공권력의 과도한 물리력 행사를 견제하고자 하는 축이다. 연방대법원이 파격적인 판단을 한 것은 당시 수사기관을 견제하고 적법절차를 공고히 하려는 흐름이 강하였기 때문이다. 미란다 원칙은 시대의 흐름과 절묘하게 맞아 떨어졌던 것이다.

그런데 이 역시 논증의 관점에서 생각해볼 필요가 있다. 논증의 관점에서 보면, 이는 시대의 흐름에 맞게 새로운 현상을 표현하는 새로운 규범적 개념어를 생성한 성과이다. 공권력의 과다한 행사가 만연하던 시절 이를 적절히 제한할 수 있는 새로운 장치를 제시한 것이다. 이러한 개념어의 창조는 우리에게도 전혀 새로운 일이 아니다. 가까운 예로 '성인지 감수성', '피해자 중심주의'과 같은 표현이 대표적이다. 이러한 표현은 과거 10년 사이에 우리나라 법률문화에 가장 큰 영향을 미친 용어라고 해도 과언이 아닐 것이다. 최근 들어 성폭력사건의 흐름에 얼마나 큰 변화가 있었는지는 실제 사건을 경험해본 법률가들은 잘 알 것이다.

위와 같은 정도는 아니더라도 재판실무에서 새로운 개념을 창조하고, 개념을 다듬는 일은 늘 발생한다. 제2유형에서 본 것처럼 쪼개진 개념을 설명하는 과정에서 명명한 '배신행위 이론', '실질적 이득론', '불법성 비교론' 등은 분화의 기준점을 설명하기 위해 창조된 개념어들이었다. 이처럼 개념 창조는 없는 실체를 창조하는 것이 아니라 존재하는 실체를 보다 분명하게 드러내기 위한 '이름 짓기'이기도 하다.

## 2. 구체적 사례들

### (1) 기존 개념을 보완하는 개념어의 활용

이러한 '이름 짓기'는 과거로 소급하면 끝도 없을 것이므로, 최근 대법원 판결에서 드러난 몇 가지 예들만 간략히 보기로 한다.

#### ① 전격성 요건 등 : 대법원 2011. 3. 17. 선고 2007도482 판결(전)

위 사건은 근로자들이 집단적으로 근로의 제공을 거부하여 사용자의 정상적인 업무운영을 저해하고 손해를 발생하게 한 행위가 업무방해죄를 구성하는지가 문제된 사안이다. 그 이전 대법원 판결은 특별히 위법성조각사유가 있지 않는 한 당연히 업무방해죄가 된다고 보았다.[66] 하지만 위 대법원 전원합의체 판결은 다음과 같이 판시하면서 '전격성'과 '사업계속에 관한 자유의사의 제압, 혼란'이라는 추가요건이 필요하다고 보았다.

> "근로자는 원칙적으로 헌법상 보장된 기본권으로서 근로조건 향상을 위한 자주적인 단결권·단체교섭권 및 단체행동권을 가지므로(헌법 제33조 제1항), 쟁의행위로서 파업이 언제나 업무방해죄에 해당하는 것으로 볼 것은 아니고, 전후 사정과 경위 등에 비추어 사용자가 예측할 수 없는 시기에 **전격적으로 이루어져** 사용자의 사업운영에 심대한 혼란 내지 막대한 손해를 초래하는 등으로 사용자의 **사업계속에 관한 자유의사가 제압·혼란**될 수 있다고 평가할 수 있는 경우에 비로소 집단적 노무제공의 거부가 위력에 해당하여 업무방해죄가 성립한다고 보는 것이 타당하다."

대법원이 이와 같이 업무방해죄의 요건을 축소한 이유는 어렵지 않게 알 수 있다. 노동3권이라는 헌법적 기본권의 적용범위를 확대하기 위한 것이다. 이러한 규범 목적을 위해 추가 요건을 더한 것인데, '전격성'과 '사업계속에 관한 자유의사의 제압, 혼란'이라는 표현은 그러한 추가 요건을 표현하는 개념어이다.

66 대법원 1991. 4. 23. 선고 90도2771 판결 등 다수.

### ② 결정, 명령의 '성립'이라는 개념 : 대법원 2014. 10. 8.자 2014마667 결정(전)

위 대법원 결정에서는 법원 결정이 고지되기 전에 한 즉시항고가 적법한 것인지가 문제되었다. 선고가 필요한 판결과 달리 결정, 명령은 고지로서 효력이 발생한다. 그런데 변론종결 당시 미리 정하는 판결선고기일과 달리 결정, 명령의 고지일은 특별히 정해지지 않은 상태에서 법원이 준비되면 결정, 명령을 고지하는 것이 보통이다.

따라서 당사자들은 다소 불안정한 상태에 있을 수밖에 없는데, 위 사건에서 결정, 명령이 고지되기도 전에 즉시항고를 하였고 그것이 적법한 것인지가 문제된 것이다. 다수의견은 다음과 같이 판시하면서 긍정하였고, 반대의견은 부정하였다. 다수의견은 판결과 달리 결정의 경우 '재판의 성립'이라는 단계가 있다는 의견을 제시하였고, 이를 통해 고지전 즉시항고의 효력을 인정하였다.

> "판결과 달리 선고가 필요하지 않은 결정이나 명령(이하 '결정'이라고만 한다)과 같은 재판은 **원본이 법원사무관등에게 교부되었을 때 성립**한 것으로 보아야 하고, 일단 성립한 결정은 취소 또는 변경을 허용하는 별도의 규정이 있는 등의 특별한 사정이 없는 한 결정법원이라도 이를 취소·변경할 수 없다. (중략) 이와 같은 사정을 종합적으로 고려하면, 이미 성립한 결정에 대하여는 결정이 고지되어 효력을 발생하기 전에도 결정에 불복하여 항고할 수 있다."

결국 판결과 달리 결정은 '결정문 원본이 법원사무관에게 교부된 때' '성립'한다고 보아 고지 이전에 성립이라는 단계를 개념적으로 창출하고, 그에 대한 항고가 가능하다고 본 것이다. 위 사건의 원심은 결정이 고지되기 전에 한 즉시항고는 무효라고 보아 각하결정을 하였다. 대법원 그러한 원심의 판단의 문제점을 시정하기 위해 성립이라는 개념을 고안하여 당사자를 구제하였다.[67]

67 다만 굳이 이러한 개념을 고안할 것이 아니라 무효행위의 전환 등에 의한 이론구성으로 해결하는 것이 타당하다는 비판으로, 강해룡, "결정·명령 고지 전 항고, 무효인가 유효인가?", 법률신문 2014. 11. 13. 판례평석 참조.

### ③ 계약관계에서 형사책임 : 단순한 이익대립관계와 그 이상의 것 - 대법원 2020. 8. 27. 선고 2019도14770 판결(전) 등

최근 수년간 대법원 전원합의체 판결에서 가장 많이 등장하는 단어 중 하나는 '이익대립관계'라는 표현일 것이다. 부동산, 동산 이중매매를 비롯하여 이중 저당, 이중 양도담보 등 주로 이중 거래와 배임죄가 문제된 사안에서 등장하는 표현인데, 최근에는 횡령과 관련해서도 이 표현을 사용하고 있다.[68] 배임죄와 관련하여 이 표현은 다음과 같이 활용된다.

> "(1) 타인의 사무를 처리하는 자'라고 하려면, 타인의 재산관리에 관한 사무의 전부 또는 일부를 타인을 위하여 대행하는 경우와 같이 당사자 관계의 전형적·본질적 내용이 통상의 계약에서의 **이익대립관계**를 넘어서 그들 사이의 신임관계에 기초하여 타인의 재산을 보호 또는 관리하는 데에 있어야 한다.
> (2) **이익대립관계**에 있는 통상의 계약관계에서 채무자의 성실한 급부이행에 의해 상대방이 계약상 권리의 만족 내지 채권의 실현이라는 이익을 얻게 되는 관계에 있다거나, 계약을 이행함에 있어 상대방을 보호하거나 배려할 부수적인 의무가 있다는 것만으로는 채무자를 타인의 사무를 처리하는 자라고 할 수 없고, 위임 등과 같이 계약의 전형적·본질적인 급부의 내용이 상대방의 재산상 사무를 일정한 권한을 가지고 맡아 처리하는 경우에 해당하여야 한다."

계약관계에서 '타인의 사무를 처리하는 자' 혹은 '보관자'의 지위를 인정할지 여부를 판단하는 것은 매우 어려운 문제이다.[69] 그러한 어려운 구별의 첫 출발점은 '계약의 이익대립관계'라는 표현이다. 이는 형사처벌을 위해서는 단순한 이해관계의 대립을 넘어서는 어떤 것이 있어야 한다는 취지이다. 물론 이러한 개념에도 불구하고 양자의 구별은 여전히 어렵다. 하지만 이와 같은 개념어는 사고의 기

68 채권양도인이 채권양수인에게 채권을 양도하였지만 채무자에게 채권양도 통지를 하지 않은 상태에서 채무를 변제받아 임의소비한 경우 통상의 계약에 따른 이익대립관계에 있을 뿐 횡령죄의 보관자 지위를 인정할 수 있는 신임관계가 있다고 할 수 없다는 취지의 대법원 2022. 6. 23. 선고 2017도3829 전원합의체 판결 참조.

69 이와 관련한 법리적 문제를 이론적으로 다룬 논문으로는, 조충영 "민사계약에 따른 형사법적 책임 : 대법원 2022. 6. 23. 선고 2017도3829 판결을 중심으로", 부산대학교 「법학연구」 제64권 제1호, 2023 참조.

준점을 제공하는 기능을 한다.

### ④ 자기손상범죄와 타인손상범죄 : 대법원 2017. 2. 16. 선고 2016도13362 판결(전)

위 판결은 피고인이 피해자에게 토지거래허가 등에 필요한 서류라고 속여 근저당권설정계약서 등에 서명·날인하게 하고 금전을 취득한 것이 사기죄를 구성하는지가 문제된 사안이다.

원심은, 사기죄가 성립하려면 처분행위가 있어야 하는데, 피해자는 근저당권을 설정해준다는 의사가 없었고 단지 토지거래허가에 필요한 서류라는 말을 듣고 서명한 것이므로 사기죄가 성립될 수 없다고 보았다. 하지만 위 대법원 판결의 다수의견은 사기죄 성립을 인정하였는데, 기존의 대법원 판결이 타당하다고 본 반대의견[70]은 다음과 같이 판시한다.

> "절도는 범죄행위자의 탈취행위에 의하여 재물을 취득하는 것이고, 사기는 피해자의 처분행위에 의하여 재산을 취득하는 것으로, 양자는 처분행위를 기준으로 하여 구분된다. 이러한 의미에서 사기죄는 자기손상범죄, 절도죄는 타인손상범죄라고 설명된다. 사기죄에서 이러한 **자기손상행위**로서 처분행위의 본질이 충족되기 위해서는 피해자에게 자기 재산 처분에 대한 결정의사가 필수적이다. 다시 말하면 피해자의 행위가 자신의 재산권과 관련되어 있다는 인식에 기초하여 형성된 의사에 지배된 작위 또는 부작위만이 사기죄에서 말하는 처분행위에 해당한다고 규범적으로 평가할 수 있다. 처분결과에 대한 아무런 인식 또는 의사가 없는 처분행위는 그 자체로서 모순이라고 하지 않을 수 없다. 요컨대 피해자가 자신의 재산과 관련하여 무엇을 하였는지조차 전혀 인식하지 못하는 모습의 사기죄는 **자기손상범죄**로서의 본질에 반한다."

여전히 논쟁적인 이 사건은 사기죄에서 처분행위의 본질은 무엇인지에 대한 난해한 질문을 던진다. 자기손상범죄, 타인손상범죄라는 표현은 이 대법원 판결에서 처음 등장한 표현으로 절도와 사기의 차이점을 숙고할 수 있는 사고의 기준점을 제시하는 개념어이다.

70 대법관 이상훈, 김용덕, 김소영, 조희대, 박상옥, 이기택.

## (2) 기존의 개념어들을 활용하는 몇 가지 사례들

그밖에 최근 대법원 판결을 중심으로 이미 존재하는 개념어들을 활용하는 논증방법에 대해 간략히 살펴본다.

### ① 내재적 한계

이 용어는 권리남용이나 신의칙과 같은 법원리를 주장해야 하는 사안에서 매우 요긴한 대체물로 활용된다. 잘 알려진 것처럼 신의칙이나 권리남용은 민사법의 대원칙이지만, 그 외연과 내포가 모호해서 논증도구 내지 논증적 개념어로서의 설득력은 떨어진다.[71] 그러한 경우 내재적 한계라는 개념어는 이를 대체할 수 있는 매우 훌륭한 개념어이다.

최근 대법원 판결의 예를 들면, (i) 정보통신망법상 열람, 제공요구권 등 기본권 행사,[72] (ii) 근로3권의 행사,[73] (iii) 양형판단의 적정성과 관련한 사례,[74] (vi) 신문발행인의 편집권[75] 등을 들 수 있다. (v) 비교적 오랜 전 판결이지만 부재자 재산관리인의 처분행위의 한계에 관한 판결[76]도 참고할 만하다.

### ② 기대권

기대권 개념도 유사하다. 이는 정당한 기대이익, 신뢰보호를 권리의 형식으로 표현한 개념어이다. 비록 물권적 기대권이라는 고전적 용어에 의해 퇴색된 느낌이 있지만, 최근 노동법 영역에서는 이 개념이 없었다면 어떻게 근로자들의 권리가 보호되었을지 의문이 들 정도로 다양하게 활용되고 있다.

가령 (i) 기간제 근로자의 정규직 전환에 대한 기대권,[77] (ii) 정년후 근로자의 재고용 기대권,[78] (iii) 고용승계에 대한 기대권[79] 등이 그러하다. 나아가 (iv) 물상

71 이에 대한 자세한 내용은 제5장 제1유형(권리논증) 참조.

72 대법원 2023. 4. 13. 선고 2017다219232 판결.

73 대법원 2003. 12. 26. 선고 2001도1863 판결.

74 대법원 2020. 9. 3. 선고 2020도8358 판결.

75 부산고등법원 2014. 1. 8. 선고 2013나5176 판결.

76 대법원 1976. 12. 21.자 75마551 결정. 법원의 허가를 받은 행위라고 하더라도 부재자가 아닌 제3자의 이익을 위해 법률행위를 하였다면 적법, 유효하다고 볼 수 없다고 한다.

77 대법원 2016. 11. 10. 선고 2014두45765 판결.

78 대법원 2023. 6. 29. 선고 2018두62492 판결.

79 대법원 2021. 4. 29. 선고 2016두57045 판결.

보증인의 변제자대위에 대한 기대권[80]과 같이 다른 영역에서도 신뢰보호의 다른 이름으로 활용되고 있다.

### ③ 실질적

'실질적'이라는 용어도 새로운 범주 창조/외연 확장을 위해 빈번하게 활용되는 용어이다. 앞서도 본 (i) 실질적 이익(부당이득), (ii) 실질적 피압수자(형사소송법), 외에도 (iii) '아름다운 판결'로 유명한 임차인 판결[81]도 '실질적 임차인'이라는 개념어로 법률상 요건이 충족되지 않는 원고를 포섭하였고, (iv) 또한 최근 노동계의 뜨거운 이슈 중 하나인 노동조합법상 하청업체가 아닌 원청 사업체를 사용자를 인정할 수 있는지 여부에 관련하여 대법원은 '실질적 지배력'이라는 개념으로 이를 긍정한 바 있다.[82] 결국 이 용어는 법문의 범위를 넘어서는(contra legem) 확대해석이 필요한 경우 단골손님처럼 활용되는 개념어라고 할 수 있다.

80 대법원 2018. 7. 11. 선고 2017다292756 판결. "물상보증인의 변제자대위에 대한 기대권은 민법 제485조에 의하여 보호되어, 채권자가 고의나 과실로 담보를 상실하게 하거나 감소하게 한 때에는, 특별한 사정이 없는 한 물상보증인은 그 상실 또는 감소로 인하여 상환을 받을 수 없는 한도에서 면책 주장을 할 수 있다."

81 대전고등법원 2006. 11. 1. 선고 2006나1846 판결. 이 판결에 대해서는 제5장에서 간략히 살펴본다.

82 부당노동행위와 관련한 대법원 2010. 3. 25. 선고 2007두8881 판결, 그밖에 노동조합법상 대체인력투입금지의무 부담 주체, 단체교섭의 주체 등과 관련해서도 이 개념이 사용되고 있다.

## 3. 마무리, 더 생각해 볼 점

(1) 새로운 개념어를 창조하는 것은 물론 쉬운 일은 아니다. 하지만 생각을 조금만 달리 하면 그다지 어려운 일도 아니다. 실체에 대한 어떠한 생각 내지 느낌이 있는데, 기존의 언어로 정확하게 표현되지 않는다면 일단 의심해 볼 필요가 있다. 시작은 언어와 관념의 관계를 의심하는 데에서 출발한다. 이 말로 과연 이 사태가 정확하게 표현되는가? 그렇지 않다면 일단 의심해 볼 일이다.

1단계로 기존의 개념어에 어떠한 수식어를 달면 생각하는 관념이 더 정확하게 표현되는지를 생각해 본다. 조금 더 나아가면 알려진 단어들을 조합하는 방식으로 생각을 정리할 수도 있다. 그러한 숙고의 과정을 거친다면 당해 사건에서 문제되는 관념을 가장 정확하게 표현하는 새로운 개념어를 발견 내지 생성할 수 있다.

(2) 결국 핵심은 언어와 사고의 관계에 대해 문제의식을 갖는 것이다. 생각하고 느끼는 것을 기존 언어로 표현하는 것이 정당한가에 대해 문제제기를 하는 것이다. 만일 그렇지 않다고 느낄 경우 표현하고자 하는 대상과 기존 언어 사이에서 어긋나는 지점은 어디인지를 구체적으로 고민해 보고, 이를 표현할 가장 좋은 언어가 무엇인지를 숙고해 보아야 한다. 배신행위이론, 불법성비교론, 실질적 임차인 등등 다양한 법률용어들은 그러한 문제의식을 가진 법률가들에 의해 만들어져 하나의 법리로 안착한 경우들이다.

제3절

# 나가며

개념에 관한 논증은 법해석론의 문제이지만 동시에 법적 논증의 문제이기도 하다. 후자의 측면에서는 다음과 같이 설명될 수 있다. 대부분 재판에서 원, 피고 사이의 공방은, 소전제 싸움이다. 법률요건은 정해져 있고, 주어진 사실관계가 "해당 법률요건에 해당한다/해당하지 않는다"는 방식의 논증이다.[83] 이를 그림으로 표현하면 다음과 같다.

**원, 피고 다툼의 구조**

← 법령의 문언, 해석론 →
(→ 당해 사안의 포섭범위)
원고의 주장 : 당해 사건은 이 범위 안에 포섭됨(사기, 배임, 불법행위 O)
피고의 주장 : 당해 사건은 이 범위 밖에 있음(사기, 배임, 불법행위 X)

하지만 궁극적인 포섭판단은 소전제만이 문제되는 것이 아니라 대전제도 문제되므로, 소전제가 아닌 대전제의 정당성 자체를 문제 삼는 논증도 가능하다. 위 그림에서 대전제 단계를 확장, 축소, 분리, 재범주화한다면 당해 사건의 결론이 달라질 수 있다는 것이다. 이는 어려운 사건을 푸는 첫 번째 논증도구이다.

83 김정오, 『법철학 — 이론과 쟁점』(제3판), 박영사, 2022, 217면 참조.

제3장

# 한 걸음 물러서서(One Step Backwards) 보기 :
## — 기원에 의한 논증

Ⅰ. 숨겨진 전제 찾기
Ⅱ. 입법취지의 의한 논증
Ⅲ. 입법자의 의사 확인하기
Ⅳ. 법개념의 전제가 되는 사회제도에 관한 논증
Ⅴ. 일반론적 전제와 포석깔기 논증

### 제1절

# 들어가며

이 장에서는 '한 걸음 물러서서(one step backwards)' 보는 논증기법에 대해 살펴본다. 법적 논증이건 일반 논증이건, 논쟁이 항상 시원(始原)의 출발점에서 시작하는 것은 아니다. 당사자 사이에 암묵적인 전제, 사회적 공감대, 철학적인 일반론 등은 생략되고 바로 본론으로 들어가는 경우가 대부분이다.

그러한 경우 현재의 논증에만 매몰되면 놓치는 것이 있다. 잠시 생각을 멈추고 한 걸음 물러서서 보아야 한다. 그렇게 찾은 시원의 어떤 것에서 난해한 문제에 대한 해답의 실마리를 찾는 것이다. 세부적으로 다음과 같은 유형들이 있다.

① 숨겨진 전제 찾기
② 법제도 취지 내지 입법목적 찾기
③ 입법자의 의사 확인
④ 제도의 사회적 기원 찾기
⑤ 일반론에 의한 포석깔기

위 5가지 중에서 ②, ③은 기존의 법이론에서도 객관적/목적론적 해석, 주관적/역사적 해석이라는 이름으로 논의되어온 내용이다. 다만 실무에서 활용되는 ②, ③의 논증기법은 기존 법해석방법론의 논의내용과 100% 일치하는 것은 아니다. ①, ④, ⑤는 기존 법이론의 논의와 부분적으로 관련되는 부분이 있기는 하지만, 본격적으로 다루어진 문제는 아니다. 하지만 이 역시 실무에서 빈번하게 활용되는 논증방법이다. 이하에서 사례로 살펴보자.

제2절

# 유형별 검토

## I 제1유형 : 숨겨진 전제 찾기

### 1. 들어가며

#### (1) 의미

어려운 논증은 물론이고, 우리의 일상생활에서 이루어지는 가벼운 대화, 사소한 말다툼에서도 숨겨진 전제가 문제의 본질인 경우는 생각보다 많다. 고부갈등은 사안마다 구체적 내용은 다르지만 결국 따지고 보면 근저에서 남성중심주의와 남녀평등주의가 무겁게 대립하는 경우가 대부분이다. 보수와 진보정치인의 토론은 사회를 보는 근본시각 차이가 본질적 문제이다.

이런 쟁점들은 숨겨진 전제가 무엇인 파악하기 쉬운 경우인데, 문제의 본질이 숨겨진 전제라는 점을 간파하기 어려운 경우도 많다. 그러한 경우 오랜 논의 끝에 숨겨진 전제를 찾으면 문제가 해결되는 경우가 있다. 논리적 사고능력을 시험하는 미국의 GRE, GMAT 등에서도 숨겨진 전제를 찾는 문제가 꾸준히 출제된다고 하는데, 그 이유도 같은 맥락에서 이해할 수 있다. 숨겨진 전제를 찾는 것은 단순히 논리적 선후관계를 파악하는 문제를 넘어 문제의 본질에 접근하는 사고력의 문제이기도 하다.

#### (2) 법적 논증과 숨겨진 전제

숨겨진 전제의 문제는 실무의 법적 논증에도 다양하게 존재한다. 우선 가장 기본적인 사례들부터 연습해 보자. 아래 사례들은 대법원 판결 사안들인데, 모두 숨겨진 전제의 문제가 내재되어 있다.

### ① 고지의무의 요건과 숨겨진 전제

대법원은 일정한 경우 거래 상대방에게 '고지의무'를 인정한다. 고지란 상대방이 모르는 내용을 알려주는 것이므로, 고지가 의무가 되기 위해서는 당연한 전제(숨겨진 전제) 2가지가 있다. 즉 (i) 문제된 내용을 상대방이 알지 못할 것이라는 전제, (ii) 당사자(즉 상대방)가 스스로 확인할 의무가 없을 것이 그것이다.

따라서 상대방이 당연히 알고 있을 내용, 스스로 확인할 의무가 있는 사항에 대해서는 고지의무가 인정되지 않는다.[84] 이러한 대법원 판결이 존재한다는 사실은 실제 사안에서 그러한 점이 다투어졌음을 의미한다. 이를 논증의 관점에서 생각해 보면, 상대방이 뻔히 알고 있는 내용에 대해 고지의무 위반을 주장한다면, 그에 대한 반박은 고지의무의 전제 자체가 성립할 수 없다는 점이 되어야 함을 의미한다.

### ② 어음의 교부와 변제기 변경

대법원은 "기존 채무의 지급과 관련하여 만기가 변제기보다 늦은 어음을 교부한 경우 변제기는 그 늦은 만기일로 변경되는 것으로 보아야 한다"는 입장이다.[85] 하지만 그러한 어음의 교부는 변제기 전에 이루어져야 한다는 점을 당연한 전제로 한다.[86] 변제기 이후라면 이미 채무불이행 상태이기 때문에 채권자의 동의가 없는 한 변제기가 변경된 것으로 볼 여지가 없기 때문이다.

---

84 대법원 2013. 11. 28. 선고 2011다59247 판결. "상대방이 고지의무의 대상이 되는 사실을 이미 알고 있거나 스스로 이를 확인할 의무가 있는 경우 또는 거래 관행상 상대방이 당연히 알고 있을 것으로 예상되는 경우 등에는 상대방에게 위와 같은 사정을 알리지 아니하였다고 하여 고지의무를 위반하였다고 볼 수 없다."

85 대법원 2014. 6. 26. 선고 2011다101599 판결 등.

86 대법원 2001. 3. 23. 선고 2000다11560 판결. "채권자가 기존 채무의 지급을 위하여 그 채무의 이행기가 도래하기 전에 미리 그 채무의 변제기보다 후의 일자가 만기로 된 어음의 교부를 받은 때에는 묵시적으로 기존 채무의 지급을 유예하는 의사가 있었다고 볼 경우가 있을 수 있고 이때 기존 채무의 변제기는 어음에 기재된 만기일로 변경된다고 볼 것이나, 특별한 사정이 없는 한 하도급자가 하도급대금지급채무를 이행기일까지 변제하지 아니하여 채무불이행 상태에 빠진 다음에 그 채무의 지급을 위하여 어음이 발행된 경우까지 그와 동일하게 볼 수는 없으므로 위 약관 제3조 제2호를 하도급자가 하도급대금지급채무를 변제하지 아니하여 채무불이행 상태에 빠진 다음에 하도급대금지급채무의 지급을 위하여 어음을 발행한 경우에까지 피고가 보증책임을 면한다는 조항으로 해석할 수는 없다."

### ③ 당사자의 의사 추정의 숨겨진 전제

민법 및 판례 등에서 당사자의 의사를 추정하는 경우는 많다. 그런데 이러한 당사자의 의사 추정에도 당연한 전제가 있다. 그것이 비합리적인 것, 사회질서에 반하는 것이어서는 안 된다는 점이다. 가령 민법 제737조는 당사자의 의사에 반하는 것임이 명백한 경우에는 사무관리가 성립하지 않는다고 규정한다. 그런데 여기서 당사자의 의사는 강행법규에 반하지 않는 것이어야 한다는 전제가 있다. 예를 들어 자살을 하겠다거나, 세금을 탈루하겠다는 의사에 반해 그 사람을 살리고, 세금을 납부해도 사무관리가 성립한다는 것이다.[87]

### ④ 상계금지의 숨겨진 전제

민법 제497조에 의하면 압류가 금지된 채권을 수동채권으로 하는 상계는 금지된다. 대표적으로 임금채권이 그러하다. 하지만 이러한 상계금지는 양 채권이 정상적으로 성립하였을 것을 전제로 한다. 따라서 대법원 판례는 계산착오로 과다지급된 경우 등에서는 예외를 인정한다.[88]

### ⑤ 등기부 표제부의 유효요건의 숨겨진 전제

등기의 표제부과 부동산은 사회통념상 동일성이 인정되어야 하고, 그렇지 않으면 등기는 무효라는 것이 확립된 판례이다. 하지만 여기에도 숨겨진 전제가 있다. 즉 그와 같이 보는 이유 자체가 거래의 안전 때문이므로, 이해관계인이 존재하지 않는 상황에서는 그 요건이 완화된다.[89]

이처럼 법률문제에서 숨겨진 전제가 문제되는 경우는 생각보다 많다. 그리고 사안에 따라서 숨겨진 전제가 논쟁의 주요 쟁점이 되는 경우도 있다. 이하에서 실제 사례들을 통해 살펴보자.

87 『주석민법』 채권각칙 제734조 부분, 639면 참조.
88 대법원 1998. 6. 26. 선고 97다14200 판결.
89 대법원 2000. 3. 10. 선고 99다40975 판결.

## 2. 구체적 사례들

이하의 대법원 판례 사안들은 가장 쉬운 난이도의 숨겨진 전제부터 시작해서 점점 더 난이도가 높은 순으로 구성되어 있다.

### (1) 유언서 '은닉'의 숨겨진 전제 : 대법원 1998. 6. 12. 선고 97다38510 판결

위 판결은 유언서의 은닉과 상속결격사유가 다투어진 사건이다. 사안의 개요는 다음과 같다.

- 피고는 피상속인 사망 이후 6개월 이상 유언서를 혼자 간직하고 있었음
- 원고는 피고의 그러한 행위가 민법 제1004조가 규정한 상속결격사유[90] 중 '유언서를 은닉한 경우'에 해당한다고 주장
- 하지만 이미 유언에 대한 검증이 끝난 상태였고 가족들은 그 내용을 알고 있었음

위와 같은 경우 '유언서의 은닉'이라는 요건이 인정될까? 당연히 그렇지 않을 것 같다. '은닉'은 개념적으로 그 상대방이 그 내용을 알지 못하고 있음을 전제로 한다. 이미 유언서에 대한 조사가 끝나고 그 내용을 다 알고 있었다면 설령 물리적으로 유언서를 숨기고 있었다고 하더라도, 그러한 행위를 은닉이라고 할 수 없다. 대법원도 다음과 같이 판시하였다.

> "상속인의 결격사유의 하나로 규정하고 있는 민법 제1004조 제5호 소정의 '상속에 관한 유언서를 은닉한 자'라 함은 유언서의 소재를 불명하게 하여 그 발견을 방해하는 일체의 행위를 한 자를 의미하는 것이므로, 단지 공동상속인들 사이에 그 내용이

90 민법 제1004조(상속인의 결격사유) 다음 각 호의 어느 하나에 해당한 자는 상속인이 되지 못한다.
1. 고의로 직계존속, 피상속인, 그 배우자 또는 상속의 선순위나 동순위에 있는 자를 살해하거나 살해하려한 자
2. 고의로 직계존속, 피상속인과 그 배우자에게 상해를 가하여 사망에 이르게 한 자
3. 사기 또는 강박으로 피상속인의 상속에 관한 유언 또는 유언의 철회를 방해한 자
4. 사기 또는 강박으로 피상속인의 상속에 관한 유언을 하게 한 자
5. 피상속인의 상속에 관한 유언서를 위조·변조·파기 또는 은닉한 자

널리 알려진 유언서에 관하여 피상속인이 사망한 지 6개월이 경과한 시점에서 비로소 그 존재를 주장하였다고 하여 이를 두고 유언서의 은닉에 해당한다고 볼 수 없다."

이 결론의 정당성은 제도의 취지라는 측면에서도 설명된다. 유언서 은닉행위를 상속결격사유로 규정한 취지는 상속과 관련한 법적 절차를 교란한 것에 대한 제재의 의미를 갖는다. 그런데 유언 내용이 이미 잘 알려진 상황이라면 그러한 문제가 발생할 여지가 없다.

소송을 하다 보면 상대방이 형식논리에 입각한 억지주장을 하는 경우가 있다. 그런데 논쟁적인 주장보다 직관적으로 말이 안 되는 주장을 반박하는 것이 더 어렵다고 느껴지는 때가 있다. 그 경우 어떻게 반박할 것인가? 숨겨진 전제를 생각하면 그 답이 쉽게 찾아진다. 이는 형식논리 부수기의 일종이다.

### (2) 쌍불의 숨겨진 전제 : 대법원 1997. 7. 11. 선고 96므1380 판결

위 사건의 개요는 다음과 같다.

- 원심은 변론기일 소환장[91]을 본적지로 송달하였다가 송달이 불능되었는데, 주소지로 송달하였다가 송달불능된 것으로 착오하고, 공시송달 조치[92]
- 공시송달 이후 2회 쌍방 불출석하여, 쌍불취하 규정 적용

위 사안의 쟁점은 쌍방 2회 불출석한 것은 맞지만 공시송달 요건이 흠결되었던 경우에도 쌍불 규정이 적용되는가이다. 실무상 '쌍불'이라 불리는 '쌍방 2회 불출석'은 양 당사자가 2회 연속으로 변론기일에 불출석하는 것을 의미한다. 쌍불의 경우 소취하 또는 상소취하로 이어지는 중요한 법률효과가 발생한다(민사소송법 제268조). 그런데, 여기에도 숨겨진 당연한 전제가 있다. 쌍불이 성립하기 위해서는 송달이 적법한 것이어야 한다는 것이다.

91 과거의 용어이고, 최근에는 변론기일 통지서라고 한다.
92 공시송달은 주소지 등으로 송달을 시도해도 송달이 안 되는 경우가 요건이다(민사소송법 제194조). 실무상으로 공시송달은 일단 알고 있는 주소지로 송달하였으나 송달불능되고, 기타 특별송달도 안 되고, 보정명령 등을 통해 확인된 최후 주소지로의 송달까지 불능이 된 경우에 하는 것이 보통이다.

위 사안에서도 원고는 형식논리에 입각해서 쌍방 2회 불출석한 것은 맞으니 위 규정이 적용되어야 한다고 주장하였다. 대법원은 그렇지 않고, 쌍불에 관한 규정은 적법한 송달을 전제로 한 것이라고 판시한다.

> "민사소송법 제241조 제2항 및 제4항에 의하여 소 또는 상소의 취하가 있는 것으로 보는 경우 같은 조 제2항 소정의 1월의 기일지정신청기간은 불변기간이 아니어서 그 추완이 허용되지 않는 점을 고려한다면, 같은 조 제1, 2항에서 '변론의 기일에 당사자 쌍방이 출석하지 아니한 때'란 **당사자 쌍방이 적법한 절차에 의한 송달을 받고도** 변론기일에 출석하지 않는 것을 가리키는 것이고, 변론기일의 송달절차가 적법하지 아니한 이상 비록 그 송달이 유효하고 그 변론기일에 당사자 쌍방이 출석하지 아니하였다고 하더라도 쌍방 불출석의 효과는 발생하지 않는다."

쌍불에 관한 민사소송법 제268조에는 이러한 점이 명시되어 있지 않지만,[93] 이 역시 당연한 전제이다. 소취하, 상소취하의 법률효과를 인정하기 위한 기본적 절차는 적법한 것이어야 하기 때문이다. 이러한 대법원의 법해석을 축소해석이라고 볼 수도 없다. 적법한 송달은 민사소송절차의 기본적 요건이기 때문이다.

### (3) 취득시효의 숨겨진 전제 : 대법원 1992. 3. 10. 선고 91다43329 판결

사안의 개요는 다음과 같다.

- A가 20년 넘게 B명의 토지를 자주점유, 다만 B 명의 등기는 무효였음
- B는 뒤늦게 그 사실을 알고 실제 소유자인 C에게 대가를 지급하고 권리를 양도받음
  ⇨ 그 시점은 20년 이후임

93 민사소송법 제268조는 아래와 같다.

> 제268조(양 쪽 당사자가 출석하지 아니한 경우) ① 양 쪽 당사자가 변론기일에 출석하지 아니하거나 출석하였다 하더라도 변론하지 아니한 때에는 재판장은 다시 변론기일을 정하여 양 쪽 당사자에게 통지하여야 한다.
> ② 제1항의 새 변론기일 또는 그 뒤에 열린 변론기일에 양 쪽 당사자가 출석하지 아니하거나 출석하였다 하더라도 변론하지 아니한 때에는 1월 이내에 기일지정신청을 하지 아니하면 소를 취하한 것으로 본다.

사안의 쟁점은 A가 시효취득을 주장할 수 있는지 여부이다.[94] 위 판례 사안은 A가 20년 넘게 당해 토지를 점유한 반면 등기 명의자는 시종일관 B였다. 따라서 외관상으로는 A가 B에게 등기를 청구할 수 있을 것 같다. 문제는 B 명의의 등기는 무효였는데, 뒤늦게 그 사실을 알고 B가 실제 소유자인 C에게 대가를 지급하고 권리를 양도받았다는 점이다(20년의 취득시효 기간 이후 양도받음). 외관상으로는 B의 등기가 계속되었지만, 실제 권리자는 C에서 B로 변동된 사안인 것이다.

그러한 경우에도 A가 취득시효를 주장할 수 있을까? A는 시효취득을 주장했지만, 대법원은 구분설에서 말하는 등기란 "실체관계에 부합하는 적법, 유효한 등기"라는 점이 숨겨진 전제라고 보아 A의 청구를 기각하였다.

> "취득시효완성 당시 그 부동산의 등기부상 소유명의자는 취득시효완성으로 인한 권리변동의 당사자이나 그 등기가 <u>실체관계와 부합하지 않는 무효의 등기인 때에는 권리변동의 당사자가 될 수 없는 것</u>이므로, 소유권이전등기가 그 경료 당시에는 실체관계와 부합하지 아니하여 무효의 등기였다가 <u>취득시효완성 후에 적법한 권리자로부터 권리를 양수하여 실체관계에 부합하게 된 것이라면</u>, 그 등기명의자는 취득시효완성 후에 소유권을 취득한 자에 해당하므로 그에 대하여 <u>취득시효완성을 주장할 수 없다</u>."

이 역시 수긍할 수 있는 결론이다. 등기를 기준으로 하면 변동이 없지만, 실질은 그렇지 않기 때문이다. 이러한 사건 역시 역으로 생각해볼 필요가 있다. 만일 이러한 사안에서 상대방이 단지 등기의 외관만을 근거로 구분설을 주장한다면 어떻게 반박할 것인가? 숨겨진 전제를 찾아야 한다. 즉, 판례가 말하는 구분설의 취지는 실질적 권리변동을 전제하는 것으로 보아야 한다는 것이다.

### (4) 관습법상 법정지상권과 숨겨진 전제 : 대법원 1999. 3. 26. 선고 98다64189 판결

위 판결도 구조가 유사하다. 사안의 개요는 다음과 같다.

---

94 확립된 대법원 판례에 의하면 20년 도과 이후 제3자가 먼저 등기를 이전받았다면 점유자가 결국 소유권을 취득하지 못한다(이른바 '구분설').

- A 소유 토지 위에 B 소유 건물이 있었음
- 그런데 위조된 서류 등으로 건물소유권이 일시적으로 B에서 A로 바뀌었음
- 이후 무효인 A명의 건물 등기가 말소되어 다시 건물(B소유)/토지(A소유)로 됨

관습법상 법정지상권은 토지와 건물 모두 동일인 소유였다가 토지, 건물 중 어느 하나의 소유자가 바뀐 경우 인정된다. 기본구조는 다음과 같다.

### 관습법상 법정지상권의 기본구조

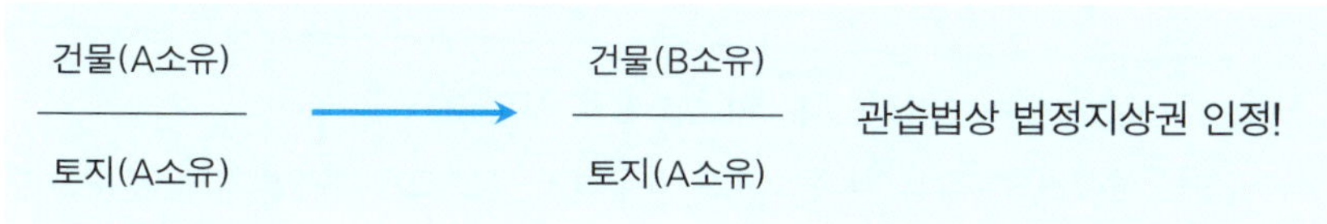


반면 위 사건의 구조를 그림으로 표현하면 다음과 같다.

### 문제된 사안의 구조

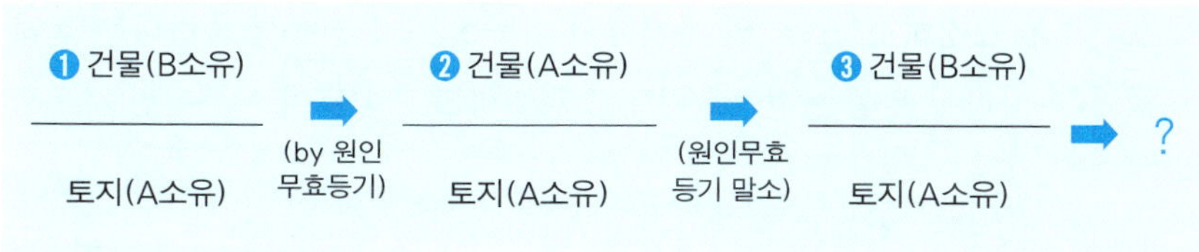


이 경우 관습법상 법정지상권이 인정될 수 있는가? 위 사안도 형식적으로는 요건이 충족되어 보이지만, 실질은 그렇지 않다. 위 사건의 경우 애당초 건물과 토지의 소유자가 달랐던 사안이고, 잠시 같아진 것은 진정한 거래의 결과가 아니라 일시적인 착오에 의한 것이었기 때문이다. 대법원 역시 그 점을 지적한다.

> "관습상의 법정지상권의 성립 요건인 해당 토지와 건물의 소유권의 동일인에의 귀속과 그 후의 각기 다른 사람에의 귀속은 **법의 보호를 받을 수 있는 권리변동으로** 인한 것이어야 하므로, 원래 동일인에게의 소유권 귀속이 원인무효로 이루어졌다가 그 뒤 그 원인무효임이 밝혀져 그 등기가 말소됨으로써 그 건물과 토지의 소유자가 달라지게 된 경우에는 관습상의 법정지상권을 허용할 수 없다."

대법원은 "법의 보호를 받을 수 있는 권리변동"이라는 당연한 전제, 숨겨진 전제가 있다고 보았다. 타당한 결론이다. 위 사안 역시 피고는 형식논리에 기대어 관습법상 법정지상권 성립을 주장하였지만, 대법원은 숨겨진 전제를 통해 형식논리를 배격하였다.

### (5) 보충송달의 숨겨진 전제 : 대법원 2021. 3. 11. 선고 2020므11658 판결

위 사건도 유사하지만 약간은 미묘한 면이 있다. 사안의 개요는 간단하다.

- 원, 피고는 부부 사이였는데, 이혼소송을 진행함
- 법원은 화해권고결정을 각 주소지로 송달하였는데, 모두 부부의 아들이 수령함

사안의 쟁점은 보충송달의 효력을 인정할 것인지 여부이다. 보충송달은 당사자 본인에 대한 송달불능시 피용자, 동거인 등에게 송달하는 것을 의미한다.[95] 민사소송법은 동거인으로 '사리를 분별할 지능이 있는 사람'이라는 점만을 보충송달의 요건으로 규정하고 있다. 위 사건에서 아들이 그 요건을 충족한다는 점에 다툼은 없었다. 따라서 원심은 법률요건대로 적법한 보충송달이 이루어진 것으로 보았다.[96]

하지만 대법원은 원심을 파기하였다. 대법원은 보충송달제도는 "사회통념상 본인에게 소송서류를 전달할 것이라는 합리적 기대가 전제되어야 한다"고 보았다. 비록 아들이지만 완전히 중립적인 입장에서 쌍방 모두에게 소송서류를 전달할 것이라는 합리적 기대가 충족된다고 보기 어렵다는 것이다.

---

95 제186조(보충송달·유치송달) ① 근무장소 외의 송달할 장소에서 송달받을 사람을 만나지 못한 때에는 그 사무원, 피용자(被用者) 또는 동거인으로서 사리를 분별할 지능이 있는 사람에게 서류를 교부할 수 있다.
② 근무장소에서 송달받을 사람을 만나지 못한 때에는 제183조제2항의 다른 사람 또는 그 법정대리인이나 피용자 그 밖의 종업원으로서 사리를 분별할 지능이 있는 사람이 서류의 수령을 거부하지 아니하면 그에게 서류를 교부할 수 있다.

96 대구가정법원 2020. 5. 7. 선고 2020르18 판결.

"보충송달제도는 본인 아닌 그의 사무원, 피용자 또는 동거인, 즉 수령대행인이 소송서류를 수령하여도 그의 지능과 객관적인 지위, 본인과의 관계 등에 비추어 **사회통념상 본인에게 소송서류를 전달할 것이라는 합리적인 기대를 전제로 한다**. 동일한 수령대행인이 이해가 대립하는 소송당사자 쌍방을 대신하여 소송서류를 동시에 수령하는 경우가 있을 수 있다. 이런 경우 수령대행인이 원고나 피고 중 한 명과도 이해관계의 상충 없이 중립적인 지위에 있기는 쉽지 않으므로 소송당사자 쌍방 모두에게 소송서류가 제대로 전달될 것이라고 합리적으로 기대하기 어렵다.

조금 더 면밀히 보면, 위 사안은 2단계 논증구조를 취하고 있다. 우선 위 판결이유 부분은 지금까지 살펴본 숨겨진 전제에 관한 일반론이다(1단계, 일반적 법해석). 나아가 당해 사건의 아들이 중립적 지위에 있었는지는 별개의 문제이다(2단계, 당해 사건의 포섭판단).

한편 위 1단계의 일반론을 축소해석으로 볼 수 있을까? 민사소송법 문언만을 기준으로 보면 그렇게 볼 여지도 없지 않다. 하지만 이 경우 역시 그렇지 않다고 보는 것이 합당하다. 민사소송법상 송달은 당사자 본인에게 하는 것이 원칙이다(민사소송법 제178조).[97] 보충송달은 그에 대한 예외규정인데, '소송서류가 당사자에게 전달될 것이라는 기대'는 당연한 전제라고 보아야 할 것이다.

### (6) 범죄행위와 부당이득의 숨겨진 전제 : 대법원 2003. 6. 13. 선고 2003다8862 판결

이 사건도 다소 특이한 사안이다. 사안의 개요는 다음과 같다.

- A는 회사의 자금을 횡령하여 처인 B 계좌로 입금함
- B는 입금 사실을 알고 남편 A에게 그 돈을 어떻게 할지 물음
- A는 B에게 그 돈을 다시 제3자의 계좌로 입금하라고 해서 그렇게 함

사안의 쟁점은 피해자가 B에게 부당이득반환청구를 할 수 있는지 여부였다. 대법원은 제3자가 횡령한 금액이라는 사실을 알았거나 중과실로 모른 상태로 금

97 제178조(교부송달의 원칙) ① 송달은 특별한 규정이 없으면 송달받을 사람에게 서류의 등본 또는 부본을 교부하여야 한다.

원을 취득한 경우 부당이득반환의무를 인정한다.[98] 위 사안의 경우 고의, 중과실이 인정된다고 하더라도 B는 불과 몇 시간 횡령자금을 자신의 계좌에 보관하였는데, 그럼에도 부당이득 반환책임을 부담하는가? 그렇다고 보기에는 조금 어색한 면이 있다. 그 돈은 을을 잠시 거쳐 간 것에 불과하다고 볼 여지가 있기 때문이다. 하지만, 횡령범죄는 수령 시 바로 기수가 되는 점 등을 고려하면, 반대로 볼 여지가 전혀 없는 것은 아니다. 대법원은 "처분권을 취득한 실질적 이득자"라는 전제를 내세운다.

> "A가 횡령한 돈 5,620만 원이 처인 B의 예금계좌로 입금되었다고 하더라도, 그로 인하여 B가 위 돈 상당을 이득하였다고 하기 위해서는 B가 위 돈을 영득할 의사로 송금 받았다거나 A로부터 이를 증여받는 등으로 **위 돈에 관한 처분권을 취득하여 실질적인 이득자**가 되었다고 볼 만한 사정이 인정되어야 할 것인데, 원심이 인정한 사실은, B가 남편인 A로부터 퇴직금 중간정산금이라며 그 보관을 의뢰 받고 자신의 계좌로 위 돈을 송금 받았다가 송금 받은 그 날 A에게 처분 용도를 물어 A의 지시에 따라 송금된 돈의 대부분을 곧바로 A에게 송금하고 나머지 돈도 그 무렵 A에게 교부하여 주었다는 것인바, 이와 같은 송금 및 반환 경위에 비추어 볼 때 B가 위 돈을 자신의 구좌로 송금받았다고 하여 **실질적으로 이익의 귀속자**가 되었다고 보기는 어렵다."

대법원이 "횡령 사실을 알고/중과실로 취득한 경우"라고 정의할 때 '취득'의 의미를 위와 같이 보는 것은 당연한 전제인가? 아니면 축소해석의 결과인가? 명확하지는 않으나 이 역시 당연한 전제라고 보는 것이 타당하지 않을까 생각된다.

### (7) 주택임대차보호법상 대항력의 숨겨진 전제 : 대법원 2014. 2. 27. 선고 2012다93794 판결 등

법리적으로 까다로운 사안이다. 사안의 개요는 다음과 같다.

- 갑 부동산의 임의경매절차에서 A가 최고가매수신고인이 됨
- A는 사실상 소유권자가 될 지위에 있으므로, B와 임대차계약을 체결함

98 대법원 2012. 1. 12. 선고 2011다74246 판결 등 다수.

- B가 확정일자를 받은 다음날 A는 매각대금 완납함(= 소유권 취득)
- A는 C에 대해 근저당권을 설정해줌

쟁점은 임차인 B가 근저당권자 C에 대해 주택임대차보호법이 정한 대항력, 우선변제권을 주장할 수 있는지 여부였다. 매매, 임대차는 채권계약이므로, 매도인, 임대인이 목적물의 소유권자일 것을 요하지 않는다. 타인 소유 부동산에 대한 매매나 임대차도 가능하고, 다만 사후적으로 소유권, 처분권을 취득하지 못할 경우 채무불이행책임을 질뿐이다.

문제는 주택임대차보호법의 경우도 같이 볼 것인지 여부이다. 동법에 의하면 임차인이 인도를 받고 전입신고를 하면 대항력을 취득하고, 임대차계약서에 확정일자를 받으면 우선변제권까지 인정된다.[99] 이처럼 채권임에도 대세적 효력을 갖는 임대차는, 제3자에게 불측의 손해를 가져올 수 있으므로, 위와 같은 일반법리(즉 타인소유 매매, 임대차도 가능)와 관련하여도 해석상 문제가 발생할 수 있다. 위 대법원 판례는 이러한 문제를 다루었고(전형적으로 '어려운 사건'이다), 그 과정에서 대법원은 숨겨진 전제를 발견(혹은 생성)해냈다.

위 판결의 원심은 타인권리에 대한 임대차도 가능하다는 법리에 따라 B가 적법한 임차인이고, 주민등록, 인도, 확정일자 등 주택임대차보호법상 대항요건을 구비한 이상 그보다 늦은 근저당권자에 대항할 수 있다고 보았다.[100] 하지만 대법원은 다음과 같이 판시하면서 원심을 파기하였다.

> "주택임대차보호법이 적용되는 임대차가 임차인과 주택의 소유자인 임대인 사이에 임대차계약이 체결된 경우로 한정되는 것은 아니나, 적어도 그 주택에 관하여 **적법하게 임대차계약을 체결할 수 있는 권한**을 가진 임대인이 임대차계약을 체결할 것이 요구된다."

이러한 전제 하에 매각대금을 지급한 최고가매수신고인의 지위에서 임대차계약을 체결하고 전입신고, 인도, 확정일자 등을 마쳤다고 하더라도 주택임대차보호법상의 대항력과 우선변제권을 취득한 것으로 볼 수 없다고 보았다.[101] 이 사안의 경

99 주택임대차보호법 제3조, 제3조의2 참조.
100 의정부지방법원 2012. 9. 13. 선고 2011나9267 판결.

우 이러한 전제는 이미 존재하였던 것인가? 아니면 만들어진 것인가? 판단하기 쉽지 않은 문제인데, 설령 전자라고 해도 이러한 전제를 찾는 일은 쉬운 일은 아니다.

### (8) 사후적으로 만들어진 전제와 목적론적 축소 : 대법원 2022. 4. 21. 선고 2019도3047 판결(전)

마지막으로 법문의 해석에 의하더라도 그와 같은 전제가 발견될 수 없는데, 대법원이 특정한 규범적 목적 내지 정책적 목적으로 전제를 만드는 경우가 있다. 이는 결국 문언에 반하는 목적론적 축소해석에 해당한다.

위 사건은 남성인 군인들이 독신자 숙소에서 구강성교, 항문성교 등을 하였다는 이유로 군형법 제92조의6에 의해 기소된 사안이다.[102] 학자들 사이에서도 많은 논쟁을 불러일으킨 위 사건의 경우 1, 2심은 유죄를 인정하였지만, 대법원은 다음과 같이 판시하면서 무죄를 선고하였다.[103]

> "군형법 제92조의6의 문언, 개정 연혁, 보호법익과 헌법 규정을 비롯한 전체 법질서의 변화를 종합적으로 고려하면, 위 규정은 동성인 군인 사이의 항문성교나 그 밖에 이와 유사한 행위가 사적 공간에서 자발적 의사 합치에 따라 이루어지는 등 군이라는 공동사회의 건전한 생활과 군기를 직접적, 구체적으로 침해한 것으로 보기

101 다만 "적법하게 임대차계약을 체결할 수 있는 권한을 가진 임대인"의 의미는 여전히 명확하지 않은 듯하다. 필자가 확인한 바에 의하면, 이러한 법리를 최초로 밝힌 것으로 보이는 대법원 1995. 10. 12. 선고 95다22283 판결은 명의신탁자가 그러한 권한을 가진다고 보았고, 대법원 2019. 3. 28. 선고 2018다44879, 44886 판결은 부동산담보신탁계약의 위탁자가 수탁자의 동의 없이 임대차계약을 체결한 후 수탁자로부터 소유권을 회복한 때에는 대항력이 인정된다고 보았다. 또한 대법원 2008. 4. 10. 선고 2007다38908, 38915 판결은 부동산의 매수인인 임대인과 임대차계약을 체결하였는데 잔금지급 의무를 제대로 이행하지 않아 계약이 해제된 사안에서 대항력을 인정하였다(다만 이는 민법 제548조의 문제인 면이 있다). 결국 소유권자가 아님에도 어느 수준에서 '적법한 권한이 있다'고 보아야 할 것인지는 쉽지 않은 문제이며, 향후 사안의 축적에 따라 정리되어야 할 것으로 생각된다.

102 제92조의6(추행) 제1조 제1항부터 제3항까지에 규정된 사람에 대하여 항문성교나 그 밖의 추행을 한 사람은 2년 이하의 징역에 처한다.

103 위 판결과 관련한 학술논문으로는, 강우예, "군형법 제92조의6에 대한 합헌적 해석의 의미와 성격 ― 죄형법정주의 및 기타 해석기준과의 관계에 대한 분석을 바탕으로 ―", 「형사법연구」 제34권 제4호, 2002; 조동은, "법원의 인권합치적 법해석에 관하여 : 대법원 2022. 4. 21. 선고 2019도3047 전원합의체 판결을 소재로 삼아", 「헌법학연구」 제28권 제4호, 2022.

어려운 경우에는 적용되지 않는다고 봄이 타당하다."

대법원은 군형법 제92조의6에서 명시하지 않은 '사적 공간, 자발적 합의'라는 전제를 창조하였다. 대법원은 왜 법문에 존재하지 않는 전제를 창출한 것인가? 여러 이유가 있겠지만 가장 중요한 것은 동성애에 대한 사회적 인식 변화인 것으로 보인다. 위 대법원 판결의 전문을 보면 다수의견의 그와 같은 해석이 법률상 허용될 수 없는 목적론적 축소라고 비판하는 반대의견과[104] 보호법익과 문언해석 등을 전혀 달리 본 2개의 별개의견이 복잡하게 대립한다.

흥미로운 것은 다수의견, 별개의견, 반대의견 모두 문언 그대로의 해석을 받아들이지 않고, 각기 다른 방식으로 축소해석을 시도하고 있다는 점이다. 이는 대법관들 모두 위 조항의 적용범위가 지나치게 넓어 위헌의 소지가 있다는 인식을 공유하고 있었음을 의미한다.[105]

104 대법관 조재연, 이동원의 반대의견 : "따라서 다수의견과 같이 목적론적 축소해석 또는 합헌적 해석방법을 이용하여 문언의 가능한 의미를 벗어나 현행 규정의 구성요건을 변경하는 해석은 허용되지 않는다고 보아야 한다. 즉, 현행 규정에서 정하고 있는 '항문성교나 그 밖의 추행'에 해당하면 그로써 위 규정의 적용 대상이 되는 것이고, 여기에 더하여 다수의견과 같이 '사적 공간인지 여부', '자발적 합의에 의한 것인지 여부' 등의 사정을 고려하여 '군기를 직접적이고 구체적으로 침해하였는지'에 따라 그 적용 여부를 달리해야 할 근거는 없다."

105 다만 헌법재판소는 위 조항에 대해 합헌 결정을 한 바 있다. 헌재 2023. 10. 26. 선고 2017헌가16 결정.

## 3. 마무리

이상과 같이 숨겨진 전제의 문제는 쉬운 사안에서 어려운 사건에 이르기까지, 애초에 존재하던 당연한 전제부터 사후적으로 만들어진 전제까지, 다양한 유형이 존재한다.

(1) 서두에서 밝힌 것처럼 숨겨진 전제의 문제는 표면상 드러나는 논증 자체에만 빠져들면 간과하기 쉽다. 그 경우 형식논리에 빠져 오류를 범할 수도 있다. 그 자체로는 말이 되는 것처럼 보이지만 결론이 우리의 통상적 직관에 맞지 않는 경우 숨겨진 부당한 전제가 있는 것은 아닌지를 반추해 볼 일이다.

(2) 사후적으로 만들어진 전제는 제도의 취지나 정책적 고려 등을 근거로 문언의 범위를 축소하는 목적론적 축소해석과 관련된다는 점은 반복하여 언급한 바와 같다. 이를 역으로 논증의 입장에서 생각해 보면, 특정 사안에서 축소해석을 주장해야 한다면 제도의 취지와 법원리, 정책논거 등을 동원하여 숨겨진 전제를 창조하는 논증을 구성할 수 있음을 의미한다. 앞서 본 군형법 사건 등은 대리인의 그와 같은 논증이 대법원에서 받아들여진 예다.

(3) 숨겨진 전제의 문제는 당해 사건의 핵심쟁점에만 국한하는 것이 아니다. 법률서면은 수십, 수백 가지 세부적 주장으로 이루어진 경우가 많다. 그러한 세부쟁점의 공방에서도 숨겨진 전제를 찾으면 공방의 본질에 접근할 수 있는 경우가 많다. "상대방 주장은 ~ 임을 전제로 하나, 그러한 전제 자체가 타당하지 않으므로 상대방 주장은 타당하지 않다"는 식의 논증은 실무의 법적 공방에서 매우 요긴하게 사용될 수 있는 논증방식이다.

# II 제2유형 : 입법의 취지에 의한 논증

## 1. 들어가며

### (1) 의미

"… 고등학교 때 읽은 법학통론이라는 책에 '물론해석'이라는 개념이 나옵니다. 마차통행 금지라는 표시를 종로통에 세우면 말이 끄는 마차 뿐만 아니라 소가 끄는 우차의 통행도 금지하는 것입니다. 금지하는 법을 만든 이유가 원활한 자동차 통행을 위해서이기 때문입니다. 반면 그 표시를 뚝방에 세우면 마차와 우차 뿐만 아니라 자동차 통행도 금지하는 것이 됩니다. 뚝을 보전하기 위해서는 우마차와 자동차가 다녀서는 안 되기 때문입니다. 요컨대 법이 도로 위에 있는지 뚝방 위에 있는지를 고려한 해석을 해야 한다는 것입니다."[106]

한 걸음 물러서기의 두 번째 유형은 입법취지 내지 입법목적에 의한 논증이다. 모든 법령은 사회적 필요에서 생긴 것이다. 사회질서 유지를 위해 형사법이 생겼고, 개인들의 소유관계, 물건의 사용관계를 규율하기 위해 물권법이 만들어졌고, 거래관계를 규율하기 위해 채권법이 등장하였다. 채권관계 내에서도 매매, 도급, 위임, 조합 등등 다양한 계약 형태가 분화, 발전하였고, 매매의 법률관계를 규율하기 위해 담보책임, 매매예약, 동시이행, 계약해제 등등의 법리가 형성되었다.

논증의 관점에서 보면, 이와 같은 법제도의 기원 내지 사회적 기능을 밝히는 것은 현재 직면한 법률의 해석, 적용 문제에 대한 정답 내지는 적어도 어떠한 실마리를 찾는 의미가 있다. 어려운 사건에서 왜 이러한 제도가 만들어졌는지를 반추해 보면, 문제 해결의 단초가 보이는 것이다.

### (2) 법이론적 검토

이 유형은 일응 고전적 법해석론에서 주관적/역사적 해석과 객관적/목적론적 해석의 대립 중 객관적/목적론적 해석과 관련이 있어 보인다. 주관적/역사적 해석

106 법률신문 2020. 12. 7. 강해룡 변호사(법률신문 편집인) 인터뷰 기사 중.

이 입법자의 의사를 고려하는 입장이라면, 객관적/목적론적 해석은 법령의 객관적 의미, 즉 해당 법문이 현재 법질서 안에서 수행하는 목적과 기능에 주목하는 해석론을 의미한다.[107] 따라서 입법의 목적 내지 입법 취지를 밝히는 것은 후자와 관련되는 것으로 보인다.

하지만 양자의 중첩 범위는 매우 제한적이다. 즉, 이 절에서 고찰하는 내용은 전통적인 목적론적 해석의 적용 범위에 비해 그 범위가 현저히 좁다. 목적론적 해석은, 그 의미 자체에 대해 이론적 논의도 방대하고,[108] 실제 사례들을 보더라도 법원리에 따라 문언에 반하는 해석(contra legem)부터 정책적 판단을 고려하는 사안까지 그 폭이 매우 넓다.[109] 반면 이 절에서 살펴보는 내용은 '법령의 취지 내지 목적'이라는 관점에 국한되므로, 그 적용범위가 훨씬 더 좁다.

이 절에서 살펴보는 대법원 판결들은 거의 예외 없이 "법 제○조가 ~~~ 라고 규정한 취지는 … "이라는 문구로 시작한다. 이러한 대법원 판결들은 조문의 입법 취지를 통해 어려운 사건을 풀어간다. 사견으로는 이러한 실무 내지 판례의 입장을 가장 정확하게 설명하는 이론적 틀은 '기능주의' 내지 '구조 기능주의'가 아닐까 한다. 아래에서 보는 것처럼 대법원 판례가 주목하는 내용은 거의 대부분 당해 제도 내지 법령이 우리 법제도의 전체적 틀에서 어떠한 기능을 담당하는지의 문제라고 볼 수 있기 때문이다.

위에서 본 법률신문 기사는 노 변호사님의 회고에서 깊은 연륜이 느껴지는 글이지만, 다른 한편으로 필자가 이 절에서 말하고자 하는 바를 가장 정확하게 표현한 글이 아닌가 한다. 위 기사 인용부분의 키워드는 '법을 만든 이유'라는 표현이다. 법령의 적용 범위를 '법을 만든 이유'에 대한 추론을 통해 확정한다는 취지인데, 아래에서 살펴보는 사례들이 대부분 그러한 접근법을 보여준다.

이 유형은 이 책에서 소개하는 여러 논증방식 중 실무에서 활용도가 가장 높은 유형이다. 이하에서 대법원 판례를 중심으로 세부유형을 검토한다.

107 김정오 외, 『법철학』, 272~276면; 김대휘, 『법철학과 법이론 입문』, 성안당, 2021, 240~255면 참조. 영미법에서는 의도중심적 해석론과 문언중심적 해석론의 대립으로 논의되고 있다. 최봉철, 『현대법철학』, 법문사, 2007, 261면; 김대휘, 『법철학과 법이론 입문』, 성안당, 2021, 251면 참조.

108 최근 목적론적 법해석에 관한 논의를 집대성한 연구로는, 공두현, "목적론적 해석의 합리적 재구성", 서울대학교 박사학위논문, 2024 참조.

109 법원리의 문제, 정책논증의 문제는 제4장, 제5장에서 별도로 살펴본다.

## 2. 구체적 사례들, 세부유형

### (1) 기본형 : 경계선상에 있는 질문에 대한 답을 찾는 기능

기본형은 '한계 사례(marginal case)'에 대한 답을 구하는 경우이다. 한계 사례란 이렇게 답해도 맞을 것 같고, 저렇게 답해도 맞을 것 같은 사안이다. 어려운 사건의 전형이다. 실무에서 그러한 사안의 답을 제도의 취지에서 찾는 경우는 많다.

#### ① 일괄경매청구권의 취지 : 대법원 2003. 4. 11. 선고 2003다3850 판결

위 사건은 토지 저당권 설정 이후 건물이 축조된 경우 건물도 경매청구의 대상이 된다는 민법 제365조[110]가 저당권 설정자가 아닌 제3자가 건물을 축조한 경우에도 적용되는지가 문제된 사안이다. 법문은 저당권 설정자만을 규정하고 있으므로 제3자는 배제된다고 볼 여지도 있다. 하지만 대법원은 다음과 같이 제3자가 축조한 경우도 긍정하였다(넘버링은 필자가 추가).

> "(1) 민법 제365조가 토지를 목적으로 한 저당권을 설정한 후 그 저당권설정자가 그 토지에 건물을 축조한 때에는 저당권자가 토지와 건물을 일괄하여 경매를 청구할 수 있도록 규정한 취지는, 저당권은 담보물의 교환가치의 취득을 목적으로 할 뿐 담보물의 이용을 제한하지 아니하여 저당권설정자로서는 저당권설정 후에도 그 지상에 건물을 신축할 수 있는데, 후에 그 저당권의 실행으로 토지가 제3자에게 경락될 경우에 건물을 철거하여야 한다면 사회경제적으로 현저한 불이익이 생기게 되어 이를 방지할 필요가 있으므로 이러한 이해관계를 조절하고, 저당권자에게도 저당토지상의 건물의 존재로 인하여 생기게 되는 경매의 어려움을 해소하여 저당권의 실행을 쉽게 할 수 있도록 한 데에 있다는 점에 비추어 볼 때, (2) 저당지상의 건물에 대한 일괄경매청구권은 저당권설정자가 건물을 축조한 경우뿐만 아니라 저당권설정자로부터 저당토지에 대한 용익권을 설정받은 자가 그 토지에 건물을 축조

110 민법 제365조 "토지를 목적으로 저당권을 설정한 후 그 설정자가 그 토지에 건물을 축조한 때에는 저당권자는 토지와 함께 그 건물에 대하여도 경매를 청구할 수 있다."

한 경우라도 그 후 저당권설정자가 그 건물의 소유권을 취득한 경우에는 저당권자는 토지와 함께 그 건물에 대하여 경매를 청구할 수 있다."

이러한 결론은 법문에 반하는 해석(contra legem)은 아닐지라도 법문의 범위를 넘는 해석(praeter legem)에는 해당된다. 논리구조를 보면 (2)는 문제의 제기이자 결론이고, (1)은 그 근거이다. 법문에도 불구하고 법 제365조의 취지가 사회경제적 낭비를 최소화하기 위한 것이므로, 건물의 축조자가 누구인지는 중요하지 않다고 본 것이다.

### ② 주택임대차보호법 관련 판례

주택임대차보호법은 채권에 대해 대항력, 우선변제권을 부여하는 독특한 법제인 관계로 '한계 사례' 및 '어려운 사건'을 무더기로 쏟아낸다. 그런데 대법원은 많은 경우 제도의 취지에서 문제의 해답을 구한다. 몇 가지 예를 본다.

대법원 1987. 10. 26. 선고 87다카14 판결, 대법원 1996. 1. 26. 선고 95다30338 판결 등은 주민등록이라는 대항요건에 본인의 주민등록 뿐만 아니라 배우자의 주민등록도 포함되는지가 문제된 사안이다. 대법원은 다음과 같이 제도의 취지로부터 해답의 실마리를 찾는다.

> "**국민의 주거생활의 안정을 보장함을 목적으로 하고 있는** 주택임대차보호법의 **입법취지**나 주택의 인도와 주민등록이라는 **공시방법을 요건으로** 하여 대항력을 부여하고 있는 동법 제3조 제1항의 **취지에 비추어** 볼 때, 주민등록이라는 대항요건은 임차인 본인뿐 아니라 그 배우자의 주민등록을 포함한다."

반면 대법원 1997. 7. 11. 선고 96다7236 판결은 법인의 직원이 주민등록을 마친 경우 임차인인 법인이 대항력 및 우선변제권을 주장할 수 없다고 보았는데, 이 역시 주택임대차보호법의 입법취지가 그 근거이다.

> "… **자연인인 서민들의 주거생활의 안정을 보호하려는 취지에서 제정된 것이지** 법인을 그 보호 대상으로 삼고 있다고는 할 수 없는 점, 법인은 애당초 같은 법 제3조

제1항 소정의 대항요건의 하나인 주민등록을 구비할 수 없는 점 등에 비추어 보면, (중략) 법인이 임차 주택을 인도받고 임대차계약서상의 확정일자를 구비하였다 하더라도 우선변제권을 주장할 수는 없다."

이러한 예들은 많다. 가령 대법원은 (i) 공동주택의 주민등록에서 동호수를 제대로 기재하지 않은 경우 대항력은 인정할 수 없다고 하였지만,[111] (ii) 우선변제권 요건으로서 확정일자와 관련해서는 임대차계약서에 공동주택 동호수를 누락해도 무방하다고 보았다.[112] 이 차이의 원인은 무엇인가? 대법원은 다음과 같이 제도의 취지로 설명한다(대법원 1999. 6. 11. 선고 99다7992 판결).

"여기서 확정일자의 요건을 규정한 것은 **임대인과 임차인 사이의 담합으로 임차보증금의 액수를 사후에 변경하는 것을 방지**하고자 하는 **취지**일 뿐, 대항요건으로 규정된 주민등록과 같이 당해 임대차의 존재 사실을 **제3자에게 공시**하고자 하는 것은 아니므로, (중략) 아파트의 명칭과 그 전유 부분의 동·호수의 기재를 누락하였다는 사유만으로 주택임대차보호법 제3조의2 제2항에 규정된 확정일자의 요건을 갖추지 못하였다고 볼 수는 없다."

그밖에, (i) 임차권의 양도, 전대 시에도 최초의 대항력이 인정되는지 여부(공시의 기능이라는 제도의 취지에 비추어 긍정),[113] (ii) 간접점유자의 주민등록도 같이 볼 수 있는지 여부(같은 이유로 부정),[114] (iii) 점포 및 사무실로 사용되던 건물의 일부가 주거용으로 사용된 경우 보증금에 대해 우선변제권이 인정되는지 여부(제도의 취지에 비추어 긍정),[115] (iv) 우선변제권과 대항력을 동시에 주장할 수 있는지 여부(같은 취지로 긍정)[116] 등 법령이 명확하게 규정하지 않은 다종다기한 한계사례에서 대법원은 제도의 취지를 통해 결론을 도출한다.

111 대법원 1995. 4. 28. 선고 94다27427 판결 등 다수.
112 대법원 1999. 6. 11. 선고 99다7992 판결.
113 대법원 1988. 4. 25. 선고 87다카2509 판결.
114 대법원 2001. 1. 19. 선고 2000다55645 판결.
115 대법원 2009. 8. 20. 선고 2009다26879 판결.
116 대법원 1993. 12. 24. 선고 93다39676 판결.

### (2) 유추적용의 허용 한계 : 대법원 2019. 3. 14. 선고 2018다255648 판결 등

법률의 흠결 시 사용되는 유추적용이라는 법적 도구는 본질적 요소가 같아야 한다는 점이 기본요건이다.[117] 그런데 대법원은 그 점에 대한 판단에도 제도의 취지를 활용한다. 위 사건은 소멸시효가 완성된 채권도 일정한 요건 하에 상계가 가능하다는 민법 제495조[118]가 제척기간에도 유추적용될 수 있는지가 문제된 사안이다. 대법원은 다음과 같이 제도의 취지를 근거로 긍정하였다.

> "이는(민법 제495조) 당사자 쌍방의 채권이 상계적상에 있었던 경우에 당사자들은 채권·채무관계가 이미 정산되어 소멸하였거나 추후에 정산될 것이라고 생각하는 것이 일반적이라는 점을 고려하여 **당사자들의 신뢰를 보호하기 위한 것**이다. (중략) 매도인의 담보책임을 기초로 한 매수인의 손해배상채권 또는 수급인의 담보책임을 기초로 한 도급인의 손해배상채권이 각각 상대방의 채권과 상계적상에 있는 경우에 당사자들은 채권·채무관계가 이미 정산되었거나 정산될 것으로 기대하는 것이 일반적이므로, 그 신뢰를 보호할 필요가 있다. 이러한 손해배상채권의 제척기간이 지난 경우에도 그 기간이 지나기 전에 상대방에 대한 채권·채무관계의 정산 소멸에 대한 신뢰를 보호할 필요성이 있다는 점은 소멸시효가 완성된 채권의 경우와 **아무런 차이가 없다**."

117 대법원 2020. 4. 29. 선고 2019다226135 판결 등 참조, 한편 대법원 2024. 8. 1. 선고 2024다204696 판결은 "법률의 유추적용은 법률의 흠결을 보충하는 것으로 법적 규율이 없는 사안에 대하여 그와 유사한 사안에 관한 법규범을 적용하는 것이다. 이러한 유추를 위해서는 법적 규율이 없는 사안과 법적 규율이 있는 사안 사이에 공통점 또는 유사점이 있어야 한다. 그러나 이것만으로 유추적용을 긍정할 수는 없다. 법규범의 체계, 입법 의도와 목적 등에 비추어 유추적용이 정당하다고 평가되는 경우에 비로소 유추적용을 인정할 수 있다."고 판시한 점에 주목할 필요가 있다. 영미법의 유추적용 조건에 관해서는 Frederick Schauer, Thinking Like a Lawyer : A New Introduction to Legal Reasoning, Harvard University Press, 2009, pp. 94~95 참조.

118 민법 제495조 소멸시효가 완성된 채권이 그 완성 전에 상계할 수 있었던 것이면 그 채권자는 상계할 수 있다.

### (3) 유추적용 제한의 근거로서 제도의 취지 : 대법원 1994. 8. 12. 선고 93다52808 판결

유추적용을 제한하는 데에도 제도의 취지가 논거로 활용된다. 위 판결의 쟁점은 민법 제496조[119]가 중과실에 의한 불법행위에도 적용되는지 여부였다. 원심은 고의와 중과실은 유사한 법적 평가를 받는다는 점 등을 근거로 긍정하였지만,[120] 대법원은 원심은 파기하였다. 대법원은 위 조항의 입법취지를 다음과 같이 설명한다.

"민법 제496조가 고의의 불법행위로 인한 손해배상채권에 대한 상계를 금지하는 입법취지는, 일반적으로 양 당사자가 서로 상대방에 대하여 채권을 가지고 있는 경우에 당사자간의 공평을 유지하기 위하여는 원칙적으로 상계를 인정하여야 할 것이지만, (i) 만일 고의의 불법행위에 인한 손해배상채권에 대하여도 상계를 허용한다면 고의로 불법행위를 한 자까지도 상계권행사로 현실적으로 손해배상을 지급할 필요가 없게 됨으로써 **보복적 불법행위를 유발하게 될 우려가 있고**, (ii) 또 고의의 불법행위로 인한 피해자가 가해자의 상계권행사로 인하여 **현실의 변제를 받을 수 없는 결과가 됨은 사회적 정의관념에 맞지 아니하는 것**이기 때문에 **고의에 의한 불법행위의 발생을 방지하고** 고의의 불법행위로 인한 피해자에게 현실의 변제를 받게 하려는 데 있다고 할 것이다."

그리고 고의와 중과실의 법적 평가가 유사하다는 원심의 논거에 대해서는 다음과 같이 타당하지 않다고 비판한다.

"그런데, 중과실의 경우에는 비록 그것이 고의에 준하는 것이라고 하더라도 결과발생을 미필적으로라도 의욕한 바 없다는 점에서 고의와는 구별되는 것인바, 중과실의 불법행위에 인한 손해배상채권에 대하여 상계를 허용한다고 하여도 다른 채권이 있는 채권자가 의도적으로 중과실의 불법행위를 일으킬 수는 없는 것이므로(의

119 제496조(불법행위채권을 수동채권으로 하는 상계의 금지) 채무가 고의의 불법행위로 인한 것인 때에는 그 채무자는 상계로 채권자에게 대항하지 못한다.

120 서울고등법원 1993. 9. 24. 선고 92나56065 판결.

> 도적으로 불법행위를 저지른다면 고의에 의한 불법행위가 될 것이다) 이에 대한 상계의 허용여부는 중과실에 의한 불법행위의 발생방지와 특별한 관련성이 있다고 할 수 없고, (중략)"

그러면서 입법취지, 법원리에 입각한 유추해석이 가능한 것은 사실이지만, 그러한 점을 고려하더라도 원심의 판단은 정당하지 않다고 하면서 입법취지와 유추의 관계에 관한 일반 법리를 다음과 같이 설시한다.

> "민사법의 실정법 조항의 문리해석 또는 논리해석만으로는 현실적인 법률적 분쟁을 해결할 수 없거나 사회적 정의관념에 현저히 반하게 되는 결과가 초래되는 경우에 있어서는 법원이 실정법의 입법정신을 살려 법률적 분쟁을 합리적으로 해결하고 정의관념에 적합한 결과를 도출할 수 있도록 유추해석이나 확장해석을 할 수 있다고 할 것이지만, 민법 제496조의 경우에 있어서는 위에서 본 그 입법취지나 적용결과에 비추어 볼 때 고의의 불법행위에 인한 손해배상채권에 대한 상계금지를 중과실의 불법행위에 인한 손해배상채권에까지 유추 또는 확장 적용하여야 할 필요성이 있다고 할 수 없다."

위 대법원 판결은 입법취지에 의한 논증의 의의 및 한계를 명확하게 밝힌 점에서 의의가 있고, 나아가 입법취지 외에 적용결과의 정당성 등 다른 논거들도 다양하게 언급하고 있어 일독할 가치가 있다.

### (4) 형식논리 부수기와 제도의 취지 : 대법원 2001. 2. 27. 선고 2000다44348 판결 등

제도의 취지는 형식논리 부수기의 도구로도 사용되는데, 위 사안은 그 점을 잘 보여준다. 채권자취소권 행사시 취소채권자는 수익자에게 직접 가액배상을 구할 수 있다는 것이 대법원 판례의 확립된 입장이다. 그런데 만일 수익자도 채권자 중 1인인 경우 수익자의 채권(아래 판례의 안분액 배당요구권)을 자동채권으로 해서 취소채권자의 채권과 상계를 주장할 수 있는가? 형식적으로 보면 그럴 것도 같지만, 대법원은 다음과 같이 제도의 취지를 근거로 부정하였다.

"채권자취소권은 채권의 공동담보인 채무자의 책임재산을 보전하기 위하여 채무자와 수익자 사이의 사해행위를 취소하고 채무자의 **일반재산으로부터 일탈된 재산을 모든 채권자를 위하여 수익자 또는 전득자로부터 환원시키는 제도이므로**, 수익자인 채권자로 하여금 안분액의 반환을 거절하도록 하는 것은 자신의 채권에 대하여 변제를 받은 수익자를 보호하고 다른 채권자의 이익을 무시하는 결과가 되어 **제도의 취지에 반하게 되므로**, 수익자가 채무자의 채권자인 경우 수익자가 가액배상을 할 때에 수익자 자신도 사해행위취소의 효력을 받는 채권자 중의 1인이라는 이유로 취소채권자에 대하여 총채권액 중 자기의 채권에 대한 안분액의 분배를 청구하거나, 수익자가 취소채권자의 원상회복에 대하여 총채권액 중 자기의 채권에 해당하는 안분액의 배당요구권으로써 원상회복청구와의 **상계를 주장하여 그 안분액의 지급을 거절할 수는 없다.**"

사해행위취소는 공동담보로 제공될 재산이 일탈된 경우 이를 회복하기 위해 마련된 제도이다. 따라서 채권자평등원칙이 적용된다. 반면 상계는 그 담보적 효력으로 인해 사실상 우선변제효를 갖는다. 따라서 두 제도는 본질적으로 배치되는 측면이 있다. 대법원은 이 문제를 제도의 취지라는 관점으로 정리하였다.

### (5) 명의신탁자의 반환청구와 소멸시효 : 대법원 2009. 7. 9. 선고 2009다23313 판결

이 사건도 유사한데, 사안의 개요를 간략히 볼 필요가 있다.

- A가 K로부터 특정 부동산을 매수하면서 등기는 B 명의로 함(계약형 명의신탁)
  ⇨ 부동산실명법 시행 전이면 A는 B에 대해 부동산 자체를 부당이득 반환청구 可[121]
  A는 B를 상대로 소유권이전등기청구 소제기
- B는 소유권이전등기청구권이 시효로 소멸하였다고 주장
- A는 부동산을 인도받아 점유하고 있으므로 시효에 걸리지 않는다고 항변

쟁점은 결국 A가 "부동산을 인도받아 점유하고 있는 경우 소유권이전등기청

121 대법원 2002. 12. 26. 선고 2000다21123 판결.

구권은 시효에 걸리지 않는다"는 대법원 판례법리[122]를 주장할 수 있는지 여부였다. 위 사건에서 A는 K로부터 부동산을 매수하면서 명의만 B에게 맡기고, 점유는 A가 하였다. A는 시효 항변에 대한 재항변의 근거로 위 판례법리를 내세웠다. 대법원은 다음과 같이 A 주장을 배척하였다.

> "명의신탁계약 및 그에 기한 등기를 무효로 하고 그 위반행위에 대하여 형사처벌까지 규정한 부동산 실권리자명의 등기에 관한 법률의 시행에 따라 그 권리를 상실하게 된 위 법률 시행 이전의 명의신탁자가 그 대신에 부당이득의 법리에 따라 법률상 취득하게 된 명의신탁 부동산에 대한 부당이득반환청구권의 경우, 무효로 된 명의신탁 약정에 기하여 처음부터 명의신탁자가 그 부동산의 점유 및 사용 등 권리를 행사하고 있다 하여 위 부당이득반환청구권 자체의 **실질적 행사가 있다고 볼 수 없을 뿐만 아니라**, 명의신탁자가 그 부동산을 점유·사용하여 온 경우에는 명의신탁자의 명의수탁자에 대한 부당이득반환청구권에 기한 등기청구권의 소멸시효가 진행되지 않는다고 보아야 한다면, 이는 명의신탁자가 부동산 실권리자명의 등기에 관한 법률의 유예기간 및 시효기간 경과 후 여전히 실명전환을 하지 않아 위 법률을 위반한 경우임에도 그 권리를 보호하여 주는 결과로 되어 부동산 거래의 실정 및 부동산 실권리자명의 등기에 관한 법률 등 **관련 법률의 취지에도 맞지 않는다**."

위 사안에서 명의신탁자는 부동산을 매수해서 점유, 사용하고 있다. 당사자가 이를 근거로 형식논리적 주장을 한 것이다. 하지만 대법원은 제도의 취지를 토대로 그러한 주장을 배척하였다.[123·124]

---

122 대법원 1976. 11. 6. 선고 76다148 전원합의체 판결, 대법원 1999. 3. 18. 선고 98다32175 전원합의체 판결 등 참조.

123 부동산을 매수하여 점유, 사용하고 있으나 등기를 마치지 아니한 매수인의 등기청구권은 점유, 사용하고 있는 한 소멸시효에 걸리지 않는다는 법리는 의사주의를 취하던 구 민법 하에서 부동산 매매를 하고도 등기를 이전하지 않은 선의의 매수인을 보호하기 위해 문언에 반하는 해석(contra legem)을 한 것이다. 따라서 그 범위는 가급적 좁게 해석할 필요가 있다.

124 다만 대법원 2013. 12. 12. 선고 2013다26647 판결은, 3자간 등기명의신탁에서 목적 부동산을 인도받아 점유하고 있는 명의신탁자의 매도인에 대한 소유권이전등기청구권 역시 소멸시효가 진행되지 않는다고 한 점에 주의를 요한다. 이 경우는 매매계약을 유효로 보기 때문이다(동 대법원 판결은 판결문에서 위 대법원 2009다23313 판결은 사안이 다르다는 점을 지적한다).

### (6) 시효이익 포기의 상대효의 취지 : 대법원 2015. 6. 11. 선고 2015다200227 판결

위 판결은 시효이익 포기의 상대효와 관련된 까다로운 문제를 다룬다. 사안의 개요는 다음과 같다.

- A가 B에 대해 갖는 채권은 시효가 완성되었지만, A는 시효이익을 포기함
- 그 결과 그 채권의 담보로 제공되었던 근저당권도 말소되지 않았고, 적법 유효한 상태임
- 그런데 그 이후 C가 당해 부동산 소유권을 취득한 이후 소멸시효 이익포기의 상대효를 근거로 근저당권 말소를 청구함

C의 근저당권 말소청구는 받아들여질 것인가? 대법원은 다음과 같이 판시하면서 C의 주장을 배척하였다(아래 논증은 대법원 판결이 보여주는 논증 가운데 최상급에 속하는 매우 좋은 논증이라고 생각된다).

| | |
|---|---|
| "(1) 소멸시효 이익의 포기는 상대적 효과가 있을 뿐이어서 다른 사람에게는 영향을 미치지 아니함이 원칙이나, 소멸시효 이익의 포기 당시에는 권리의 소멸에 의하여 직접 이익을 받을 수 있는 이해관계를 맺은 적이 없다가 **나중에 시효이익을 이미 포기한 자와의 법률관계를 통하여 비로소 시효이익을 원용할 이해관계를 형성한 자**는 이미 이루어진 시효이익 포기의 효력을 **부정할 수 없다**. | (결론) |
| 왜냐하면, (2) 시효이익의 포기에 대하여 **상대적인 효과만을 부여하는 이유는** 포기 당시에 시효이익을 원용할 다수의 이해관계인이 존재하는 경우 그들의 의사와는 무관하게 채무자 등 어느 일방의 포기 의사만으로 시효이익을 원용할 권리를 박탈당하게 되는 부당한 결과의 발생을 막으려는 데 있는 것이지, (3) 시효이익을 이미 포기한 자와의 법률관계를 통하여 비로소 시효이익을 원용할 이해관계를 형성한 자에게 이미 이루어진 **시효이익 포기의 효력을 부정할 수 있게 하여 시효완성을 둘러싼 법률관계를 사후에 불안정하게 만들자는 데 있는 것은 아니기 때문**이다." | (근거) |

논리구조를 보자. (1)은 결론이고, (2), (3)은 근거이다. 특히 (2)는 원용권자에 관한 것이고, (3)은 원용권자 이외의 경우를 말하고 있다. 결론적으로 시효이익 포기의 상대효는 소멸시효 완성 당시 원용권자들을 보호하고자 하는 데에 그 취지가 있고, 사후적으로 이해관계를 맺은 자까지 뒤늦게 확정된 권리를 번복할 수 있게 하려는 것은 아니라는 취지이다. 위 판결이유 중 "상대적인 효과만을 부여하는 이유는"이라는 부분은 시효이익의 상대효 법리의 취지에 기한 논증으로, 제도의 취지를 토대로 한계사례의 난해한 문제를 명쾌하게 풀어낸 훌륭한 논증이라고 생각된다.

## 3. 마무리 : 제도의 취지에 의한 논증의 포인트

이상 본 바와 같이 제도의 취지는 어려운 사건에서 다양한 방식으로 문제 해결의 실마리를 제공한다. 이와 관련하여 다음과 같은 점들을 지적하고자 한다.

### (1) 실무상 가장 유용한 논증방법

이 책에서 여러 논리형식과 여러 논거유형을 살펴보지만, 아마도 이 방법처럼 활용도가 높은 논증방식은 없다고 해도 과언이 아니다.

물론 어려움이 없는 것은 아니다. 우선 제도의 취지가 무엇인지에 대해 논란이 있을 수 있다. 제도의 취지도 여러 가지가 있을 수 있고, 그 자체가 '해석'이어서 여러 가지 다른 의견이 있을 수 있다. 하지만 그렇다고 하더라도 그것이 실체가 없는 것은 아니다. 제도의 취지를 파악할 수 있는 방법으로 다음과 같은 것들이 있다.

① 개별 법령 제1조 및 전체적 체계 : 대부분 개별 법령의 취지는 제1조에 설명이 되어 있다. 또한 많은 경우 법령은 장, 절, 관 등으로 구성된 목차가 있는데, 그러한 전체적 체계에 대한 분석을 통해 개별 조문의 취지를 추론할 수도 있다.

② 주석서 : 주석서나 교과서를 보면 당해 제도의 취지에 대한 설명을 찾을 수 있다. 특히 주석서의 배경설명 부분에는 법제사적 검토가 정리되어 있는 경우가 많은데, 이를 통해서도 상당한 정도 시사점을 얻을 수 있다.

③ 선례, 특히 헌법재판소 결정문 : 대법원 판례와 헌재 결정문에서도 제도의 취지를 확인할 수 있다. 특히 당해 조문의 위헌성이 다투어진 헌재 결정이 있다면

반드시 확인할 필요가 있다. 헌재 결정문은 입법의 전체적 연혁과 함께 제도의 취지를 정리하고 있는 경우가 많기 때문이다.

④ 사고에 의한 추론 : 위와 같은 자료들이 없더라도, 당해 제도의 존재이유에 대한 객관적 추론은 어느 정도 가능하다.

### (2) 형식적 사고의 배척, 실질적 의미를 탐구할 것

제도의 취지를 고려하는 것은 조문의 내용을 형식논리적으로 파악할 것이 아니라 실질적으로 파악할 것을 요한다. 이 책을 통해 계속 반복하지만, 숙고된 대법원 판례들이 일관되게 견지하는 입장은 형식논리가 아니라 실질논리이다. 대법원 판례를 관통하는 기본적 입장 중 하나는 조문의 형식적 언어에 얽매일 것이 아니라 왜 그런 조문을 두었는지를 근본적으로 따져봐야 한다는 것이다.

# Ⅲ 제3유형 : 입법자의 의사 확인하기

## 1. 들어가며

### (1) 의의

한 걸음 물러서기의 세 번째 유형은 입법자료, 입법연혁에 대한 검토이다. 어려운 사건에서, 법의 진정한 의미를 확인하기 위해, 입법 당시 입법자들은 "도대체 무슨 생각으로 이런 법률을 만들었는지"를 확인해 보고 싶은 것은 당연하다. 실무에서도 어려운 사건의 해결을 위한 방편으로 입법자료를 확인하고자 하는 경우는 상당히 많다. 이 문제는 법이론적으로도 매우 중요한 주제이다. 대륙법, 영미법을 막론하고, 입법자의 의사를 밝히는 주관적 해석론은 법해석방법론의 기본적 접근 방법 중 하나로, 그 구체적 방법과 의미에 대해 상당한 논쟁이 있다. 이하에서는 법이론의 논의를 최대한 간략하게 살펴보고, 실무에서 활용되는 논증의 사례들을 살펴보기로 한다.

### (2) 법이론적 검토

법해석방법론의 역사에서 입법자의 의사는 논쟁적인 주제이다. 비록 큰 흐름에서 보면 그 중요성은 시간의 경과에 따라 다소 감소하는 경향이 있지만, 그럼에도 그것이 법해석방법론의 기본적 유형 내지 출발점인 사실은 부인하기 어렵다.

① 독일의 경우 19세기 이래 입법자의 주관적 의사를 강조하는 주관적 해석론과 법령의 객관적 의미 파악에 주목하는 객관적 해석론이 대립하였다. 하지만 시간이 흐를수록 전자보다는 후자에 더 무게가 실리고 있다는 것이 일반적인 설명이다.[125] 우리 대법원 판결도 인용하고 있는 유명한 라드브루흐(G. Radbruch)의 언명, 즉 "법은 입법자보다 현명하다"라는 표현처럼[126] 법률은 그 문언 자체가 기준이 되어야 한다는 객관적 해석론이 점점 더 우월한 입장으로 여겨지기 때문

125 K. Engish, 안법영, 윤재왕 역, 『법학방법론』, 세창출판사, 2011, 147~149면; 김영환, "법률해석의 목표 : 주관적 해석이론과 객관적 해석이론 간의 논쟁에 관해", 「법철학연구」 제21권 제1호, 2018, 389면 참조.

126 대법원 2018. 11. 1. 선고 2016도10912 전원합의체 판결 등.

이다.[127]

② 영미법은 대륙법과 다른 용어를 사용하고 있지만, 큰 틀에서는 다르지 않다. 대륙법의 주관적 해석론에 대응하는 미국의 이론은 입법자의 의도를 중시해야 한다는 의도주의(intentionalism)이다. 반면 법령의 객관적 문언해석을 중시하는 문언주의(textualism)는 입법자료를 검토하는 것에 반대하는 입장이다. 문언주의의 대표자로 알려진 스칼리아(A. Scalia) 대법관은 법해석은 법문언 자체만을 보아야 하는 것이지, 입법자료를 고려해서는 안 된다는 입장을 취한 것으로 유명하다.[128] 미국에서도 20세기 이전에는 의도주의가 우세했다면 최근에는 문언주의 혹은 신문언주의(neo-textualism)가 우세하다고 보는 것이 일반적인 설명이다.[129]

③ 보다 현실적인 문제는 입법자의 의사가 무엇인지 확정하는 것이 쉽지 않다는 점이다. 실무상으로는 입법 당시 국회의 심사보고서, 제안이유 등을 검토하지만 그러한 자료들이 전체 입법자의 의사를 반영하는 것이라고 단정하기는 어렵다. 주사입법, 행정입법 같은 표현이 말해주듯이 입법과정에 행정부의 역할이 과다하다는 지적이나, 의원입법도 결국 정치적 타협의 산물에 불과하다는 비판에 비추어도 그러하다.[130]

이러한 문제점으로 인해 주관적 해석론의 입지가 좁아져 온 것은 사실이지만, 그럼에도 입법자의 의사 내지 입법자료의 검토는 여전히 법해석의 기초임은 물론 어려운 사건을 푸는 중요한 열쇠 가운데 하나이다. 객관적 해석론, 목적론적 해석론의 최대 약점은 입법자의 의사보다는 법원의 해석을 우선하는 결과가 되어 권력분립의 원칙에 반한다는 점, 나아가 자의적 법해석으로 흘러 법치주의를 형해화할 우려가 있다는 점이다.[131] 이러한 비판은 이론적으로나 현실적으로나 매우 설득력이 있다.

다만 그럼에도 앞서도 언급한 것처럼 대법원 판결이나 하급심 판결을 보더라도 입법취지 내지 입법목적을 논거로 하는 제2유형과 비교하면 입법자료에서 논

127 다만 최근에는 두 이론을 종합적으로 고려하는 '합일이론'이 대세라고 설명되기도 한다. 김대휘, 앞의 책, 252면 참조.

128 Antonin Scalia, Edited by Amy Gutmann, A Matter of Interpretation, Princeton University Press, 1997, pp.3~47 참조.

129 이에 관해서는 최봉철, "미국의 법률해석론 개관", 「저스티스」 통권 제176호, 2020. 2. 참조.

130 이 점을 포함하여 최근 입법자의 의사 문제를 심도 있게 다룬 글로는 이계정, "입법자의 의사와 법률해석의 문제", 서울대학교 「법학」 제63권 제4호, 2022 참조.

131 이에 관한 심도 있는 논의는 각주 125 김영환 교수 논문 참조.

거를 찾는 사건의 비중은 비교가 되지 않을 정도로 적은 것도 사실이다.[132]

## 2. 구체적 사례들

### (1) 대법원 2020. 8. 27. 선고 2019도11294 판결(전)

위 대법원 판결은 사전자기록위작에 유형위조(위조) 외에 무형위조(허위 작성)도 포함되는지 여부가 다투어진 사안이다. 문서죄에 관한 고전적인 법리는 (i) 공문서는 유형위조, 무형위조 모두를 처벌하는 반면 (ii) 사문서는 유형위조만을 처벌한다는 것이다. 그런데 과학기술의 발달에 따라 그 중요성이 커져가고 있는 이메일 등과 같은 사전자기록도 그와 같은 고전적 법리에 따라 처리하는 것이 과연 타당한지가 문제된 것이다. 다수의견은 긍정하였고, 반대의견은 부정하였다. 다수의견과 반대의견은 법해석론, 정책논거 등을 비롯하여 많은 쟁점에서 격론을 벌였는데, 다수의견은 그 결론의 결정적 근거 중 하나로 입법자료를 들었다.

> "한편 정부가 1992. 10. 작성한 '형법개정법률안 제안이유서'에는 제309조 및 제315조에서의 '위작'이란 '권한 없이 전자기록 등을 만드는 경우뿐 아니라 허위내용의 전자기록을 만드는 경우를 **포함한다'고 기재되어 있고**, 국회 법제사법위원회가 1993. 3. 작성한 '형법개정법률안심사자료'에도 동일한 내용이 기재되어 있다. 그리고 1995년 형법 개정 당시 국회에서 '위작'의 개념과 관련하여 추가로 논의되었다고 볼 자료는 없다. 이러한 형법 개정 과정에 따르면 비록 정부의 전부개정 형식의 형법개정법률안이 폐기되었더라도, 형법 제232조의2에서의 '위작'에 **'허위의 전자기록을 만드는 경우'도 포함한다는 것이 입법자의 의사였음은 명확하다**."

심지어 반대의견도 입법자의 의사가 위와 같다는 점을 부인하지 못하면서, 그럼에도 다른 논거들에 비추어 그렇게 볼 수 없다고 주장하였다.

132 이윤정, "입법자의 의사와 법해석", 「서울법학」 제27권 제2호, 2019, 105면도 이 점을 언급한다.

"형법 제232조의2에서 정한 '위작'에 다수의견이 말하는 것처럼 허위의 전자기록 작성을 포함하는 것이 입법자의 의사였다고 하더라도, 입법자의 의사는 법 해석에 있어 고려되어야 할 여러 가지 요소 중 하나에 불과한 것이어서, 법원이 '위작'의 개념을 입법자의 의사와 달리 해석하더라도 형벌법규의 해석방법을 벗어난 것이 아니다."

위 사건처럼 입법자의 의사가 명확하게 확인되는 사건이 많지는 않다. 따라서 그러한 경우라면 이는 특정한 법해석의 강력한 논거가 될 수 있다. 다만 위 반대의견에서 보듯이 이 역시 절대적인 근거가 되는 것은 아니다.

### (2) 대법원 2021. 9. 9. 선고 2017두45933 판결(전)

위 판결은 법해석론의 관점에서 매우 흥미로운 사안이다. 종래 대법원 판례의 입장은 산업재해보험 사건의 요건사실은 모두 주장자가 증명책임을 부담한다는 것이었다.[133] 그런데 2007년 개정 산업재해보상보험법은 미묘하게도 다음과 같이 유독 상당인과관계 부분을 단서조항으로 두었다.

제37조 제1항 "근로자가 다음 각 호의 어느 하나에 해당하는 사유로 부상·질병 또는 장해가 발생하거나 사망하면 업무상의 재해로 본다. 다만, 업무와 재해 사이에 상당인과관계가 없는 경우에는 그러하지 아니하다."

사안의 쟁점은 상당인과관계에 대한 증명책임을 누가 부담할 것인지 여부였다. 증명책임 분배의 일반이론에 의하면 본문은 요건사실 주장자가, 단서는 그 상대방이 부담하는 것이 원칙이다. 반대의견은 그러한 입장을 취하였다. 반면 다수의견은 기존 판례와 마찬가지로 근로자가 증명책임을 부담한다고 보았다. 다수의견은 그 핵심적 근거로 다음과 같이 입법자의 의사를 들었다.[134]

133 대법원 2007. 4. 12. 선고 2006두4912 판결 등.

134 그밖에 증명책임 일반론에 관한 반대의견에 대해서는 위 조문구조는 요건사실을 본문에, 항변사유를 단서에 규정한 통상의 경우와 달리 4가지 요건사실을 차례로 배열한 것에 지나지 않는다고 주장하였다.

"앞서 본 바와 같이 2007년 개정 전 산재보험법은 업무상 재해의 인정기준에 관하여 법률에 구체적인 내용을 규정하지 아니한 채 하위 규정인 노동부령에 이를 위임하고 있었고, 이에 대해서는 포괄위임이라는 논란이 있었다. 이후 산업재해보상보험제도(이하 '산재보험제도'라고 한다)의 전반적인 개선 방안에 관한 오랜 논의 끝에 정부는 2007. 6. 경제사회발전노사정위원회의 합의 내용을 주로 반영한 산재보험법 개정안을 국회에 제출하였고, (중략) 업무상의 재해의 인정기준에 관한 당시 환경노동위원장 대안의 제37조는 정부안의 제35조의2와 내용이 동일하였는데, 위 노사정위원회의 합의나 각 개정안의 개정 취지에는 **포괄위임의 논란을 해소하려는 점이 포함**되어 있을 뿐, **상당인과관계에 관한 증명책임을 근로자 측에서 공단에 전환하는 내용은 전혀 나타나 있지 않다**."

입법자료에 의하면 법개정의 목적은 종래 법률에 규정되어 있어야 할 것을 시행령에 규정된 점을 정정하고자 한 것이고, 증명책임을 변경하려는 의도는 아니었다는 취지이다. 이러한 고찰을 토대로 다수의견은 다음과 같은 결론에 이른다.

" … 업무상 재해의 인정 요건으로 업무와 재해 사이에 상당인과관계가 필요하다는 원칙을 분명하게 하려는 데에 그 취지가 있었다 할 것이다. 이에서 더 나아가 이 사건 조항 단서 규정을 통하여 상당인과관계 증명책임의 전환과 같이 산재보험제도 운영에 근본적인 변화를 가져올 수 있는 사항의 변경까지 **의도하였다고 볼 만한 사정을 찾기 어렵다.**"

결국 이 사건은 입법자료에 대한 분석이 법해석 및 판결의 결론에 결정적인 영향을 미친 사건이라고 할 수 있다(다만 실제로는 이러한 사건이 많지는 않다).

### (3) 대법원 2019. 6. 20. 선고 2013다218156 판결(전)

위 사건은 명의신탁된 부동산이 반환청구가 금지되는 불법원인급여인지 여부가 다투어진 사안이다. 반대의견은 긍정하였고, 다수의견은 부정하였다. 다수의견과 반대의견은 민법 및 부동산실명법의 해석론부터 명의신탁의 사회적 문제점, 명의신탁자의 재산권 보호 필요성 등 다양한 쟁점에 대해 공방을 벌였는데, 다수의견의 결론을 지지하는 중요한 논거 중 하나는 다음과 같이 입법자료의 검토였다.

"부동산실명법 제정 당시 명의신탁을 효과적으로 억제하기 위하여 취할 수 있는 다양한 방안이 논의되었다. **입법자는** 신탁부동산의 소유권을 명의수탁자에게 귀속시키는 법률안이 아니라 명의신탁자에게 귀속시키는 법률안을 기초로 부동산실명법을 제정하였다. **국회에는** 명의신탁자와 명의수탁자 사이에서는 명의신탁자에게 신탁부동산의 소유권이 귀속된다고 보았던 판례를 바꾸는 내용의 **법률안도 제출되어 있었으나, 이것은 채택되지 않았다**. 그 이유는 신탁부동산의 소유권을 명의수탁자에게 귀속시킬 경우 발생할 혼란과 당사자들의 반발, 우리 사회의 일반적 법의식을 바탕으로 형성된 오랜 관행과 거래 실무를 존중할 필요가 있다고 보았기 때문이다."

위 사건의 판결문을 읽어보면 명의신탁을 불법원인급여로 인정할 경우 파급효과와 같은 사회적 영향이 매우 중요하게 고려되었음을 알 수 있다.[135] 하지만 그에 앞서 입법자료는 법해석 단계에서 상당한 영향을 미친 것으로 볼 여지가 있다.

### (4) 대법원 2021. 3. 18. 선고 2018두47264 판결(전)

위 사건은 구 고용보험법 제70조 제2항[136]이 정한 육아휴직급여 청구권의 권리행사기간의 법적 성격 및 규범적 의미가 다투어진 사안이다. 다수의견은 이를 제척기간, 강행법규로 보아야 한다는 입장이고, 반대의견은 단순한 절차규정으로 보아 기간 도과 이후에도 청구가 가능하다고 보았다.

위 사안 역시 법해석론부터 헌법논증, 사회적 기본권의 의미 등 다양한 논점에서 공방이 이루어졌다. 그러한 논증들 가운데 반대의견이 제시한 입법연혁의 분석은 주목할 만하다. 반대의견은 이례적으로 '육아휴직 및 육아휴직급여 제도의 입법연혁 측면'이라는 별도의 제목 하에 육아휴직에 관한 입법의 흐름을 상세하게 분석한 뒤 다음과 같은 결론에 이른다.

---

135 이 점에서 관해서는 제4장 제1유형(판결과 경제적 결과)에서 본격적으로 살펴본다.

136 제70조 ② 제1항에 따른 육아휴직 급여를 지급받으려는 사람은 육아휴직을 시작한 날 이후 1개월부터 육아휴직이 끝난 날 이후 12개월 이내에 신청하여야 한다. 다만, 해당 기간에 대통령령으로 정하는 사유로 육아휴직 급여를 신청할 수 없었던 사람은 그 사유가 끝난 후 30일 이내에 신청하여야 한다.

"입법자는 육아휴직 제도와 육아휴직급여 제도를 신설할 당시 근로·육아환경에 대한 사회·경제적 변화와 일·가정의 양립에 관한 사회적 인식 변화 아래 향후 각 제도의 범위가 확대되고 유연한 운용이 필요하게 될 것을 충분히 예상할 수 있었을 것으로 보인다.
그럼에도 이 사건 조항에서 정한 신청기간을 제척기간으로 운용하는 것이 입법자의 의도라고 해석한다면, 향후 법률 개정에 따른 유연한 대처에 저해가 되는 결과를 초래할 것을 입법자 스스로 의도하였다는 것이 되어 부당하다. 제척기간이라는 해석은 입법자가 의도한 바가 아니고, 육아휴직 제도가 도입된 본래의 취지에 맞지 않는 결과를 초래하는 것으로 옳지 않다."

위 의견이 다수의견이 되지는 못하였지만, 수급권자의 선택권 범위를 확장해 온 입법연혁을 분석하는 논증은 상당히 설득력 있다.

### (5) 대법원 2017. 12. 21. 선고 2015도8335 판결(전)

유명한 대한항공 땅콩회항 사건 판결이다. 잘 알려진 바와 같이 공항 계류장의 탑승교에서 분리되어 활주를 준비하던 비행기를 다시 탑승구 쪽으로 돌아가게 한 행위가 항공보안법 제42조가 규정한 "위력으로 운항 중인 항공기의 항로를 변경하게 한 행위"에 해당하는지 문제된 사안이다.[137] 죄형법정주의를 근거로 이를 부정한 다수의견은 그 논거 가운데 하나로 입법연혁을 제시하였다. 최초 법령[138]의 제안이유 기재 부분을 근거로 다음과 같은 논리를 전개한다.

"다만 제안이유에 관한 설명을 보면, 민간 항공기에 대한 범죄 억제를 위한 국제협약에 우리나라가 가입한 데 따른 협력의무의 이행으로 범죄행위자에 대한 가중처벌규정 등을 마련하기 위해 구 항공기운항안전법이 제정된 것임을 알 수 있다.
여기서 말한 국제협약은 「항공기 내에서 범한 범죄 및 기타 행위에 관한 협약(도쿄협약)」, 「항공기의 불법납치 억제를 위한 협약(헤이그 협약)」, 「민간항공의 안전에 대한 불법적 행위의 억제를 위한 협약(몬트리올 협약)」이다. 이들 협약 중 어느 것

137 항공보안법 제42조(항공기 항로 변경죄) 위계 또는 위력으로써 운항중인 항공기의 항로를 변경하게 하여 정상 운항을 방해한 사람은 1년 이상 10년 이하의 징역에 처한다.
138 현행 항공보안법의 전신인 구 항공기운항안전법(1974. 12. 26. 법률 제2742호).

도 지상에서 이동하는 항공기의 경로를 변경하게 하는 행위를 독자적인 범죄 구성요건으로 다루고 있지 않다. 그런데도 우리 입법자가 그러한 행위까지 처벌하려는 의도로 본죄의 처벌규정을 두었다고 볼 자료는 없다."

이러한 입법연혁에 대한 분석 역시 입법자의 의사를 읽을 수 있는 대목이므로, 법령 해석에서 매우 중요한 논거가 될 수 있다.

## 3. 마무리

### (1) 입법연혁 확인의 논증으로서의 가치

서두에서 언급한 것처럼 법해석에서 입법자료를 고려해서는 안 된다는 스칼리아(A. Scalia) 대법관의 주장은 학술논문에서 수도 없이 반복되어 인용되는 유명한 언명이다. 하지만 정작 그가 변호사들의 변론기술에 관한 실용서에서는 "그것은 판사 얘기고, 변호사는 그러면 안 되고, 입법자료(legislative history)를 적극 활용하라"고 권고하고 있다는 점은 거의 알려지지 않았다.[139]

입법자의 의사에 관한 방대한 법이론적 논의에 비해 실무의 활용도 측면에서 보면 입법취지에 의한 논증(제2유형)에 비해 그 활용도는 훨씬 적은 것이 사실이다. 하지만 현실적으로 생각해 보면 이는 입법자의 의사가 중요하지 않아서라기보다 접근의 어려움, 희소성 등에 기인하는 것이 아닐까 생각된다. 입법자의 의사는 여러 자료들에 대한 추적이 필요한데, 찾아도 의도에 맞는 자료를 찾기 어려운 경우도 많다.

### (2) 입법자료를 확인할 수 있는 사이트 정보

입법자료를 확인할 수 있는 대표적인 사이트는 다음과 같다.

139 A. Scalia, B. Garner, Making Your Case : The Art of Persuading Judges, Thomson & West, 2008, 48~49면, "25. Be prepared to defend your interpretation by resort to legislative history" 부분 참조.

**① 국회 의안정보시스템 : https://likms.assembly.go.kr/bill**

- 가장 기본적인 출처이다. 의안정보, 제안이유, 검토보고서, 심사보고서, 회의록을 확인할 수 있다.
- 다만 '의안'(국회에서 심의하는 법률안, 예산안, 동의안 등)에 한한다. 즉, 법률에 관한 자료만 확인할 수 있고 시행령, 시행규칙에 관한 자료는 없다.

**② 국민참여입법센터의 '입법예고' 공고에서 '조문별 제개정이유서' : https://www.lawmaking.go.kr/lmGde/govLm**

- '정부입법' 즉 정부 제안 법률 + 대통령령, 총리령, 부령 등
- 과거에는 조문별 제개정이유서를 일반에 공개하지 않았으나, 2015년에 '법제업무 운영규정'이 개정되면서 입법예고를 정보시스템에 등록하도록 하였다. 정보시스템을 통한 입법예고에는 조문별 제개정이유서 등 참고자료를 게재하고 있다.
- 따라서 최근 법령에 대해서는 입법예고 당시 등록된 조문별 제개정이유서를 통해서 입법자의 의사를 확인할 수 있다.

**③ 규제정보포털 중 '규제입법현황'에서 '규제영향분석서' : https://www.better.go.kr/rz.law.NationLawSlPL.laf**

- 정부입법 중 규제법안 및 최근 법령에 한한다.

## IV 제4유형 : 법개념의 배경이 되는 사회제도에 관한 논증

### 1. 들어가며

#### (1) 의의

네 번째 유형은 법개념의 배경이 되는 사회제도 내지 사회적 기원에 관한 논증이다. 앞서 본 세 가지는 모두 법해석과 관련된 논증이라면, 여기서 살펴보는 것은 법제도의 배경이 된 사회제도에 대한 사회학적 논증이다. 제2유형과 비교하면, 제2유형은 법령의 제정취지에 주목하였다면 이 유형은 거기서 한 걸음 더 물러서서 법령의 배경이 되는 사회제도 자체에 주목하는 것이다. 너무 당연한 얘기지만 모든 법령은 사회적 기원을 갖는다. 그렇기 때문에 심하게 다투어지는 사안의 경우 원, 피고 간의 논쟁은 법률 문제에만 국한하지 않는다. 논의가 깊어지면 법적 쟁점의 전제가 된 정치, 경제, 사회제도에 관한 논쟁이 벌어지기도 한다.

예를 들어 재건축, 재개발 관련사건은 우리나라의 재건축, 재개발 제도의 현황과 문제점에 대해, 이혼, 상속분쟁은 가족제도의 본질에 대해, 상법상 주식매수가격 결정 사건의 경우 주식시장의 본질에 대해, 노동사건은 우리나라의 노동정책에 대한 논쟁으로 이어질 수 있다. 법령의 궁극적 기능은 사회제도의 적정한 운용이므로, 논쟁이 깊어지면 사회학적 논의로까지 이어지기도 하는 것이다.

#### (2) 법이론적 검토, 이 절의 고찰범위

이러한 사회학적 논증방식이 발달한 나라는 단연 미국이다. 경험주의와 실용주의가 발달한 미국은 법학에서도 실용적 사고가 지배적이다. 미국 역사상 최고의 법률가로 인정되는 홈즈(O. W. Holmes) 대법관을 대표하는 격언은 "법의 본질은 논리가 아닌 경험"이라는 명제, 혹은 "모든 법률가는 통계학의 명수가 되어야 한다"는 명제이다. 이러한 표현들은 귀납법 중심의 영미 법학방법론을 상징하는 언명이기도 하지만, 다른 한편으로 법률 외적 논증(extra-legal arguments)의 중요성을 강조하는 표현이기도 하다. 홈즈 대법관 다음으로 존경받는다는 브랜다이즈(L. Brandeis) 대법관의 경우 1908년 변호사 시절에 쓴 상고이유서는 'Brandeis brief'

라는 이름으로 현재까지도 인터넷에서 그 전문을 쉽게 찾을 수 있다. 이 상고이유서가 유명한 이유는 법적 논증이 아닌 사회학적 논증에 주력하였기 때문인데, 법률 외적 논증의 대표적 사례로 알려져 있다.[140] 우리 실무에서도 이러한 논증이 존재하는 것은 당연하다. 다만 이는 사실인정 문제로 취급되어 학자들의 주목을 받지는 못하는 것이 아닌가 생각된다.

지면관계상 위 문제를 상세히 다룰 수는 없고, 이하에서는 사회학적 논증의 기초적 형태인 제도의 정의(定意, definition)를 활용하는 논증 방안에 국한해서 살펴본다. 모든 정의(定意)는 대상물의 본질적 징표를 담고 있다. 그리고 그것은 항상 언어적 언명 내지 명제로 표현된다. 하지만 그러한 언어적 표현이 항상 객관적, 중립적인 것은 아니다. 정의 자체가 이미 정치적이고, 화자의 의도(편향성)를 드러내는 경우도 많다. 사회적 논쟁의 장에서 '정의(定意)의 선점'을 위한 담론 투쟁이 벌어지는 이유도 거기에 있다. 대표적인 예로 2023년 뜨거운 이슈였던 일본 후쿠시마 원전수 사태를 들 수 있다. 방류를 반대하였던 야당과 시민단체는 '오염수'라는 용어를 사용하였다. 반면 안전에 문제가 없다고 주장하였던 정부는 뒤늦게 '처리수'라는 용어로 맞섰다. 오염수라는 용어가 선입견을 강화한다고 판단하였기 때문이다.

논리학자들은 이를 '설득적 정의(persuasive definition)'라고 한다.[141] 어떠한 정의가 보편화되느냐는 정치적 문제이다. 위 사안은 단순히 단어 하나가 문제된 경우지만, 정의가 2~3줄 이상 문장인 경우라면 어떻게 정의할 것인지는 매우 논쟁적인 문제일 수 있다. 특정 현상을 어떻게 정의하는지에 따라 대상을 보는 시각이 바뀔 수 있기 때문이다. 이 역시 논증의 관점에서 접근하면, 논쟁적인 사안에서 잘 정리된 정의는 특정 결론을 지지하는 훌륭한 논거가 될 수 있음을 의미한다. 대법원 판례에서도 이러한 경우들은 심심치 않게 찾을 수 있다. 구체적 사례들을 살펴보자.

140 Joel P. Trachtman, The Tools of Argument, Trachtman, 2013, pp.182~133.

141 I. Copi 외 2, 박만준 외 1 역, 『논리학 입문』, 경문사, 2015, 114~115면; 최훈, 『논리는 나의 힘』, 우리학교 출판사, 2024, 147~148면 참조.

## 2. 구체적 사례들

### (1) 금융기관의 주의의무와 자금이체 제도의 정의 : 대법원 2010. 5. 27. 선고 2007다66088 판결

이 사건은 착오송금과 관련하여 금융기관의 주의의무가 문제된 사안이다. 사실관계 및 쟁점은 간단하다. A가 착오로 B의 계좌에 송금하였다. 그 사실을 모르는 은행이 그 돈(= 예금채권)[142]에 대해 B에 대한 다른 채권으로 상계를 주장할 수 있는가? 다시 말해 마침 은행은 B에 대해 대출금 채권을 갖고 있었는데, 그 채권의 만족을 위해 그 대출채권을 자동채권으로 B가 은행에 대해 갖는 예금 반환채권(착오송금 상당액에 대한 반환채권)을 수동채권으로 하는 상계가 가능한지가 문제된 것이다.

상계를 허용한다면 은행은 착오송금을 기화로 채권의 만족이라는 이익(= 대출채권 회수)을 얻는다. 반면 착오송금자 A 입장에서 보면, B에 대해 착오송금을 이유로 부당이득반환청구를 할 수는 있지만, B가 무자력이 될 경우 그 위험을 떠안게 된다. 법원의 결론에 따라 A와 은행 가운데 누가 더 실질적 리스크를 부담할 것인지가 결정된다. 어느 결론이 타당한가? 대법원은 은행 편을 들어주었다. 그 이유는 은행으로 하여금 자신의 지배영역으로 들어온 송금에 대해 일일이 착오송금인지를 확인할 주의의무를 부담하도록 하는 것은 과하다는 점 때문이다. 여기서 주목할 점은, 이러한 판단의 전제로 대법원이 "자금이체 제도를 어떻게 정의하고 있는지"이다. 대법원의 정의는 다음과 같다.

> "자금이체는 은행 간 및 은행점포 간의 송금절차를 통하여 저렴한 비용으로 안전하고 신속하게 자금을 이동시키는 수단이고, 다수인 사이에 다액의 자금이동을 원활하게 처리하기 위하여, 그 중개역할을 하는 은행이 각 자금이동의 원인인 법률관계의 존부, 내용 등에 관여함이 없이 이를 수행하는 체제로 되어 있다."

이처럼 '자금이체'라는 제도의 개념을 정의하면서 '저렴한 비용으로', '그 원

142 통상 甲이라는 사람의 은행계좌에 돈이 입금되면 그 순간 금원은 은행 소유가 되고, 甲은 은행에 대해 그 금액 상당의 예금 반환채권을 갖는다고 본다.

인관계를 일일이 확인할 수 없는 제도'라는 문구를 사용한 사실 자체가 대법원의 결론을 암시한다. 자금이체라는 제도의 본질적 특성으로 자금이동의 원인관계를 확인하지 않는다는 점을 든 것은 그 자체로 은행의 주의의무를 부인하는 것에 다름 아니기 때문이다.

물론 이러한 제도의 정의는 자기 마음대로 정할 수 있는 것은 아니다. 정의가 객관적 실체에 부합해야 하기 때문이다. 하지만 특정한 현상을 설명하는 수많은 요소들 가운데 어느 측면에 주목하느냐에 따라 정의가 미묘하게 달라질 수 있는 것도 사실이다. 위 사건의 경우 대법원은 자금이체 제도의 효율적 운용이라는 측면에 주목하였다. 만일 금융기관으로 하여금 자금이체 거래의 진정성을 일일이 확인할 주의의무를 부담하도록 한다면 국가경제의 혈류와 같은 금융거래는 동맥경화로 신음할 수 있다는 것이다. 따라서 위와 같은 정의가 객관적 실체에 벗어나는 것은 아니다. 대법원의 최종 결론은 다음과 같다.[143]

> "그리고 수취은행은 원칙적으로 수취인의 계좌에 입금된 금원이 송금의뢰인의 착오로 자금이체의 원인관계 없이 입금된 것인지 여부에 관하여 **조사할 의무가 없으며**, 수취은행이 수취인에 대한 대출채권 등을 자동채권으로 하여 수취인의 계좌에 입금된 금원 상당의 예금채권과 **상계하는** 것은 신의칙 위반이나 권리남용에 해당한다는 등의 특별한 사정이 없는 한 **유효**하다."

### (2) 광고모델계약의 의미와 광고모델의 품위유지의무 : 대법원 2009. 5. 28. 선고 2006다32354 판결

위 사건은 유명 연예인인 광고모델이 남편과 물리적으로 충돌한 사실이 언론에 보도되었다는 점을 근거로 광고주가 광고모델계약을 해지하고 나아가 손해배상청구를 한 사안이다. 문제는 해당 광고모델이 상대방을 폭행하거나 한 것은 아니고, 남편의 일방적 폭행의 희생자였다는 점이다. 원심은 광고모델 입장에서 배우자의 쌍방폭행 의혹에 대해 해명할 필요가 있었던 점, 피고가 배우자의 폭력행위까지 숨기고 감내하여야 할 의무가 있다고 볼 수 없는 점 등을 근거로 광고계약 위반이 아니라고 보았다.[144] 하지만 대법원은 원심을 파기하였다. 대법원 판결의

143 한편 은행이 A의 통지 등에 의해 착오송금이라는 사실을 알게 된 이후에는 예외이다. 착오송금 사실을 알았음에도 은행이 상계를 하는 것은 권리남용으로 보아야 하기 때문이다.

논리는 다음과 같은 광고모델계약의 본질적 징표에 대한 정의에서 시작한다.

> “광고모델계약은 유명 연예인 등을 광고에 출연시킴으로써 **유명 연예인 등이 일반인들에 대하여 가지는 신뢰성, 가치, 명성 등 긍정적인 이미지를 이용하여**, 광고되는 제품에 대한 일반인들의 구매 욕구를 불러 일으키기 위한 목적으로 체결되는 것이므로, 위 광고에 출연하기로 한 모델은 위와 같이 일정한 수준의 명예를 유지하기로 한 품위유지약정에 따라 계약기간 동안 광고에 적합한 자신의 **긍정적인 이미지를 유지함으로써 그것으로부터 발생하는 구매 유인 효과 등 경제적 가치를 유지하여야 할 계약상 의무, 이른바 품위유지의무가 있고,** 이를 이행하지 않는 경우에는 광고모델계약에 관한 채무불이행으로 인한 손해배상채무를 면하지 못한다.”

그러면서 대법원은 피고의 건강하고 깨끗한 이미지가 아파트 광고모델계약 체결의 중요한 이유가 되었으므로, 설령 위와 같은 사태에 이른 데에 피고의 책임이 중하지 않다고 하더라도 피고의 채무불이행을 부정할 수는 없다고 판단하였다.[145]

법리적인 관점에서 위 사건의 견해대립은 결국 계약이 정한 채무불이행의 의미를 어떻게 이해할 것인지의 문제이다. 하지만 그에 앞서 서울고등법원과 대법원이 이른 결론의 차이는 광고모델계약의 본질적 성격에 대한 인식 차이와 무관하지 않다. 결국 그러한 인식(사회학적 인식)은 광고모델계약의 해석문제(법률문제)에 대해 일종의 전제로서 기능을 한다. 논증의 관점에서 보면 이 사건 역시 원고 회사가 대법원 단계에서 광고모델계약의 본질적 징표 내지 특징을 설득력 있게 논증하여 파기환송 판결을 이끌어낸 사안이라고 할 수 있다.

---

144 서울고등법원 2006. 5. 2. 선고 2005나89300 판결.

145 다음 판시 부분 참조 : “사정이 이와 같다면, 망인은 이 사건 광고모델계약을 체결함에 있어 고액의 모델료를 지급받기로 하고 한편으로는 자신의 사회적, 도덕적 명예를 훼손하지 않기로 하는 내용의 품위유지약정을 하였으므로, 앞에서 본 법리와 같이 위 계약기간 동안 광고모델로서 활동할 수 있는 건강 상태와 용모를 유지하여야 할 뿐 아니라 위에서 본 원고 회사의 광고 내용에 맞추어 일반인들로 하여금 원고 회사 및 원고 회사가 분양하는 이 사건 아파트에 대하여 호감을 느끼게 함으로써 구매를 유인하는 데에 적합한 긍정적인 이미지를 지속적으로 유지하여야 하며, 망인에게 책임 없는 사유로 인하여 그 이미지가 손상될 수 있는 사정이 발생한 경우라 하더라도 적절한 대응을 통하여 그 이미지의 손상을 최대한 줄여야 하는 계약상의 의무를 진다.”

### (3) 성전환자의 호적정정과 '성(性)'의 정의 : 대법원 2006. 6. 22.자 2004스42 결정(전) 등

잘 알려진 성전환자 호적정정 사건 대법원 결정이다. 호적법 제120조는 호적의 정정 사유로 '그 기재에 착오나 유루가 있다고 인정한 때'라고 규정하고 있다.[146] 이는 애초에 남자를 여자로 기재한 경우와 같이 분명한 착오나 누락이 있는 경우를 의미한다. 따라서 적어도 문언해석상으로는 사후적 사유라고 볼 수 있는 성전환자의 성별을 정정하는 근거조문으로 보기는 어렵다. 하지만 다수의견은 그러한 법해석을 긍정하였다. 다수의견의 논증은 다음과 같은 '성(性)'과 '호적 제도'에 대한 정의에서 출발한다.

#### 다수의견의 성에 대한 정의

> "종래에는 사람의 성을 성염색체와 이에 따른 생식기·성기 등 생물학적인 요소에 따라 결정하여 왔으나 근래에 와서는 생물학적인 요소뿐 아니라 개인이 스스로 인식하는 남성 또는 여성으로의 귀속감 및 개인이 남성 또는 여성으로서 적합하다고 **사회적으로 승인된 행동·태도·성격적 특징 등의 성 역할을 수행하는 측면, 즉 정신적·사회적 요소**들 역시 사람의 성을 결정하는 요소 중의 하나로 인정받게 되었으므로, 성의 결정에 있어 **생물학적 요소와 정신적·사회적 요소를 종합적으로 고려**하여야 한다."

#### 다수의견의 호적제도의 정의

> "호적제도는 우리나라 국민 개인의 신분관계를 법이 정한 절차에 따라 호적에 등록하여 이를 공시하는 제도이다. 호적이 그 사명을 제대로 수행하기 위해서는 국민의 신분관계가 빠짐없이 호적에 기재되어야 하고, 그 기재된 사항이 **진정한 신분관계에 부합하여야 한다**. 따라서 어떠한 신분관계가 호적에 기재되어 있다고 하더라도, **그 기재 사항이 진실에 부합하지 않는다고 인정할 만한 명백한 증거가 있는 경우에는, 그 기재 사항을 진정한 신분관계에 맞추어 수정함으로써**, 호적이 진정한 신분관

146 제120조(위법된 호적기재의 정정) 호적의 기재가 법률상 허용될 수 없는 것 또는 그 기재에 착오나 유루가 있다고 인정한 때에는 이해관계인은 그 호적이 있는 지를 관할하는 가정법원의 허가를 얻어 호적의 정정을 신청할 수 있다.

> 계를 공시하도록 하여야 한다."

이처럼 '성(性)'을 정의하는 데에 있어 생물학적 요소와 함께 정신적, 사회적 요소를 함께 고려해야 한다는 인식과 호적제도는 진정한 신분관계를 반영하여야 한다는 사고는 문언의 한계를 벗어난 법해석의 전제로서 기능하였다.[147]

### (4) 단체협약의 유래와 의미 : 대법원 2020. 8. 27. 선고 2016다248998 판결(전)

위 판결은 기업이 산업재해로 사망한 근로자의 직계가족을 당해 기업 직원으로 특별채용한다는 취지의 단체협약이 공서양속에 반하여 무효인지 여부가 다투어진 사안이다. 다수의견은 유효성을 인정한 반면 반대의견은 부정하였다. 두 의견 모두 단체협약이 민법 제103조의 적용대상이 될 수 있다는 점에 대해서는 의견을 같이 하면서도, 위 약정의 유효성에 대한 규범적 평가를 달리하였다. 유효성을 인정한 다수의견의 논증은 다음과 같은 단체협약의 특성에 대한 설명에서 시작한다.[148]

> "단체협약이 민법 제103조의 적용대상에서 제외될 수는 없으므로 단체협약의 내용이 선량한 풍속 기타 사회질서에 위배된다면 그 법률적 효력은 배제되어야 한다. 다만 단체협약이 선량한 풍속 기타 사회질서에 위배되는지 여부를 판단할 때에는 앞서 본 바와 같이, 단체협약이 헌법이 직접 보장하는 기본권인 단체교섭권의 행사에 따른 것이자 **헌법이 제도적으로 보장한 노사의 협약자치의 결과물**이라는 점 및

147 참고로 대법원 2006. 6. 22.자 2004스42 전원합의체 결정은 최초로 성전환자의 호적정정을 인정하였는데, 그 이후 대법원 2011. 9. 2.자 2009스117 전원합의체 결정의 다수의견은 미성년 자녀가 있는 경우에는 예외라고 보았다. 11년이 지나 대법원 2022. 11. 24.자 2020스616 전원합의체 결정은 기존 판례를 변경하여 미성년 자녀가 있는 경우에도 호적정정이 가능하다고 보았다.

148 반대의견의 요지가 담긴 문장은 다음과 같다. "노사가 업무상 재해로 사망한 근로자의 가족을 보호하기 위한 대책을 마련해 두는 것은 권장할 일이지만 그러한 대책은 실질적으로 공평하며 법질서에 맞는 것이어야 한다. 그러한 대책이 유족과 같은 입장에서 절실하게 직장을 구하는 구직희망자를 희생하거나, 사망 근로자 중 일부의 유족만 보호하고 다른 유족은 보호에서 제외하는 방식이어서는 안 된다."

> 노동조합법에 의해 그 이행이 특별히 강제되는 점 등을 고려하여 **법원의 후견적 개입에 보다 신중할 필요가 있다**."

다수의견은 단체협약이라는 사회제도의 본질적 징표를 "노사의 협약자치"라는 점에서 찾은 뒤 그 귀결로 "법원의 후견적 개입에 신중해야 한다"는 중간결론에 이른다. 따라서 쟁점이 된 단체협약 조항(가족 특별채용 조항)도 적법, 유효하다는 최종 결론은 자연스럽다. 반면 반대의견은 그러한 기본 전제를 부인하는 것은 아니지만, 그럼에도 그에 대한 한계를 설정하는 방식의 논증을 전개한다.

> "다수의견은 민법 제103조에 의해 단체협약의 무효 여부를 판단할 때에 헌법과 노동조합법이 협약자치를 보장하고 있음을 고려하여 법원의 후견적 개입에 신중할 필요가 있다고 한다. 그러나 헌법상 노동3권의 취지가 노사관계의 형성에 있어서 사회적 균형을 이루어 **근로조건에 관한 노사 간의 실질적인 자치를 보장하려는 데 있는 만큼,** 근로조건의 유지·개선과 근로자의 복지증진 기타 사회적·경제적 지위의 향상과 무관한 사항에 대한 노사합의까지 헌법에 의한 특별한 보호를 받는다고 볼 수는 없다."

이러한 반대의견의 반박은 제2장에서 살펴본 개념쪼개기 논증방법이다. 단체협약에 대해 법원의 후견적 개입에 신중할 필요가 있는 것은 맞지만, 그것은 근로조건에 관한 노사 간의 실질적 자치 보장을 위한 것이므로, (i) 근로조건과 관련된 부분과, (ii) 근로조건과 직접적 관련이 없는 부분으로 나누어 후자에 대해서는 그러한 원칙이 제한적으로 적용될 수밖에 없다는 것이기 때문이다.

단체협약의 법적 성질 내지 본질에 대해 여러 논의들이 있다.[149] 단체협약의 본질적 속성 및 그 한계 등에 대해서는 논자마다 다른 인식을 가질 수 있다. 그런데 그러한 단체협약의 특성에 대한 근원적 인식 차이는 이 사건의 최종 결론에 영향을 미칠 수 있다. 다수의견과 반대의견의 결론 차이는 당해 단체협약 조항의 법적 성격에 대한 규범적 평가에서 비롯되는 것이지만, 보다 근원적으로는 단체협약 자체의 사회적 의미 및 법원의 개입 정도에 대한 인식이 일종의 전제적 판단으로 작

149 계약설과 법규범설이 대립하고, 계약설 가운데도 수권설과 집단규범계약설이 대립한다.

용하고 있다.

### (5) 공무원의 직무상 행위와 위법성 : 대법원 2020. 1. 30. 선고 2018도2236 판결(전)

위 사건은 박근혜 정부 당시 정부의 좌파인사 지원배제가 직권남용죄를 구성하는지가 문제된 사안이다. 대통령 비서실장인 피고인이 이념적 성향에 따라 문화예술 지원배제를 지시하였다는 이유로 직권남용권리행사방해로 기소되었다. 직권남용권리행사방해죄에서 말하는 '직권남용'은 다른 사람에게 법령상 의무 없는 일을 하게 하거나 권리행사를 방해하는 행위를 말한다. 공소사실 대부분을 유죄로 인정한 원심[150]과 달리 대법원은 일부 행위[151]에 대해서는 무죄취지로 파기하였다. 이 부분 논증을 위해 대법원은 행정조직의 본질 내지 특성을 다음과 같이 설명한다.

> "행정은 능동적·미래지향적인 형성작용이고, 개별적인 사안의 규율과 특정한 계획의 실현을 위한 구체적 조치를 취하는 작용이라는 점에서 입법·사법과 차이가 있다. 행정은 다양한 행정임무를 수행하기 위하여 인적 요소, 물적 자원, 설비를 갖춘 행정기구를 필요로 하고, 이러한 행정기구들은 **체계적인 계통을 이루어 행정조직을 형성**한다. 오늘날 복잡화, 전문화되고 있는 행정이 행정목적을 달성하기 위해서는 행정기관이나 구성원 상호 간의 긴밀한 협동과 합리적인 조정이 필요하다. 행정을 통한 국가기능은 직접 국가에 의해서가 아니라 공공기관 등을 통하여 간접적으로 수행되는 경우도 있다."

이러한 행정조직에 대한 제도의 정의는 아래 다음과 같은 결론으로 이어진다.

> "이러한 행정의 영역 내부에서 공무원 또는 공공기관의 임직원 등 행정조직의 구성원은 일반 사인과 달리 일정한 범위에서 직무를 수행할 법령상 의무를 부담하고 있다. 그러한 법령상 의무의 범위 내에서 어떠한 일을 한 것이라면 설령 그 행위를 지시하거나 요구한 공무원이 직권을 남용하였다 하더라도 직권남용권리행사방해죄의

150 서울고등법원 2018. 1. 23. 선고 2017노2425, 2424 판결.

151 명단 송부행위, 공모사업 진행상황을 보고하게 한 행위 등.

또 다른 성립요건인 '의무 없는 일을 하게 한 때'에 해당한다고 보아서는 안 된다. 이러한 경우까지 '의무 없는 일을 하게 한 때'에 해당한다고 해석하는 것은 위에서 본 행정의 본질과 행정조직의 구성원리에 반하며, 형법의 기능에도 배치된다."

위 사건에서 공무원 조직의 특성이 공무원의 직권남용권리행사방해죄 성립의 전제조건이 되므로, 공무원 조직의 본질을 어떻게 파악할 것인지는 법률적으로도 중요한 의미를 갖는다.

이처럼 일반추상적 개념으로 이루어진 법률요건을 개별구체적인 사회현상 내지 사회제도에 적용할 경우 "당해 사회제도의 의미를 어떻게 인식할 것인지"는 법적 추론의 실질적 내용을 구성한다.

### (6) 연대보증에서 '서명'의 의미 : 대법원 2017. 12. 13. 선고 2016다233576 판결

위 판결은 보증채무의 유효성 요건으로서 연대보증인의 '서명'의 의미가 다투어진 사안이다. 구 보증인 보호를 위한 특별법 제3조 제1항[152]에 의하면 보증의 의사표시가 적법, 유효하기 위해서는 보증인의 기명날인 또는 서명이 있는 서면이 요구된다. 당해 사안은 연대보증인의 서명이 있었지만 그것이 자필서명인지 아니면 대필인지가 명확하지 않은 사안이었다.

원심은 어쨌든 서면으로 된 연대보증서가 존재하는 이상 적법한 연대보증이 체결되었다고 보았다.[153] 반면 대법원은 원심을 파기하였다. 대법원의 논증은 다음과 같이 '서명'과 '기명날인'을 대비하면서 '서명'이라는 행위의 의미부터 시작한다.

"일반적으로 서명은 기명날인과 달리 명의자 본인이 자신의 이름을 쓰는 것을 의미한다. 그런데 보증인의 서명에 대해 제3자가 보증인을 대신하여 이름을 쓰는 것이

152 참고로 이는 현재 민법에 편입되었다.
민법 제428조의2(보증의 방식) ① 보증은 그 의사가 보증인의 기명날인 또는 서명이 있는 서면으로 표시되어야 효력이 발생한다. 다만, 보증의 의사가 전자적 형태로 표시된 경우에는 효력이 없다.

153 서울남부지방법원 2016. 6. 16. 선고 2016나51939 판결.

> 포함된다면, 보증인이 직접 자신의 의사표시를 표시한다는 서명 고유의 목적은 퇴색되고 사실상 구두를 통한 보증계약 내지 보증인이 보증 내용을 구체적으로 알지 못하는 보증계약의 성립을 폭넓게 인정하는 결과를 초래하게 되며, 이는 경솔한 보증행위로부터 보증인을 보호하고자 하는 구 보증인보호법의 입법 취지를 몰각시키게 된다."

이러한 대법원 판결은 보증인 보호를 위한 입법취지에 주목하여 보증요건을 엄격하게 본 것이다. 하지만 그러한 결론을 지지하는 논증의 전제로서 서명의 의미를 위와 같이 확정하는 것은 보증의 외연을 넓게 본 원심과 달리 그 범위를 엄격하게 해석하는 대법원의 결론을 지지하기 위한 논리적 전제로서 기능한다.

### (7) 배우자 상속의 제도적 기원 : 대법원 2023. 3. 23.자 2020그42 결정(전)

위 사건은 피상속인의 배우자와 자녀 중 자녀 전부가 상속을 포기한 경우, 배우자가 단독상속인이 되는지 혹은 배우자가 대습상속인과 공동상속인이 되는지가 문제된 사안이다. 현실적으로 말하면, 할아버지 사망 후 부모가 상속을 포기하면 손자녀들이 상속인의 지위에서 할머니와 함께 할아버지 빚을 갚아야 하는지의 문제이다.[154] 종래 대법원은 손자녀들이 배우자와 함께 공동상속인이 된다고 보았다. 위 대법원 판결은 배우자만이 단독상속인이 되는 것으로 변경하였다.[155]

이 사건에서 핵심 쟁점은 민법의 법해석론이다. 하지만 배우자상속의 의미를 어떻게 파악하는지의 문제는 그러한 법해석론의 실질적 내용의 일부를 구성한다. 배우자상속의 차별성을 부정한 다수의견은 배우자상속에 관한 민법의 연혁에 대한 고찰을 토대로 다음과 같은 논리를 전개한다.

154 통상 상속을 포기하는 상황이라면 적극재산은 거의 없을 것이다.

155 이러한 판례 변경의 실무적 의미는 상속채무의 절연을 용이하게 인정하기 위한 것이라는 지적에, 서울고등법원 판례공보스터디, 『민사판례해설 Ⅳ-하』, 1036~1037면 참조(즉 한정승인과 달리 상속포기의 경우 상속채권자들이 후순위 상속인을 찾아서 지속적으로 소제기를 하는 등의 분쟁이 있는데, 배우자 단계에서 한정승인을 하면 조부의 재산상태를 알 수 없는 손자녀들을 용이하게 보호할 수 있다는 취지), 또한 두 의견 모두 설득력 있는 논거를 갖고 있지만 단독상속설이 사회적 비용을 절약하는 것이라는 견해로, 배인구, "2023년 분야별 중요판례분석(10) 상속법" 법률신문 2024. 6. 22.자 판례평석.

> "우리 민법은 제정 당시부터 **배우자 상속을 혈족 상속과 구분되는 특별한 상속으로 규정하지 않았다**. 상속에 관한 구 관습도 배우자가 일정한 경우에 단독상속인이 되었을 뿐 **배우자 상속과 혈족 상속을 특별히 구분하지 않았다**. 위와 같은 입법 연혁에 비추어 보면, 구 관습이 적용될 때는 물론이고 제정 민법 이후 현재에 이르기까지 배우자는 상속인 중 한 사람이고 다른 혈족 상속인과 법률상 지위에서 차이가 없다."

반면 반대의견은 다음과 같이 배우자상속의 차별성을 강조하는 입장에서 출발한다.

> "**상속의 형태로서 혈족 상속과 배우자 상속은 상속제도의 근거와 존재 이유에서 차이가 있다. 혈족 상속인이 상속을 받는 주요 근거는** 피상속인과 혈연관계에 있다는 점에 있고, **반면 배우자가 상속을 받는 주요 근거는** 배우자가 피상속인과 혈연관계에 있지는 않지만 피상속인의 상속재산 형성에 기여하였다는 점과 피상속인이 사망한 이후에도 생존배우자를 배려하고 보호할 필요가 있다는 점 등에 있다."

이와 같은 배우자 상속이라는 제도의 연혁 및 본질에 대한 다른 이해는 그 자체로 법해석의 중요한 전제 내지 실질적 내용의 일부를 구성하고, 그럼으로써 어려운 사건에서 문제 해결의 실마리가 될 수 있다.

### (8) 기타 군형법 사건, 국가계약법 사건 등

군형법이 적용되는 사건들에서 다음과 같은 헌법재판소 결정문이 인용되는 경우를 종종 발견할 수 있다.

> "군은 전투에서의 승리라는 본래의 사명을 수행하기 위하여 그에 상응하는 특별한 조직과 규율이 요구되고, 군형법은 군의 이러한 특수성을 전제로 형벌이라는 제재를 수단으로 하여 군의 조직과 규율을 유지·보전함과 동시에 군이 가지는 전투력을 최대한으로 보존·발휘하게 하는 데 그 궁극적인 목적이 있다. 결국 전승을 위한 전투력의 확보는 군형법의 핵심적인 목적이며, 그것은 바로 군형법에서의 보호법익이라고 할 수 있으므로, 이와 같은 **특별한 목적이야말로 군형법의 해석·적용에 있어서 가장 중요한 지도이념**이다(헌법재판소 1995. 10. 26. 선고 92헌바45 전원재판부 결정 참조)."

군사조직은 회사 등 일반조직과 같이 볼 수 없는 여러 특성들을 갖고 있다. 법률관계에도 그러한 특성들이 고려될 수밖에 없다. 하지만 법의 일반원칙이라는 한계도 있다. 군형법 사건의 배후에는 항상 양자의 긴장관계가 잠재한다. 따라서 어느 측면에 주목할 것인지에 따라 최종 결론이 달라질 수 있다.

이러한 특성은 국가계약법 사건도 마찬가지다. 국가계약법에는 일반 계약법에서 찾을 수 없는 여러 조항들이 존재한다. 이는 공권력 주체인 국가와 그 상대방인 일반 사인의 관계가 통상적인 사인 간의 관계와 같지 않기 때문이다. 하지만 대법원은 국가계약도 본질적으로 계약의 일종이라는 원칙을 내세운다. 결국 국가계약 사건도 국가계약의 특수성에 주목하는 입장과 계약의 일반성을 강조하는 입장 사이의 긴장관계가 본질적 대립으로 존재하는 경우가 많다.[156]

## 3. 마무리 : 사회적 제도의 기한 논증의 포인트

(1) 제2, 3유형에서 주관적/객관적(독일), 의도주의/문언주의(미국) 해석론에 대해 살펴보았다. 이러한 고전적 논의 외에 미국에서는 동적 해석이론(Dynamic Statutory Interpretation)이라는 유력한 해석이론이 제기된 바 있다.[157] 이 이론의 핵심은 법해석은 법제정 당시가 아닌 법해석 당시의 현실적 상황을 더 중시해야 한다는 점이다. 법해석도 현실의 역동적 변화에 부응해야 한다는 것이다. 이론의 여지 없이 타당한 견해이다. 법률은 적용시점을 기준으로 보면 항상 과거에 만들어진 것이다. 반면 재판은 항상 그 이후 시점의 사회적 배경을 전제로 한다. 사회는 끊임없이 변화한다. 변화의 속도는 갈수록 빨라진다. 따라서 법적 분쟁의 배경이 되는 사회제도의 의미에 대한 규명은 어려운 사건을 해결하는 중요한 논증도구가 될 수 있다.

(2) 대법원 판결 가운데에도 새로운 법해석의 근거로 사회 상황의 변동을 든 예들은 어렵지 않게 찾을 수 있다. 가령 미성년이었던 상속인이 성년에 이른 다음

156 대표적으로 대법원 2017. 12. 21. 선고 2012다74076 전원합의체 판결; 대법원 2018. 10. 30. 선고 2014다235189 전원합의체 판결 참조.

157 Eskridge Jr., William N., "Dynamic Statutory Interpretation", 135 U. PA. L. REV. 1987; 이에 대한 국내문헌으로는, 안민영, "W. Eskridge의 역동적 법률해석론에 관한 방법론적 의의", 「동아법학」 제98호, 2023. 2.

새롭게 특별한정승인을 받을 수 있는지가 문제된 대법원 2020. 11. 19. 선고 2019다232918 전원합의체 판결 중 반대의견의 다음과 같은 판결이유 부분을 보자.[158]

> "**대가족제도**하에 상속인들이 피상속인과 동거하거나 가까이 살면서 공동체를 이루어 생활하던 때에는, 상속인이 피상속인 사망 시에 자신이 승계할 상속재산과 채무를 쉽게 파악할 수 있었고 3월 내에 상속 여부를 결정하는 데 별다른 어려움이 없었다. 그러나 우리 사회는 **핵가족 시대를 거쳐 가족제도의 급격한 해체를 경험**하고 있고 직업, 학업뿐만 아니라 부부의 별거, 이혼 등의 이유로 자녀들이 부모와 떨어져 사는 주거형태가 흔한 시대가 되었다."

위 사건에서 다수의견은 민법의 해석상 그와 같이 볼 수 없다고 판단하였다. 하지만 문언에 반하는 해석(contra legem)을 주장하는 유력한 반대의견이 존재할 수 있었던 것은 사회적, 규범적 상황의 변동 때문이었다. 법해석의 전제가 되는 사회 제도의 본질, 기원, 변동 등에 대한 논증은 법해석에도 영향을 미칠 수 있다.

158 이 판결에 대해서는 제5장 제1유형(원리 논증) 부분에서 다시 언급한다.

# V 제5유형 : 일반론적 전제와 포석깔기 논증

## 1. 들어가며

### (1) 의미

한 걸음 물러서는 논증 기법의 마지막 유형은 일반론에 의한 포석깔기이다. 포석깔기란 특정한 주장의 전제가 되는 일반론을 먼저 설명하고, 이를 토대로 특정한 주장을 개진하는 것이다. 그 일반론은 말 그대로 일반론일 수도 있지만, 일정한 편향성을 갖는 일반론일 수도 있다. 객관성, 편향성의 기준은 무엇일까? 받아들이는 사람마다 다를 수 있다. 일반론의 중립성, 객관성도 단정적으로 확정하기 힘들다는 의미이다.

예를 들어보자. 대법원 2023. 9. 21. 선고 2016다255941 판결(전)은 국도관리원과 공무원 사이의 차별적 취급이 위법한 것인지가 문제된 사안이다. 평등과 차별은 쉬운 개념 같지만, 막상 구체적 사안에서 적용해 보면 전혀 그렇지 않다. "같은 것은 같게, 다른 것은 다르게"라고 말하기는 쉽지만, 같고 다른 것을 따지다 보면 엄청난 논쟁거리가 내재되어 있다는 점을 어렵지 않게 확인할 수 있다. 위 사건에서 차별이 정당하다고 본 다수의견/별개의견과 그렇지 않다고 본 반대의견의 도입부는 다음과 같이 미묘하게 다른 일반론을 개진한다.

**별개의견의 서두**

> "근로기준법 제6조가 지향하는 평등은 절대적·형식적 평등이 아닌 상대적·실질적 평등이므로, 여기에서의 '차별적 처우'란 사용자가 근로자를 임금 및 그 밖의 근로조건 등에서 합리적인 이유 없이 불리하게 처우하는 것을 말한다."

**반대의견의 서두**

> "근로기준법 제6조에서 '차별적 처우'란 사용자가 근로자를 임금 및 그 밖의 근로조건 등에서 합리적인 이유 없이 불리하게 처우하는 것을 의미하고, '합리적인 이

유가 없는 경우'라 함은 해당 근로자가 제공하는 근로의 내용을 종합적으로 고려하여 달리 처우할 필요성이 인정되지 아니하거나 다르게 처우할 필요성이 인정되는 경우에도 그 방법·정도 등이 적정하지 아니한 경우를 말한다."

차별이 합리적이라는 결론을 내린 별개의견은 평등의 상대성을 강조한다. 차별이 위법하다고 판단한 반대의견은 평등의 절대성에 주목한다. 이러한 일반론은 그 결론과 자연스럽게 연결된다. 연결될 뿐만 아니라 **사실 그 일반론은 결론 그 자체이다.** 왜냐하면 이는 결국 필자의 내면의 철학을 드러내는 것이며, 그러한 철학은 다시 결론으로 이어지기 때문이다.

### (2) 법이론적 검토

잘 알려진 바와 같이 미국 연방대법원 대법관들은 보수와 진보로 구별되어 많은 이슈에서 그러한 진영대립을 분명히 드러낸다. 우리의 경우 그 정도는 아니지만 조금씩 수렴하는 느낌이다. 포즈너(R. Posner)는 그의 저서 『법관은 어떻게 사고하는가(How judges think)?』에서 미국 판사들의 정치적 성향과 판결의 상관관계를 분석하는 이론적 틀을 세밀하게 분석한 바 있다.[159] 진보와 보수가 가장 중요한 대립쌍이지만 일반론적 전제가 문제되는 세부 영역은 무궁무진하다. 뒤에서 보는 것처럼 예술문제, 아동문제, 여성문제, 계약자유 문제 등 모든 각론 영역에서 판단자가 갖고 있는 일반론은 미묘하게 다를 수 있다.

그런데, 역으로 생각해 보면 이 역시 논증의 도구이다. 특정 주장에 대한 일반론을 제시하는 논증방식이다. 판사를 포함하여 모든 사람은 특정 사회 문제에 대해 기본 입장을 갖고 있을 수 있다. 하지만 꼭 그런 것은 아니다. 자신이 이미 과거에 충분히 숙고한 쟁점, 개인적으로 뇌리에 강렬한 기억이 있는 사안, 쟁점에 대해서는 누가 뭐라고 해도 바뀌지 않는 신념을 갖고 있을 수 있다. 반면 아직까지 깊이 생각해 보지 않은 문제는 그렇지 않을 수도 있다. 그러한 경우 설득력 있는 일반론의 제시는 새로운 시각에서 사태를 접근하는 계기가 될 수 있다. 이 역시 대법원 판례를 통해 살펴보자.

159 Richard Posner, 백계문, 박종현 역, 『법관은 어떻게 사고하는가』, 한울아카데미, 2016, 37~89면 참조.

## 2. 구체적 사례들

### (1) 예술에 대한 사법심사에서 사법소극주의 - 조영남 대작 사건 : 대법원 2020. 6. 25. 선고 2018도13696 판결

위 사건은 한때 언론에 크게 보도되었던 조영남 대작사건이다. 유명가수 조영남은 미술에도 조예가 깊었다. 그런데 조영남이 판매하였던 그림이 사실은 자신이 그린 것이 아니고 상당 부분 대리작가의 작업이라는 점이 드러났다. 그 사실을 모르고 그림을 구매한 매수인들의 고소로 조영남은 사기죄로 기소되었다. 1심 법원은 유죄를 인정하였다. 하지만 2, 3심은 무죄를 선고하였다. 대법원 판결의 논증은 다음과 같이 예술 영역의 사법소극주의 친화성을 언급하며 시작한다.

> "… 미술작품의 거래에서 기망 여부를 판단할 때에는 그 미술작품에 위작 여부나 저작권에 관한 다툼이 있는 등의 특별한 사정이 없는 한 법원은 미술작품의 가치 평가 등은 전문가의 의견을 존중하는 사법자제 원칙을 지켜야 한다. 법률에만 숙련된 사람들이 회화의 가치를 최종적으로 판단하는 것은 위험한 일이 아닐 수 없고, 미술작품의 가치를 인정하여 구매한 사람에게 법률가가 속았다고 말하는 것은 더욱 그러하기 때문이다."

사법소극주의와 사법적극주의와 같은 대립항은 어느 것이 정답이라고 말하기 어렵다. 하지만 특정 쟁점과 관련하여 하나의 입장을 지지하는 것은 가능하다. 예술 영역이 그러하다. 위 판결이 설시하고 있는 것처럼, 법률가들이 비전문영역인 예술의 가치평가에 대해 너무 깊이 개입하는 것은 적절하지 않다는 주장은 충분히 설득력이 있다. 따라서 위와 같은 사건의 경우 피고인의 행위가 사기죄의 구성요건에 해당하는지 여부에 대한 법리적 주장만을 할 것은 아니고, 큰 틀에서 예술작품과 법적 판단의 관계에 관한 사법소극주의적 일반론 및 그러한 일반론을 뒷받침하는 학자들의 주장, 외국 사례 등을 언급하는 것은 매우 효과적인 수 있다.[160]

---

160 다만 위 대법원 판결의 논리전개나 결론에 대해서는 다양한 견해가 있다. 위 대법원 판결에 대해 비판적인 입장을 취한 논문으로는, 박경규, "미술품거래에서 사기죄의 성립범위 — 대법원 2020. 6. 25. 선고 2018도13696 판결의 평석 및 형법과 법원의 역할에 관한 고찰", 사법발전재단, 「사법」 통권 제54호, 2020.

### (2) 학문의 자유의 개념 정의 : 대법원 2023. 10. 26. 선고 2017도18697 판결

위 판결은 최근까지도 논란의 중심에 있던 박유하 교수의 제국의 위안부 명예훼손 사건 대법원 판결이다. 1심에서 무죄로 판단되었지만,[161] 2심은 유죄라고 보았다.[162] 하지만 6년이 지나 대법원은 결국 무죄로 판단하였다. 명예훼손을 부정한 대법원 판결은 다음과 같은 학문의 자유에 대한 정의에서 시작한다.

> "정신적 자유의 핵심인 **학문의 자유는 기존의 인식과 방법을 답습하지 아니하고 끊임없이 문제를 제기하거나 비판을 가함으로써 새로운 인식을 얻기 위한 활동을 보장하**는 데에 그 본질이 있다. (중략) 헌법 제22조 제1항이 학문의 자유를 특별히 보호하는 취지에 비추어 보면, 학문적 표현의 자유에 대한 제한은 필요 최소한에 그쳐야 한다. 따라서 학문적 표현행위는 기본적 연구윤리를 위반하거나 해당 학문 분야에서 통상적으로 용인되는 범위를 심각하게 벗어나 학문적 과정이라고 보기 어려운 행위의 결과라거나, 논지나 맥락과 무관한 표현으로 타인의 권리를 침해하는 등의 특별한 사정이 없는 한 원칙적으로 학문적 연구를 위한 정당한 행위로 보는 것이 타당하다."

위 사건은 진보진영 내에서도 의견이 크게 대립한 사안이다. 여성단체들은 2심 판결을 지지한 반면 상당수의 진보 지식인들은 2심 판결을 강하게 비판하였다.[163] 법리적으로나 정치적으로나 매우 어려운 사건인데, 위 대법원 판결에서 보듯이 그 결론은 결국 학문의 자유의 본질을 어떻게 이해할 것인지에 크게 의존할 수밖에 없다.

### (3) 환경보호의 필요성이라는 일반론과 사법상의 불법행위 : 대법원 2016. 5. 19. 선고 2009다66549 판결(전)

위 사건은 폐기물을 매립하고 토지를 매도한 경우 그 전전양수인에게 민법상

161 서울동부지방법원 2017. 1. 25. 선고 2015고합329 판결.

162 서울고등법원 2017. 10. 27. 선고 2017노610 판결.

163 항소심 판결 이후 고려대 김우창 교수, 소설가 장정일, 유시민 등 국내 학자, 지식인은 물론 Noam Chomsky, 오에 겐자부로(大江健三郎) 등 해외 지식인들까지 항소심 판결이 표현의 자유에 대한 중대한 침해라는 비판적인 입장을 표명하기도 하였다(이는 박유하 교수의 논지를 지지하는지 여부와 무관한 문제이다).

불법행위가 성립하는지가 문제된 사안이다. 최근 수년간 대법원 전원합의체 판결 가운데 학자들 사이에서도 찬반 양론이 치열하게 대립한 논쟁적 판결 중 하나이다.[164] 위 판결에서도 다수의견과 반대의견은 다양한 쟁점들에 대해 격렬한 공방을 벌였는데, 불법행위책임을 인정한 다수의견은 이 어려운 논증을 위해 다음과 같이 멀리 뒤로 물러서서 환경의 중요성에 대한 논의부터 시작한다.

> "환경을 질적으로 향상시키고 보전함으로써 쾌적한 환경을 조성하고 나아가 이를 통하여 인간과 환경 사이의 조화와 균형을 유지하여야 하는 것은 국민의 건강과 문화적인 생활의 향유 및 국토의 보전과 항구적인 국가발전에 필수불가결한 요소이다. 국가·지방자치단체·사업자뿐 아니라 국민은 환경을 보다 양호한 상태로 유지·조성하도록 노력하고, **환경을 이용하는 모든 행위를 할 때에는 환경보전을 우선적으로 고려하며**, 지구의 환경상 위해를 예방하기 위한 공동의 노력을 강구함으로써 현재의 국민으로 하여금 그 혜택을 널리 누릴 수 있게 함과 동시에 미래의 세대에게 계승될 수 있도록 하여야 한다."

사법상 불법행위는 문제된 영역에서의 주의의무를 전제로 한다. 그런데 잘 알려진 핸드공식(Hand formula)이 보여주는 것처럼 주의의무의 판단은 대단히 사회학적이다.[165] 보호법익의 가치와 사회적 비용 등에 대한 판단을 토대로 결정된다는 것인데, 그러한 비용구조는 사회환경의 변동에 따라 달라질 수밖에 없다. 그러므로 환경보호의 필요성이 날로 증가한다면 그러한 사회적 필요 내지 변동은 사법상 주의의무 판단에도 영향을 미칠 수 있다. 위와 같은 논증은 긍정설의 중요한 전제가 된다.

164 여러 이유가 있겠지만, 계약관계와 불법행위 관계가 모호하기 때문이 아닌가 생각된다. 통상 계약관계로 규율되는 영역에서는 불법행위나 부당이득 법리를 배제하는 경향이 있다. 이 사건의 경우 전전 매도된 경우이므로 직접적 계약관계가 존재하지는 않는다. 하지만 계약의 고리가 연결되어 있는 상황에서 불법행위책임이 인정된다는 다수의견의 논리가 자연스럽지 않은 측면이 있다.

165 불법행위 사건에서 주의의무 위반 여부를 사고발생 확률(P)과 피해정도(L), 사고방지를 위한 비용(B)의 비교형량에 의해 판단한다는 공식을 의미한다. Learned Hand 판사가 U.S. vs Carroll Towing Co.,159 F.2d 169 (2d. Cir, 1947) 사건에서 제안한 공식이다.

### (4) 아동의 인지적 특성에 관한 일반론 : 대법원 2022. 7. 28. 선고 2020도12419 판결

아동이 성인에 비해 인지능력, 판단능력이 떨어진다는 사실에는 의문이 없다. 하지만 정확하게 어느 정도 차이가 있다는 것인가? 이를 정확하게 수치로 밝히기는 어렵다. 따라서 아동인지력의 취약성 자체에 동의하더라도 그 차이의 정도에 대해서는 저마다 생각이 다를 수 있다.

위 판결은 피고인이 피해아동(여, 14세)과 휴대전화로 영상통화를 하던 중 피해아동에게 신체 일부를 보여달라면서 자위행위를 한 것이 아동복지법이 금지하는 아동에 대한 성적 학대가 되는지가 문제된 사안이다. 원심은 피해아동의 성적 자기결정권이 완전히 배제되었다고 볼 수는 없다고 보아 무죄를 선고하였다.[166] 하지만 대법원은 원심을 파기하였다. 대법원은 다음과 같은 일반론으로 시작한다.

> "아동·청소년은 사회적·문화적 제약 등으로 아직 온전한 성적 자기결정권을 행사하기 어려울 뿐만 아니라, 인지적·심리적·관계적 자원의 부족으로 **타인의 성적 침해 또는 착취행위로부터 자신을 방어하기 어려운 처지에 있다**. 또한 아동·청소년은 성적 가치관을 형성하고 성 건강을 완성해가는 과정에 있으므로 아동·청소년에 대한 성적 침해 또는 착취행위는 **아동·청소년이 성과 관련한 정신적·신체적 건강을 추구하고 자율적 인격을 형성·발전시키는 데에 심각하고 지속적인 부정적 영향**을 미칠 수 있다."

대법원 판결의 이와 같은 일반론적 전제는 그 결론을 예측할 수 있게 한다. 성인에 비해 아동은 일반적으로 판단력 측면에서 열후하다는 점을 강조하는 입장이기 때문이다. 아동에 대한 음란물 판매, 소지 행위가 문제된 대법원 2023. 11. 16. 선고 2021도4265 판결[167]의 다음과 같은 화두도 비슷하다.

166 고등군사법원 2020. 8. 27. 선고 2020노18 판결.

167 구 아동·청소년의 성보호에 관한 법률(2020. 6. 2. 법률 제17338호로 개정되기 전의 것) 제2조 제4호 (다)목, 제5호, 제11조 제5항.

### 대법원 2023. 11. 16. 선고 2021도4265 판결

> "아동·청소년이용음란물은 그 직접 피해자인 아동·청소년에게는 치유하기 어려운 정신적 상처를 안겨줄 뿐만 아니라, 이를 시청하는 사람들에게까지 성에 대한 왜곡된 인식과 비정상적 가치관을 조장한다. 아동·청소년이용음란물에 대한 지속적 접촉이 아동·청소년을 상대로 한 성범죄로 이어질 수 있다는 점을 부인하기 어렵다."

현행법상 아동을 상대로 하는 성행위는 성인에 대한 같은 범죄에 비해 강한 처벌이 예정되어 있다. 그러한 점이 잘못되었다고 비판하는 사람은 없다. 하지만 다른 한편으로 죄형균형의 원칙, 과잉금지원칙도 형사법의 중요한 가치이다. 따라서 아동을 상대로 한 범죄라고 하여 엄벌주의로 일관할 수는 없다. 결국 균형이 핵심이지만, 실제 재판에서는 법이 예정한 적정한 처벌수위가 어느 정도인지, 유무죄의 경계가 어디까지인지 불분명한 사안들에 맞닥뜨리기 마련이다. 그러한 경우 아동보호에 대해 어떠한 일반관념을 갖고 있는지는 결론에 영향을 미칠 수 있다.

## (5) 자기책임의 원칙이라는 일반론과 계약상 주의의무 : 대법원 2014. 4. 10. 선고 2012다54997 판결, 대법원 2012. 2. 9. 선고 2011다14671 판결

대법원 2014. 4. 10. 선고 2012다54997 판결은 매수인이 목적물의 시가를 묵비하여 매도인에게 고지하지 아니하거나 혹은 시가보다 낮은 가액을 시가라고 고지한 것이 불법행위가 되는지가 문제된 사안이다. 위 사건의 피고는 원고에게 치명적인 하자가 있는 감정평가서를 제출하였고, 원고는 그에 따라 매매대금을 산정하였다가 뒤늦게 감정평가서의 문제점을 발견하고 소송을 제기하였다. 원심은 피고의 주의의무 위반을 인정하였다.[168] 하지만 대법원은 다음과 같은 논리로 원심을 파기하였다(넘버링은 필자가 추가).

> "(1) 일반적으로 매매거래에서 매수인은 목적물을 염가로 구입할 것을 희망하고 매도인은 목적물을 고가로 처분하기를 희망하는 이해상반의 지위에 있으며, **각자**

168 서울고등법원 2012. 5. 30. 선고 2011나48973 판결.

가 자신의 지식과 경험을 이용하여 최대한으로 자신의 이익을 도모할 것으로 예상되기 때문에, (2) 당사자 일방이 알고 있는 정보를 상대방에게 사실대로 고지하여야 할 신의칙상 의무가 인정된다고 볼만한 특별한 사정이 없는 한, (3) 매수인이 목적물의 시가를 묵비하여 매도인에게 고지하지 아니하거나 혹은 시가보다 낮은 가액을 시가라고 고지하였다 하더라도, 상대방의 의사결정에 불법적인 간섭을 하였다고 볼 수 없으므로 불법행위가 성립한다고 볼 수 없다."

논리구조를 보면, (1)은 일반론적 전제, (2)는 예외사유, (3)은 결론이다. 위 논증에서 (1)은 자기책임의 원칙이라는 일반론이다. 지면 관계상 길게 논의할 수는 없지만, 항소심인 서울고등법원 판결문을 읽어보면 항소심의 판단도 충분히 수긍이 가는 측면이 있다. 원고가 기망당한 것으로 볼 여지가 충분히 있는 사안이기 때문이다. 결국 항소심 판결과 대법원 판결의 차이는 자기책임 원칙의 적용범위에 대한 근원적인 입장 차이라고 볼 수도 있다.

대법원 2012. 2. 9. 선고 2011다14671 판결도 유사하다. 위 사건에서 원고는 한국토지공사 직원에게 특정 지구 내에 안마시술소 개설이 가능한지 질의하였는데, 긍정적 답변을 받아 시설공사를 하였다. 하지만 행정청으로부터 용도변경 불가통보를 받고, 한국토지공사를 상대로 손해배상청구를 하였다. 서울고등법원은 불법행위 책임을 인정하였으나,[169] 대법원은 부정하였다. 대법원이 불법행위책임을 부정한 논거는 (i) 한국토지공사는 건축물의 용도변경에 관한 권한을 갖고 있지 않았던 점, (ii) 자기책임 원칙 두 가지이다. 대법원은 다음과 같은 일반론부터 시작한다.

"거래 등의 기초가 되는 **정보의 진실성은 스스로 검증하여 거래하는 것이 원칙**이므로 정보제공자가 법령상·계약상 의무 없이 단지 질의에 응답한 것에 불과한 경우에는 고의로 거짓 정보를 제공하거나 선행행위 등으로 위험을 야기하였다는 등의 특별한 사정이 없는 한 위와 같은 응답행위가 불법행위를 구성한다고 볼 수 없다."

이러한 전제 하에 "비록 피고의 직원인 소외 7이 원고로부터 이 사건 건물에

169 서울고등법원 2011. 1. 12. 선고 2010나41647 판결.

안마시술소를 개설할 수 있는지 여부를 문의받고 가능하다고 답변을 하였더라도 그 답변 내용의 정확성에 대한 판단은 최종적으로 문의자인 원고 스스로 하는 것이므로 특별한 사정이 없는 한 피고가 불법행위책임을 부담하는 것으로 볼 수 없다"고 판단하였다.

### (6) 소유권의 절대성이라는 일반론과 분묘기지권 : 대법원 2021. 4. 29. 선고 2017다228007 판결(전)

위 판결은 분묘기지권이 인정될 경우 분묘기지권 취득자가 토지소유자에게 지료를 지급할 의무가 있는지 및 그 범위가 문제된 사안이다. (i) 무상이 원칙이라는 견해, (ii) 유상이지만 청구 시부터 지급의무가 있다는 견해, (iii) 유상이며 분묘기지권 성립 시부터 지급할 의무가 있다는 견해의 3가지 입장이 대립되었다. 각 견해는 고유한 논리구조를 갖고 있으며, 각각의 결론을 지지하는 논거들도 다양하다.

하지만 결국 논쟁의 기본적 대립구도는 점유자와 소유자 가운데 누구를 더 보호할 것인지의 문제이다. 위 견해들 중 토지소유권자에게 가장 유리한 (iii)번 견해는 다음과 같이 헌법 제23조까지 돌아가고, 민법 제211조, 제741조, 제750조를 언급하면서 길고 긴 일반론적 전제를 제시한다.

> "헌법은 모든 국민의 재산권을 보장하고, 그 내용과 한계는 법률로 정하도록 하고 있다(헌법 제23조 제1항). 소유권은 가장 전형적인 재산권으로서, 소유자는 물건을 사용·수익·처분할 수 있는 권리가 있다(민법 제211조). … 중략 … 이러한 물권적 청구권 외에도 소유자는 점유자가 물건의 점유·사용으로 얻은 이익에 대해 부당이득반환을 청구할 수 있고(민법 제741조), 소유권을 침해하여 소유자에게 손해를 입힌 자에게 불법행위에 기한 손해배상을 청구할 수 있다(민법 제750조). 이와 같이 소유권은 물건을 직접적·배타적으로 지배할 수 있는 권리로서, 누구에게든지 주장할 수 있는 절대적인 권리 또는 대세적 권리이다."

소유권의 절대성에 대한 이러한 일반론은 분묘기지권을 취득한 상대방보다 소유권자에게 유리한 결론을 도출하기 위한 논리적 전제가 된다.

### (7) 계약해석의 일반원칙, 소유권의 제약가능성에 관한 일반론과 임차인보호 : 대법원 2014. 6. 26. 선고 2014다14115 판결

위 판결은 건물 소유자가 임차인에게 임대차계약 종료를 이유로 명도를 구하였는데, 계약종료 요건에 대한 계약서 문언이 두 가지로 해석될 수 있어 분쟁이 발생한 사안이다. 그와 같은 계약 해석 문제 이면에는 결국 임차인과 소유권자 중 누구를 더 보호할 것인지의 문제가 있다. 대법원은 임차인 보호를 우선하여 위 계약서 문언을 제한적으로 해석하였다. 이러한 해석의 전제로 다음과 같은 일반론 논증을 전개한다.

> "계약 문언의 객관적인 의미가 명확하게 드러나지 않는 경우에는 당사자의 내심의 의사 여하에 관계없이 문언의 내용과 계약이 이루어지게 된 동기 및 경위, 당사자가 계약에 의하여 달성하려고 하는 목적과 진정한 의사, 거래의 관행 등을 종합적으로 고찰하여 사회정의와 형평의 이념에 맞도록 논리와 경험의 법칙, 그리고 사회일반의 상식과 거래의 통념에 따라 당사자 사이의 계약의 내용을 합리적으로 해석하여야 하고, 특히 당사자 일방이 주장하는 계약의 내용이 상대방에게 **중대한 책임을 부과하거나** 그가 보유하는 소유권 등 권리의 중요한 부분을 침해 내지 제한하게 되는 경우에는 **문언의 내용을 더욱 엄격하게 해석**하여야 한다."
> "민법 제211조는 '소유자는 법률의 범위 내에서 그 소유물을 사용, 수익, 처분할 권리가 있다.'라고 규정하고 있다. 소유자의 위와 같은 소유권 행사에는 다양한 공법상 또는 사법상 제한이 따를 수 있고, 소유자 스스로의 의사에 기한 임차권 등 용익권의 설정에 의하여 **소유권 행사가 제한될 수도 있다**. 그러나 임대차기간 등 용익권 설정계약의 기간이 경과한 후에는 소유자가 용익권 설정으로 인한 제한으로부터 벗어나 자유롭게 소유권을 행사할 수 있는 권리가 보장되어야 하므로 …"

이러한 전제들 중 후자는 소유권의 절대성을 강조한 (6)번 사안과 반대의 측면이 있다. 소유권은 다른 권리들에 비해 더 강력한 것은 사실이지만 그렇다고 아무런 제한이 없는 것은 아니다. 따라서 어느 측면을 강조하는지에 따라 다른 일반론이 가능하다. 위 사건의 경우 임차인 보호, 권리제한에 관한 엄격해석 원칙과 소유권 제한에 대한 일반론이 결합된 것이다.

### (8) 형사재판에서의 증명력 : 대법원 2023. 6. 15. 선고 2022도15414 판결

형사재판에서 검사가 모든 요건사실에 대해 입증책임을 부담하고, 그 입증은 엄격한 증명을 요한다는 것은 형사법의 기본이다. 하지만 그러한 원칙을 과도하게 가져가면 처벌 필요성이 명백한 사안에서도 처벌을 못하게 되어 사회질서 유지, 피해자 보호라는 형사법의 또다른 이념을 달성하지 못하는 문제가 발생할 수 있다. 대법원은 한편으로는 무죄추정, 죄형법정주의 등 형사법의 기본이념 실현을 위해 원심이 무리하게 유죄로 판단한 사건을 무죄 취지로 파기하기도 하지만, 다른 한편으로 위와 같은 이유에서 무죄를 선고한 원심을 유죄 취지로 파기하기도 한다.

위 사건은 후자의 대표적 예다. 피고인은 피해자 남녀의 성관계 사진을 무단으로 유포하였다. 검사는 성폭력범죄의 처벌 등에 관한 특례법 제14조를 근거로 기소하였다.[170] 원심은 위 사진이 수치심을 유발하는 사진에 해당한다는 점은 인정되지만 피해자의 의사에 반하는 것이라는 점에 대한 증명이 부족하다고 보아 무죄를 선고하였다. 대법원은 다음과 같이 판시하면서 원심을 파기하였다.

> "증거의 증명력은 법관의 자유판단에 맡겨져 있으나 그 판단은 논리와 경험칙에 합치하여야 하고, 형사재판에서 유죄로 인정하기 위한 심증형성의 정도는 합리적인 의심을 할 여지가 없을 정도여야 하나 이는 모든 가능한 의심을 배제할 정도에 이를 것까지 요구하는 것은 아니며 증명력이 있는 것으로 인정되는 증거를 합리적인 근거가 없는 의심을 일으켜 이를 배척하는 것은 자유심증주의의 한계를 벗어나는 것으로 허용될 수 없다. 여기에서 말하는 합리적 의심이라 함은 모든 의문, 불신을 포함하는 것이 아니라 논리와 경험칙에 기하여 요증사실과 양립할 수 없는 사실의 개연성에 대한 합리성 있는 의문을 의미하는 것으로서 피고인에게 유리한 정황을 사실인정과 관련하여 파악한 이성적 추론에 그 근거를 두어야 하는 것이므로 단순히 관념적인 의심이나 추상적인 가능성에 기초한 의심은 합리적 의심에 포함된다고 할 수 없다."

170 제14조(카메라 등을 이용한 촬영) ① 카메라나 그 밖에 이와 유사한 기능을 갖춘 기계장치를 이용하여 성적 욕망 또는 수치심을 유발할 수 있는 사람의 신체를 촬영대상자의 의사에 반하여 촬영한 자는 7년 이하의 징역 또는 5천만원 이하의 벌금에 처한다.

위와 같은 법리적 전제를 토대로 무죄를 선고한 원심을 파기한 사례들은 꾸준히 발견된다.[171]

## 3. 마무리

(1) 논쟁의 기술이라는 측면에서 일반론에 의한 논증은 두 가지 방식이 있다. 첫째는 평평한 운동장 기울이기다. 특정한 일반론으로 미리 포석처럼 까는 것은 자신에게 유리한 지위를 선점하기 위한 전략이다. 둘째는, 기울어진 운동장 바로 세우기다. 만일 상대방이 위와 같은 논증을 펼치면 그 대립 당사자 입장에서는 기울어진 운동장을 다시 바로 세울 필요가 있다. 어느 경우이든 쟁점인 논쟁에 바로 뛰어들기보다는 그 전제가 되는 일반론을 점검할 필요가 있다.

(2) 앞서 언급한 것처럼 이러한 일반론이 항상 자신에게 유리한 방식으로 존재하는 것은 아니다. 논증자가 주장하는 결론과 잘 들어맞는 일반론이 존재하는 경우도 있지만 그렇지 않은 경우도 있다. 사례들에서 본 것처럼 특정한 결론과 조응하는 설득력 있는 일반론이 존재하는지 우선 점검해 보아야 한다. 그러한 일반론을 찾을 수 있다면 전제가 곧 결론으로 이어지는 논증을 구성할 수 있다.

171 가령 상해죄의 증명에 관한 대법원 2011. 1. 27. 선고 2010도12728 판결, 특가법상 도주차량에 관한 대법원 2004. 6. 25. 선고 2004도2221 판결 등.

제3절

# 나가며

이 유형에서 살펴본 내용들은 모두 다른 주제들이지만, 공통점이 있다. 서장에서 언급한 것처럼 현재 벌어지는 논증이 당연한 전제로 하고 있는 어떤 것을 놓치고 있는 것은 아닌지 생각해 보는 것이다. 역설적이게도 이러한 포인트는 당해 사건의 문제에 너무 몰입할 경우 오히려 놓치는 것이기도 하다. 마치 작가들이 현재 몰입하고 있는 문제에 지나치게 천착할 경우 보이지 않던 것이, 머릿속을 비우고 3박 4일 여행을 다녀오면 풀리는 것과 유사하다.

제4장

# 한 걸음 나아가기 (one step forwards) : —'결과고려 논증', '정책논증'

Ⅰ. 판결의 경제적 결과 : 거래비용, 효용극대화, law & economics

Ⅱ. 판결의 사회적 결과 : 부수적 파급효, 'slippery slope', 'camel's nose'

Ⅲ. 판결의 논리적 결과 : 부당결과 회피논증, 'absurd result rule'

Ⅳ. 판결의 제도적 결과 : 인근 제도의 불완전성 논증

Ⅴ. 판결의 규범적 결과 : 규범적으로 바람직한 결과, 수범자의 행위준칙

## 제1절
# 서론

### 1. 의의

이 장에서는 제3장과 반대로 '한 걸음 더 나아가서' 보는 논증방식에 대해 본다. 흔히 결과고려 논증(argument based on the result) 혹은 정책논거(policy rationale)라고 불리는 논증방식이다.[172] 판결이 향후 가져올 다양한 파급효과를 토대로 특정 결론의 정당성을 논증하는 것이다. 원칙적으로 판결은 당해 사건의 당사자만을 규율한다. 법원은 법이 정한 내용에 따라 원, 피고 주장 가운데 법리적으로 타당한 주장을 인용하는 것이 원칙이다. 실제로도 대여금, 등기청구, 횡령, 사기 등등 법정에서 가장 많이 다투어지는 일반적인 사건들은 거의 대부분 당해 사건의 원, 피고(민사), 피고인과 피해자(형사) 외에 다른 사람들과 별 관련이 없다.

하지만 다른 한편으로, 경우에 따라 판결은 다양한 방식으로 당해 사건의 당사자 이외에 다른 이해관계인, 후속 소송의 당사자, 심지어 사회전체에 파급효과를 미친다. 때로는 판결주문이, 때로는 판결이유가 다양한 방식으로 재판의 당사자 이외의 사람들에게 영향을 미치는 것이다. 그러한 사안이라면, 그리고 판결 당시 그러한 결과가 예측 가능하다면, 법원은 최종 결론을 내리는 데에 그러한 결과를 고려해야 할 것인가? 고려한다면 어느 정도까지 고려해야 하는가? 법리적 판단이 애매한 어려운 사건이라면, 결과고려 논증은 더 넓게 허용될 수 있는가? 나아가 결과의 예측과 당해 사건의 법리적 판단이 서로 충돌한다면 법원은 어떻게 판단해야 하는가? 이러한 문제를 둘러싸고 어려운 법이론적 문제들이 발생한다.[173]

172 엄격하게 보면 정책논증과 결과고려 논증도 같은 의미는 아니다. 특히 미국의 경우 정책논증이라는 말은 결과고려 논증 뿐만 아니라 입법취지에 의한 논증, 나아가 법원리에 의한 논증까지 아우르는 상당히 넓은 개념으로 사용되는 것으로 보인다(가령 Kenneth J. Vandevelde, Thinking Like a Lawyer : An Introduction to Legal Reasoning, Westview Press, 2011, 101~102면 참조)

173 따라서 이 장에서 말하는 '결과'는 원, 피고와 같은 당사자에게 미치는 재판의 직접적 결과를 의미하는 것은 아니다. 승패 내지 유무죄 판단과 같은 판결 결과가 당해사건 당사자들에게 막대한 영향을 미치는 것은 당연하다. 하지만 그러한 결과는 재판이라는 제도에 이미 내재한 것이다(법

## 2. 법이론적 논쟁 : 정책논증 내지 결과고려 논증에 대한 부정적 견해와 재반론

정책논증 내지 결과고려 논증의 정당성에 대해 법철학 내지 법이론에서 이미 상당한 논쟁이 있어왔다.[174] 후술하는 세부유형에 따라 차이는 있지만 이는 철학적으로는 공리주의와 연결되고, 법이론 측면에서는 미국의 법현실주의(legal realism), 법실용주의(legal pragmatism)와 친화적이다.[175] 잘 알려진 바와 같이 공리주의는 사회적 효용 극대화를 모든 정책의 최우선 목표로 삼는다. 따라서 판결의 결과 역시 후생 증대에 기여해야 한다고 본다. 그런 점에서 법경제학적 접근과도 연관성을 갖는다.[176] 또한 법적 권리의 독립성, 엄격성보다 실용적 적용가능성을 강조하고, 그러한 점에서 법실용주의와도 친화적이다. 하지만 이러한 입장에 대해 비판적인 입장도 유력하다. 법적 추론의 엄격성, 법적 권리의 우선성을 강조하는 법원리주의, 법규주의(legalism) 관점에서 보면 이러한 입장은 법치주의에 반한다. 비판적 견해의 핵심을 요약하면 다음과 같다.

첫째는 권력분립 원칙이다. 법적 논증은 법률을 대전제로 사실관계를 확정해서 법률효과에 해당하는 결론을 도출하는 작업이다. 따라서 법적 논증의 대전제는 법령이다. 이 법령은 입법부에 의해 만들어진 것인데, 그러한 법령에는 이미 정책판단이 녹아 있다. 입법부에서 법률을 제정할 때 정의와 형평과 같은 법원리만을 고려하는 것이 아니라 당해 법령이 사회에 미칠 파급효과까지 이미 고려한다는 것이다. 따라서 사법부의 역할은 법령의 객관적 의미를 해석하는 것으로 충분하지, 추가로 그 결과까지 고려하는 것은 권력분립 원칙에 반한다는 것이다. 잘 알려진 바와 같이 저명한 법철학자 드워킨(R. Dworkin)은 정책논거는 재판에서 배제되어야 한다고 주장하였다(이른바 '권리존중론').[177] 또한 루만(N. Luhmann) 같은 법사

---

원에서 그 사실 때문에 결론을 바꾸는 경우는 없다). 이 절에서 말하는 결과는 원, 피고 이외의 다른 당사자들에게까지 파급효과가 미치는 경우를 전제한다.

174 이 점에 대한 개괄적 논의로는 이계일, "법적 판단에 있어 결과고려의 구조에 대한 비판적 탐구", 「법철학연구」 제23권 제2호, 2020 참조. 그리고 이하에서 논의하는 철학적 입장에 관한 개괄적 소개로는 공두현, "우리 대법원 법해석론의 흐름 : 법실증주의, 법현실주의, 법원리론", 「법철학연구」, 제22권 제2호, 2019 참조.

175 공두현, 앞의 논문, 203면 참조.

176 오세혁, 앞의 책, 250면 참조.

177 공두현, 앞의 논문, 205면; R. Dworkin의 유명한 저서 'Taking Rights Seriously'(한국어

회학자도 법관은 미래를 개연성 측면에서 탐구하는 부담으로 벗어나야 한다고 주장하였다.[178]

이러한 입장은 이론가들의 생각만은 아니다. 우리 대법원 판결 가운데에도 이러한 취지의 판시들은 어렵지 않게 찾을 수 있다. 가령 유명한 통상임금 대법원 판결 반대의견의 다음과 같은 판결이유 부분이 그러하다.

### 대법원 2013. 12. 18. 선고 2012다89399 판결(전)의 반대의견

"대법원은 최고의 법해석 기관으로서 통상임금에 관한 법리를 법에 따라 선언해야 한다. 그에 따른 경제적 우려를 최소화하는 것은 정부와 기업의 역할이다. 대법원은 통상임금의 법원칙을 바로 세우고, 정부는 대법원 판결의 결론이 연착륙할 수 있도록 다양한 노동정책을 펼치면 되는 것이다. 그렇지 않고 대법원이 앞으로 시행될 노동정책까지 고려하여 현행 법률의 해석을 거기에 맞추려 한다면, 이는 법해석의 왜곡이다."

둘째 이유는 사법부가 갖는 인적 자원의 한계이다. 입법은 국회와 행정부의 막강한 인적, 물적 자원을 토대로 이루어진다. 중요한 입법을 위해서는 공청회, 청문회 등을 거칠 수도 있고, 경제학자, 사회학자를 비롯하여 해당 분야 전문가들의 도움을 받을 수도 있다. 반면 법원 판결은 단독판사 아니면 합의부가 하는 것이 보통이다. 예외적으로 대법원은 상당한 연구인력들이 뒷받침하고 있지만 이들은 법률전문가이지 사회과학 전문가는 아니다. 이러한 비판적 시각은 대법원 판결에서도 드러난다. 다음 판결이유 부분이 그러하다.

### 대법원 2022. 4. 21. 선고 2019도3047 판결(전)의 반대의견

"다수의견과 같은 결론은 몇 명의 법관이 아니라, 실제적인 이해관계를 가진 사회 전반의 시민들이 전문가의 연구 등을 바탕으로 충분한 논의를 거쳐 헌법과 법률이

번역본 : 염수균 역, 『법과 권리』, 한길사, 2010)는 제목 자체가 "권리를 최대한 존중해야 한다"는 의미이다. 즉 법이 인정한 권리는 다른 법률 외적 요인으로 축소되거나 제한되어서는 안 된다는 원리주의적 입장을 표현하고 있다.

178 N. Luhman, 강희원 역, 『법사회학』, 한길사, 2015, 400면 참조.

마련한 정당한 입법절차를 통하여 사회적 합의의 형태로 결정되어야 한다. 다수의견은 시민사회, 학계, 법률가 및 정치권 등의 소통을 통한 논의와 입법절차를 통하여 얻어야 할 결론을 법률 문언을 넘어서는 사법판단을 통하여 이루고자 하는 것이어서 받아들이기 어렵다."

셋째 이유는 결과고려 논증이 갖는 입증가능성의 한계이다.[179] 판결의 결과를 고려한다는 것은 미래를 예측하는 일이다. 그런데 미래의 일을 정확하게 예측하는 것은 불가능에 가깝다. 따라서 일정 정도 추측에 의존할 수밖에 없고, 그 경우 논증 완성도는 떨어진다. 대법원 판례를 보더라도, 다수의견과 소수의견이 정반대의 결과를 예측하는 경우가 많다(그 경우 둘 중 하나는 틀렸거나 혹은 둘 다 틀렸을 수도 있다). 뒤에서 보겠지만, 법리와 논리에서 그토록 정치한 대법원도 결과고려 논증은 허술하기 이를 데 없는 경우도 많다.[180]

이처럼 결과고려 논증은 법적 논증으로서 태생적 한계가 있으며, 사법부의 본질적 역할과 맞지 않다. 사법부의 본연의 임무는 법률의 해석과 적용이다. 사법부는 입법자의 의도를 읽고 구체적 사건에 법규정을 적용하는 것이 원칙적인 모습이다.[181]

하지만 그럼에도 결과고려 논증, 정책논증은 결코 사라지지 않고, 앞으로도 그러할 것이다. 실용주의 전통이 강한 미국의 경우 결과고려는 그 뿌리가 매우 깊다. 법경제학의 창시자로 알려진 포즈너(R. Posner) 판사에 의하면, 저명한 실용주의 철학자 존 듀이(J. Dewey)는 이미 1924년 논문에서 **"판결을 주어진 법규들에서 연역된 산물로 볼 것이 아니라 판결이 가져올 실제 결과를 이해해 그에 맞춰 법을 형성하는 쪽으로 태도를 전환해야 한다"**고 하였다고 하고, 홈즈(O. W. Holmes) 대법관의 법사상의 핵심도 경제적, 사회적 결과를 고려한 실용적 법이해에 있다고 한다.[182]

---

179 이계일, 앞의 논문, 119~120, 139~144면 참조.

180 그런 점에서 좋은 결과고려 논증의 제1조건은 입증가능성에 대한 진지한 고찰이다. 이를 위해 때로는 매우 실증적, 통계적 기법들의 사용이 필요할 때도 있다. 그러한 통계분석이 아니라고 하더라도 과거의 자료들이라도 잘 정리하는 것만으로도 정책논증의 설득력을 배가할 수 있다.

181 이계일, 앞의 논문, 112면 참조.

182 R. Posner, 백계문, 박종현 역, 『판사는 어떻게 사고하는가?』, 한울아카데미, 2008, 338면 참조. 물론 이러한 입장은 법원의 적극적 법형성을 인정하는 영미 보통법(common law)의 특성이 반영된 측면이 있을 것이다.

나아가 포즈너(R. Posner)는 법을 해석해서 결론을 도출하는 전통적인 삼단논법에 의한 법형식주의적, 연역추론적 방식으로는 합당한 결론을 도출할 수 없다고 한다.[183] 오히려 비형식화된 추론방식인 실천적 추론(practical reasoning)을 통해 합당한 결론에 이를 수 있다고 주장한다.

또한 문언주의(textualism) 법철학으로 유명한 스칼리아(A. Scalia) 대법관 역시 변호사들을 위한 실용적인 교재에서는 "법적 삼단논법의 대전제는 3가지이다. 이는 ① 법령(constitution, statute, etc.), ② 선례(precedent), ③ 결과고려 또는 정책논거(policy, consequences of the decision)"라고 말한 바도 있다.[184] 최근에는 법이론가들 사이에서도 결과고려 논증을 전면적으로 부인하는 견해는 찾기 어려운 것으로 보인다.[185]

이처럼 많은 비판에도 불구하고 결과고려 논증이 건재한 이유는 무엇일까? 여러 이유가 있겠지만 가장 중요한 것은 역시 법규정의 일반추상성 때문이 아닌가 생각된다. 법령의 규정은 모호한 경우가 많고, 재판의 전제가 되는 현실은 시시각각 변동한다. 현실적으로 법령이 모든 개별구체적 상황에 대해 답을 줄 수 있으리라고 기대하기는 어렵다. 어려운 사건의 경우 더욱 그러하다. 그러한 경우 원, 피고는 각자의 의견을 뒷받침하는 여러 논거들을 제시하고, 두 주장의 타당성은 그러한 논거들의 설득력의 합에 의해 정해질 수밖에 없다. 결과고려 논증은 그러한 여러 논거들 중 하나이다. 쉽게 말해 어려운 사건일수록 법해석을 보충하는 '규범적 판단(normative judgment)'이 중요해질 수밖에 없는데, 결과고려 논증은 그러한 규범적 판단 중 하나이다.

나아가 경우에 따라 결과고려 논증은 법해석의 실질적 내용을 구성하기도 한다. 결과고려가 갖는 비중과 기능은 사건마다 다르다. 결과고려 논증이 방론적 근거에 불과한 경우도 있지만, 경우에 따라서는 법해석의 내용을 구성하는 핵심적 논거가 되는 경우도 있다. 법문의 의미가 비교적 명확한 경우에는 법해석론이 우선하고, 결과고려 논증은 부차적인 지위에 머문다. 반면 법문 자체가 불확정개념

183 김병렬, 류승호, "포스너의 법실용주의와 사회법에서 대법원의 법해석론", 서울대학교 법학연구소 법이론연구센터 「기초법학연구」 제2호, 2023, 267면 참조.

184 A. Scalia, B. Garner, Making Your Case : The Art of Persuading Judges, Thomson & West, 2008, 42면 참조.

185 오세혁, 앞의 책, 251면 참조. 그리고 이 쟁점에 관한 독일의 논쟁에 관해서는 윤진수, "법의 해석과 적용에서 경제적 효율의 고려는 가능한가?", 서울대학교 「법학」 제50권 제1호, 2009 참조.

내지 추상개념으로 구성되어 있고, 특히 그 취지가 대립되는 이해관계의 비교교량을 요하는 경우와 같이 현실적 상황을 고려해서 판단할 것을 요하는 경우라면, 결과고려 논증은 법해석과 분리될 수 없고 법해석의 실질적 내용을 구성하기도 한다(이 점은 뒤에서 구체적 사례들을 통해 살펴본다). 그러한 경우 결과고려 논증을 법해석과 대립적인 것으로 파악하는 것은 객관적 실제와 맞지 않다.

이와 같은 이론적 논쟁과 무관하게 우리 실무에서도 결과고려 논증은 폭넓게 사용되고 있다. 이하에서 대법원 판결을 중심으로 결과고려 논증의 대표적 예들을 5가지 세부유형으로 나눠서 살펴본다.

제2절

# 세부유형 검토

## I 제1유형 : 판결의 경제적 결과 - 거래비용, 효용극대화, Law & Economics

### 1. 들어가며

#### (1) 의미

결과고려 논증의 첫째 유형은 사회적 비용(social cost) 내지 거래비용(transaction cost)의 문제다. 재판은 개인과 개인(민사, 가사) 개인과 국가(형사, 행정) 사이의 분쟁인 경우가 보통이다. 법원이 피고에게 원고에 대한 금전지급의무의 이행을 명하거나 명하지 않는 것이 재판의 결론이며, 그 재판이 항상 전체 사회 혹은 원, 피고 이외의 제3자들에게 직접적 영향을 미치는 것은 아니다. 하지만 때로는 특정 원, 피고의 다툼이지만, 그 결과가 사회적 비용배분의 문제로 이어지는 경우가 있다. 두 개인 사이의 분쟁이지만 두 개인이 특정 집단의 대표인 경우, 당해 사건의 법해석이 관련 이해당사자들의 경제적 이해관계에 직, 간접적 영향을 미치는 경우 등이 그러하다. 그러한 사안이라면 법원도 사회적 비용배분 문제를 고려하지 않을 수 없고, 당사자 입장에서도 재판결과의 파급효과를 주장하지 않을 수 없다.

#### (2) 법이론적 검토

이러한 사회적 비용배분 문제와 관련성을 갖는 법이론으로는 법경제학(law and economics)을 들 수 있다. 하지만 법경제학이 다루는 주제는 여기서 살펴보는 내용보다 훨씬 넓다. 법경제학은 말 그대로 법의 해석과 적용을 경제학의 방법론을 통해 설명하려는 학문이다.[180] 법경제학은 자원의 효율적 배분을 가져오는 것이 좋은 법, 좋은 재판이라고 본다. 경제적 자원이 효율적으로 배분될 필요가 있고, 자원이 효율적으로 사용될 수 있다면 정의를 실현할 기회도 증가한다고 보는 것이다. 그런 점에서 법경제학의 관심 영역은 매우 넓다. 법경제학은 사실상 모든 법률 문제를 위와 같은 시각에서 분석 내지 접근하려는 것이기 때문이다. 반면 이하에서 살펴보는 내용은 결과고려 논증이라는 측면에서 사회적 비용배분이 문제되는 특정 유형의 사건들에 국한한다. 이하에서는 ① 직접적 비용이 문제되는 사안과 ② 간접비용 혹은 이른바 '거래비용(transaction cost)'이 문제된 대법원 판례 몇 가지만을 간략히 살펴본다.

## 2. 구체적 사례들

### (1) 직접적 비용부담의 문제

사회적 비용부담이 문제되는 첫째 유형은 직접적 비용부담의 문제이다. 이 유형은 일종의 시범 소송 같은 의미를 지닌다. 당해 사건의 원고와 피고는 특정 사회 집단의 대표샘플이다. 당해 사건의 승패에 따라 당해 집단이 부담해야 할 사회적 비용배분의 기본구조가 결정된다. 몇 가지 대표적인 사례들을 보자.

#### ① 통상임금 판결 : 대법원 2013. 12. 18. 선고 2012다89399 판결(전)

너무도 유명한 판결이고, 법리적 쟁점도 많다. 하지만 사회적 비용배분 문제도 핵심쟁점으로 다투어졌다. 사안의 개요는 다음과 같다.

- A 회사 단체협약은 상여금이 통상임금에 해당하지 않는다는 취지로 규정
- 관리직 직원 B에게도 단체협약을 적용하여 상여금이 제외된 통상임금을 기초로 법정수당을 산정
- 그런데 그 이후 B가 상여금이 통상임금에 포함되는 것을 전제로 미사용 연차휴가수당을 청구함

186 최근 법학자들의 법경제학적 연구를 종합적으로 정리한 책으로는, 고학수 외 6인, 『박세일 법경제학』, 박영사, 2019 참조. 이 책은 법경제학의 기초개념은 물론이고, 재산법, 계약법, 불법행위법, 형법, 회사법, 노동법, 공정거래법 등에서 법경제학적 법해석론의 다양한 쟁점들을 망라하고 있다.

사안의 쟁점은 "근로자가 상여금을 통상임금에서 제외하기로 하는 노사합의를 무효라고 주장하는 것이 신의칙에 반하는지 여부"였다. 다수의견은 긍정하였고, 반대의견은 부정하였다. 핵심 쟁점은 근로기준법상 통상임금의 의미에 관한 법해석, 강행법규와 신의칙의 관계 등 법리적 문제였다. 하지만 신의칙 적용과 관련하여 치열하게 다투어진 실질적 쟁점 중 하나는 정기상여금을 통상임금에 포함시키는 경우 기업재정에 미치는 부정적 영향 문제였다. 다수의견은 다음과 같이 판시하였다.

**대법원 2013. 12. 18. 선고 2012다89399 전원합의체 판결 중 다수의견**

> "건전한 재정은 기업에 있어 생명줄과도 같다. 재정의 악화는 경영난으로 이어지고 그것이 심화되면 기업의 존립이 위태로워진다. 특히 임금은 기업의 재정에 가장 큰 영향을 미치는 요소 중의 하나이다. … (중략) …
> 기업의 지속적인 존립과 성장은 노사 양측이 다 같이 추구하여야 할 공동의 목표이므로 기업 재정에 심각한 타격을 주어 경영상 어려움을 초래하거나 기업의 존립기반에 영향을 주면서까지 임금을 인상할 수는 없다."
> "그로 말미암아 사용자에게 예측하지 못한 새로운 재정적 부담을 지워 중대한 경영상의 어려움을 초래하거나 기업의 존립을 위태롭게 한다면, 이는 종국적으로 근로자 측에까지 피해가 미치게 되어 노사 어느 쪽에도 도움이 되지 않는 결과를 가져오므로 정의와 형평 관념에 비추어 신의에 현저히 반하고 도저히 용인될 수 없음이 분명하다"

다수의견은 기업 재정의 중요성을 강조하였다. 통상임금의 범위를 넓게 보는 것은 근로자에게도 유리할 것이 없다고 하였다. 하지만 반대의견은 다수의견의 결과고려 논증에 반대하는 논증을 전개하였다. 반대의견의 핵심적 생각이 드러난 문장은 다음과 같다.

**대법원 2013. 12. 18. 선고 2012다89399 전합판결 중 반대의견**

> "사용자의 경제적 어려움도 근로자의 권리를 희생시킬 수 있는 근거가 될 수 없다. 사용자의 경제적 어려움은 근로조건의 설정과정에서 근로자의 이해와 양보를 구할

수 있는 근거가 될 수 있을지언정 **이미 정해진 근로조건에 따라 사용자가 이행하여야 할 법적 의무를 면하는 이유가 될 수는 없다**. 사용자는 자신이 제공받는 근로에 합당한 대가를 지급하는 것이지 무슨 '손해'를 입는 것이 아니다."
" … 그러나 이러한 '중대한 경영상의 어려움'이나 '기업 존립의 위태'는 **모두 모호하고 불확정적인 내용**으로서, 도대체 추가 부담액이 어느 정도가 되어야 그러한 요건을 충족한다는 것인지 알 수 없다.
이처럼 모호하고 불명확한 기준을 신의칙의 적용 요건으로 보게 되면 근로기준법상 보장되는 권리가 사업장이나 개개 소송마다 달라질 가능성이 커지게 되고, 이는 곧 근로기준법상 근로자들에게 고루 보장되어야 하는 **권리가 형평에 맞지 않게 인정되거나 부정되는 결과**를 초래할 수 있다."

반대의견은 사법부가 기업의 재정건정성을 고려하는 것이 법해석의 왜곡을 가져올 수 있다고 주장한다. 이는 앞서 본 드워킨(R. Dworkin)의 '권리존중론'의 입장을 떠올린다. 다수의견의 결과고려 논증은 권력분립의 원칙이나 법해석의 일반원칙에 반한다는 것이기 때문이다. 이 사건에서 다수의견과 반대의견은 결과고려 논증의 장점과 단점, 본질과 한계를 전형적으로 보여주고 있다.

### ② 명의신탁과 불법원인급여 : 대법원 2019. 6. 20. 선고 2013다218156 판결(전)

위 대법원 판결은 명의신탁과 불법원인급여의 관계를 다루었다. 대법원에서 공개변론 절차까지 거친 사건으로 많은 논쟁을 불러일으킨 판결이지만,[187] 이 사건의 결과고려 논쟁이 크게 주목받지는 않았다. 하지만 판결문을 잘 읽어보면 그것이 핵심이다.

사안의 쟁점은 "양자간 명의신탁에 의해 이전된 소유권이전등기가 불법원인급여로 평가되어 말소등기청구가 불허되는지 여부"이다. 이 사건 역시 민법, 부동산실명법의 해석과 입법과 사법의 관계, 일반국민의 법감정과 정의관념, 불법성에 대한 사회적 평가 등 다양한 규범적 판단이 주요 쟁점이다. 하지만 그 이면에는 두 가지 다른 차원의 정책논증 내지 결과고려 논증이 무겁게 대립하고 있고, 그것이 법해

187 이 판결 역시 수많은 평석이 쏟아졌다. 대표적으로, 백숙종, "부동산 실권리자명의 등기에 관한 법률에 위반한 명의신탁약정과 불법원인급여", 「사법」 통권 제50호, 2019 참조.

석의 실질적 내용을 구성한다.

하나는 명의신탁자의 재산권 침해문제이다. 만일 명의신탁이 불법원인급여라고 정리되면 그 사회적 파장은 실로 '메가톤급'이다. 부동산 명의신탁이 불법이라는 점은 잘 알려진 사실이지만, 불법원인급여라고 보는 것은 완전히 다른 문제다. 그 점이 공인되면 명의신탁자는 졸지에 부동산 소유권을 상실하고, 명의수탁자는 반사이익을 얻는 엄청난 격변이 발생한다. 다수의견은 그 점을 강조한 것이고, 반대의견은 명의신탁의 사회적 폐해를 강조하였다. 다수의견은 다음과 같이 주장한다.

"모든 국민의 재산권은 보장되고, 그 내용과 한계는 법률로 정한다(헌법 제23조 제1항). 명의신탁을 금지하겠다는 목적만으로 부동산실명법에서 예정한 것 이상으로 **명의신탁자의 신탁부동산에 대한 재산권의 본질적 부분을 침해할 수는 없다**. 만일 부동산실명법에서 명의신탁약정만을 무효로 하고 그에 따른 물권변동을 유효라고 정하였다면, 신탁부동산에 관한 권리가 언제나 명의수탁자에게 확정적으로 귀속되는 **결과**가 되어 명의신탁자는 그 부동산에 관한 **권리를 상실하게 된다**. 이러한 경우 명의신탁자는 자신의 재산을 직접적으로 **박탈당하는 결과**를 감수하여야 하므로 **재산권의 본질적 부분을 침해**할 소지가 크다."

이에 대해 반대의견은 다음과 같이 정반대로 주장한다.

"대법원이 명의수탁자의 등기가 불법원인급여라고 인정함으로써 명의신탁자가 어떠한 불이익을 입는다고 하더라도, 이는 책임 없이 불이익을 당하는 경우가 아닐 뿐만 아니라, 이를 가리켜 명의신탁자의 재산권이 본질적으로 침해된 경우라고 할 수도 없다. **설령 명의신탁자의 재산권이 다소 침해될 여지가 있다 하더라도**, **투기와 탈세 등 행위를 방지하고 부동산 거래의 정상화**와 부동산가격의 안정을 도모하여 국민경제의 건전한 발전에 이바지하고 사회질서를 확립하기 위하여 불가피하다고 보아야 한다."

결국 두 의견의 대립은 명의신탁을 근절함으로써 얻을 수 있는 사회적 효용과 그로 인한 재산권 상실의 파급효라는 서로 다른 사회경제적 결과의 대립이다. 명의신탁이 단순히 법위반에 그치는 것이 아니라 불법원인급여라고 판단되면 명의신탁은 급격히 줄어들어 그 사회적 폐해는 근절될 수 있을 것이다. 하지만 명의신탁자들은 졸지에 부동산 소유권을 상실하고, 수탁자는 소유권을 취득하는 횡재를 얻게 된다. 결국 이 사건은 정책판단이 불법원인급여에 해당하는지 여부에 대한 법리적 판단의 실질적 내용을 구성한 사례라고 할 수 있다.

### ③ 산재보험과 국가재정의 문제 : 대법원 2007. 9. 28. 선고 2005두12572 판결(전)

위 사건은 출근길 교통사고가 산업재해인지 여부가 다투어진 사안이다. 전형적인 한계사례(marginal case)이다. 다수의견은 출근길은 사업자의 지배종속성이 인정될 수 없는 영역이라는 이유로 부정하였고, 반대의견은 출근행위와 업무 사이의 밀접관련성을 근거로 긍정하였다. 이는 물론 법해석 문제지만, 산재보험의 재정건전성 문제 역시 법해석상의 결론 도출에 이르는 여러 근거들 중 하나로 작용하였다. 다수의견의 다음 판결이유 부분을 보자.

> "그러한 출·퇴근 재해가 보상의 범위에 포함됨으로써 부담하게 되는 막대한 재정과 이해관계의 조정에 대한 고려 없이 사법이 적극적으로 이를 유도·개입하는 것은 입법재량을 침해하는 것으로서 산재보험의 사보험 대체효과와 정부정책이 민간정책을 구축해 버리는 효과가 발생할 뿐만 아니라 **산재보험 재정의 현저한 악화**, 보험강제가입자인 **사업주의 부담 증가, 예산의 효율적 배분의 저해**, 기준의 해석에 관한 혼란 등과 같은 문제점이 초래될 것이다."

전형적인 정책논증이다. 반면 반대의견은 다음과 같이 주장한다.

> "입법자가 근로자의 산재보험급여 수급권 또는 공무원 등의 공무원연금 수급권의 범위를 정한 **법규정의 내용상 아무런 차이를 두지 않아** 당해 재해가 업무상 재해 또는 공무상 재해로 인정되는 것이라면, 이를 집행하여야 할 행정기관으로서는 마땅히 그에 따르는 재원을 마련하는 등 필요한 조치를 취하여 이를 시행하여야 할 것이다. 산재보험급여에 관하여 산재보험법 제3조 제2항이, "국가는 매 회계연도 예산의 범위 안에서 보험사업에 소요되는 비용의 일부를 지원할 수 있다."고 규정하고 있는 것도 바로 이러한 점을 염두에 둔 규정이라 할 것이다. 그런데 이와 달리 다수의견의 보충

의견과 같이 일반근로자에 대해서는 재정적인 문제가 있다는 점을 들어 입법자가 정한 법률의 내용을 차별적으로 해석·적용하여 일반근로자에 대해서는 입법자의 본래 의도보다 축소하여 해석하고 집행하는 것이 허용될 수 있다면, 이는 법률해석에 있어서 본말이 전도된 것으로 타당하지 않다는 점을 지적해 두지 않을 수 없다."

이러한 반대의견 역시 위 통상임금 판결의 반대의견처럼 드워킨(R. Dworkin)식 권리존중론의 입장과 같은 맥락이다. 통상임금 사건과 위 사건은 문제되는 쟁점은 다르지만 각 다수의견과 반대의견이 보여주는 사고의 기본틀은 유사하다.

### ④ 사회적 비용부담의 왜곡 : 대전고등법원 2006. 9. 6. 선고 2005나5469 판결[188]

판결은 2차 결과, 후속결과의 문제를 야기하기도 한다. 위 판결은 전주에 설치되어 있던 통신선을 지중화하는데 그 비용을 지자체와 통신사 중 누가 부담할 것인지가 문제된 사안이다. 이 역시 출발점은 도로법, 전기통신사업법 등 관련법령의 해석이지만 법령해석에 다툼이 있는 이상 결과고려의 문제 역시 법해석론 못지않게 중요한 쟁점이 되었다. 대전고등법원은 통신사들의 손을 들어주었는데, 그 근거 가운데 하나는 다음과 같은 사회경제적 비용배분의 왜곡 문제였다.

"주로 수용시설 밀집지역(도시지역)에만 제공되는 지중화 비용의 경우에는 이를 동일한 공급가격이라는 장치를 통하여 그 비용이 수용시설 산개지역(농촌지역)의 수용가에 전가되게 되는데, 지중화 시설 지역의 토지가치를 높이고 수용가에 더 우월한 서비스를 제공하기 위한 비용을 그렇지 않은 지역의 수용가에 전가하는 것을 어떻게 정당화할 수 있는가? 이 법원의 의견으로는 국가가 법을 통하여 위와 같은 비용의 전가를 강제하는 것을 정당화할 수 있는 어떠한 법원리도 찾을 수 없다."

만일 지자체가 아닌 통신사에게 공사비용을 부담시키면 지중화공사로 인한 지가상승 이익은 지역주민이 누리는 반면 통신사들은 입장에서는 그 비용을 통신서비스에 반영할 수 있어 궁극적으로 타 지역 주민들이 비용을 부담하는 사회경제

188 대법원 2008. 10. 23. 선고 2006다66272 판결에 의해 확정됨.

적 비용 왜곡이 발생할 수 있다는 취지이다. 이러한 점을 지적하는 논증 역시 사회적 비용을 둘러싼 결과고려 논증의 전형이다.

### ⑤ 기타

영미법에는 'floodgates principle'[189]이라는 법리가 있다. 이는 주로 자연재해 등을 이유로 하는 손해배상 사건에서 특정 청구를 인용하면 유사소송이 '수문(floodgates) 터지듯이' 쇄도할 우려가 있고, 그 결과 국가의 재정 부담에 심각한 영향을 미친다면 배상액을 제한할 수 있다는 법리이다. 이는 결국 소송당사자의 권리가 일부 희생되더라도 전체 사회의 보호를 앞세우겠다는 취지라고 할 수 있다.

이러한 사고는 우리의 법체계에서도 완전히 낯선 것은 아니다. 가령 보험사건의 경우 법령과 계약 해석이 출발점이지만, 다른 한편으로 보험단체의 총비용과 개별 청구자의 권리보호이익을 비교교량해야 한다는 점은 보험법의 기본 중 기본이다.[190] 그밖에 저당권 설정비용 사건이라든가[191] 담배소송과 같은 집단소송의 경우도 사회적 총비용의 배분문제를 고려하지 않을 수 없다. 그러한 사건들에서도 법령, 계약서에 명확한 규정이 있다면 명문규정이 우선한다. 하지만 해석상 이견이 있는 경우라면 사회경제적 비용배분의 합리성이라는 결과고려는 결론에 영향을 미칠 수밖에 없다. 나아가 법해석이 비교적 명확해도 사회적 비용배분의 측면에서 중대한 왜곡이 예상된다면 문언에 반하는 해석, 축소해석이 불가피할 수 있다.

## (2) 거래비용의 문제

사회적 비용의 두 번째 유형은 거래비용(transaction cost)의 문제이다. 앞서 본 (1) 유형이 직접비용의 문제라면 이는 간접비용의 문제라고 할 수 있다. 거래비용이란 말 그대로 "거래를 위해 소요되는 부수비용"을 의미하는 경제학 용어인데, 법적 의미로 본다면 "계약이나 법원 판결에서 인정된 주의의무 등의 이행을 위해 필요한 사회적 비용" 정도로 정의할 수 있다. 공리주의적 관점에 의할 때 거래비용

189 미국 연방항소법원 판결인 Ultramares Corp. v. Touche (1932) 174 N.E. 441에서 유래되었다고 한다.

190 대법원도 "보험약관은 신의성실의 원칙에 따라 해당 약관의 목적과 취지를 고려하여 공정하고 합리적으로 해석하되, 개개 계약 당사자가 기도한 목적이나 의사를 참작하지 않고 평균적 고객의 이해가능성을 기준으로 보험단체 전체의 이해관계를 고려하여 객관적·획일적으로 해석"해야 한다고 한다(대법원 2019. 3. 14. 선고 2018다260930 판결 등).

191 대법원 2014. 6. 12. 선고 2013다214864 판결 등.

을 최소화하는 것은 효용극대화의 관점에서 정당화될 수 있다. 최근 대법원도 거래비용을 언급한 사례들이 하나 둘씩 늘고 있다.

### ① 금융기관의 조사의무와 거래비용 : 대법원 2007. 10. 25. 선고 2006다44791 판결

사안의 개요는 다음과 같다.

- A는 절취한 예금통장으로 B은행에서 예금을 인출
- 인출 과정에서 B은행 직원은 단순히 인감 대조 및 비밀번호 확인 등 통상적인 조사만을 하였고, 청구인의 신원을 확인하거나 예금주에게 연락하거나 하지 않음
- 이후 본래 예금주(원고)가 B은행을 상대로 예금반환을 청구
- 은행은 이미 예금을 반환하였다고 주장하고, 예금주는 선행 인출은 무효라고 주장(혹은 은행의 손해배상책임 주장)

예금주(피해자)의 예금반환청구가 인용될 것인가? 이는 위 사안에서 A의 예금인출을 무효로 볼 것인지의 문제이고, 결국 사안의 쟁점은 절취한 예금통장으로 인출하고자 하는 경우 은행의 본인확인의무의 정도가 어디까지인지의 문제이다. 피해자는 은행에서 그러한 확인을 제대로 하였다면 자신이 손해를 입지 않았을 것이라고 주장한다. 반면 은행은 채권준점유자에 대한 변제 법리(민법 제470조)를 주장한다.

민법 제470조가 적용되려면 변제자의 선의, 무과실이 인정되어야 한다. 은행은 무과실을 주장하면서, 피해자 주장과 같은 엄격한 본인확인의무를 인정하는 것은 은행의 현실과 맞지 않다는 볼멘소리를 하였을 것이다. 반면 피해자는 정확한 예금주를 확인하지 않은 것이 어떻게 무과실일 수 있냐고 반박하였을 것이다. 원심은 피해자 보호를 중시하여 고객 주장을 받아들였다.[192] 하지만 대법원은 다음과 같은 논리로 원심을 파기하였다.

> "인감 대조와 비밀번호의 확인 등 통상적인 조사만으로 예금을 지급하는 금융거래의 관행이 금융기관이 대량의 사무를 원활하게 처리하기 위한 필요에서 만들어진

192 광주고등법원 2006. 6. 14. 선고 2005나8902 판결.

것이기도 하지만, 다른 한편으로는 예금인출의 편리성이라는 예금자의 이익도 고려된 것인 점, 비밀번호가 가지는 성질에 비추어 비밀번호까지 일치하는 경우에는 금융기관이 그 예금인출권한에 대하여 의심을 가지기는 어려운 것으로 보이는 점, **금융기관에게 추가적인 확인의무를 부과하는 것보다는 예금자에게 비밀번호 등의 관리를 철저히 하도록 요구하는 것이 사회 전체적인 거래비용을 줄일 수 있는 것으로 보이는 점** 등을 참작하여 신중하게 판단하여야 한다."

이러한 결론의 정당성은 사회적 비용배분의 결과라는 측면에서 확인된다. 만일 대법원이 위 사건의 피해자 주장을 받아들였다면 은행들은 인출시마다 더 철저한 본인확인을 할 수밖에 없을 것이다. 이는 예금사고를 막을 수 있는 장점이 있겠지만 다른 한편으로 적지 않은 사회적 비용이 소요될 것이다. 은행이 더 많은 인력과 비용을 투입하여야 한다는 점 외에 본인확인에 엄청난 시간이 소요되는 결과 국가경제의 혈류와 같은 금융거래의 신속성이 현저히 떨어질 수 있기 때문이다. 대법원은 그러한 비용지출이 사회경제적 낭비라고 본 것이다.

### ② 우편 오배달과 국가배상, 거래비용 : 대법원 2009. 7. 23. 선고 2006다81325 판결

위 대법원 판결은 특별손해의 쟁점으로 알려져 있는 판결이지만, 거래비용 문제를 다룬 사안이기도 하다. 사안의 개요는 다음과 같다.

- A 보험회사는 고객 B에게 계약해지 통보를 하기 위해 내용증명 우편을 발송함
- 집배원은 배달이 되지 않았음에도 마치 배달이 된 것처럼 송달처리
- 그에 따라 계약해지 효과가 발생하지 않아 A가 손해를 입음 : 국가배상청구 소송제기

결국 쟁점은 집배원이 내용증명우편이 배달되지 않았음에도 마치 배달된 것처럼 송달처리한 경우 국가가 손해배상책임(국가배상, 이행이익 상당의 손해배상책임)을 부담하는지 여부였다.[193] 원심은 손해배상책임을 인정하였다.[194] 하지만 대법

193 집배원의 과실이 있으므로 정신적 손해에 대한 위자료를 청구할 수 있다는 점에는 다툼이 없었고, 보험사가 실제 입은 손해에 대한 배상책임이 인정되는지가 문제된 사안이다.

194 서울중앙지방법원 2006. 11. 3. 선고 2006나8848 판결.

원은 원심을 파기하였다. 대법원은 파기의 이유 가운데 하나로 거래비용 문제를 언급하였다.

> "내용증명우편물에는 거래관계의 이행·성립·소멸 등에 중요한 영향을 미치는 의사표시가 담겨 있을 수 있다. 그러나 위와 같이 접수우체국에서는 발송인 등과 제3자의 거래내용을 일일이 확인하여 차등을 두어 우편역무를 제공하지 않고 있고, 그 우편물에 담긴 의사표시가 도달되지 않거나 그 도달에 관한 증명기능이 발휘되지 아니할 경우 그 거래에 관련하여 발생할 수 있는 손해의 발생 위험까지 감안하여 요금 등을 책정하고 우편역무를 제공하는 것이 아니며, 나아가 이를 배달하는 우편집배원으로서도 일반적으로 그와 같은 거래관계의 존부 및 내용을 **예견할 수 없음에도 불구하고,** 그 우편물에 담긴 의사표시가 도달되지 않거나 그 도달에 관한 증명기능이 발휘되지 아니할 경우 발생할 수 있는 손해에 대해서까지 국가에 손해배상책임을 **부담시키게 된다면**, 발송인 등이 제3자와 개별적으로 맺은 각양각색의 거래관계와 관련하여 발생한 손해에 대하여 무차별적으로 국가에 책임을 추궁하고, 그 거래관계를 둘러싼 분쟁에 국가를 끌어들여 많은 노력과 **비용을 지출하는 결과를 초래**하게 된다.
> 이는 결과발생에 대한 예견가능성의 범위를 넘어서는 것임은 물론이고, **한정된 인원과 비용의 제약 아래 대량의 우편물을 신속·원활하면서도 저렴한 비용으로 널리 공평하게 우편역무를 제공함으로써 공공의 복지증진에 기여하려는 구 우편법의 목적과 기능 및 그 보호법익의 보호범위를 넘어서는 것**이다."

내용증명이라는 제도는 우체국이 우편물의 내용에 관계 없이 모든 우편물을 저렴한 비용으로 신속, 원활하게 배달하게끔 하는 방식으로 설계되어 있으므로, 그 이상의 조사의무를 부담하게 할 수 없다는 취지이다. 위 사건에서도 물론 법해석은 중요하다. 국가배상법 제2조 제1항이 그것이며, 그 실질은 민법 제750조와 같다. 하지만 이러한 조항들은 매우 추상적이다. 따라서 당해 사건에서 문제되는 사실관계를 토대로 구체적으로 문제되는 주의의무의 정도 및 위법성 여부의 판단은 법해석의 실질을 구성한다. 그러한 판단 가운데 위와 같은 사회적 비용에 대한 고려는 결정적인 요소일 수 있다.[195]

195 참고로 위 판결과 달리 특별송달우편물이 문제된 대법원 2009. 7. 23. 선고 2006다87798 판결은 국가배상책임을 인정하였다(우편법 시행규칙 제62조 제2항이 특별송달우편물을 발송할 때에는 그 표면의 왼쪽 중간에 "특별송달"의 표시를 하고, 그 뒷면에 송달상 필요한 사항을 기재한 우편

### ③ 개인정보보호의 사회적 비용 : 대법원 2018. 1. 25. 선고 2015다24904, 24911, 24928, 24935 판결 등

위 사건은 최근 빈번하게 문제되는 개인정보유출 사안이다. 포털사업자가 해킹사고로 회원들의 개인정보를 유출당한 경우 회원들에게 손해배상책임을 부담하는지가 문제되었다. 대법원은 피고측 개인정보취급자가 작업 종료 후 로그아웃 되도록 할 주의의무를 부담하는 것은 맞지만, 그와 무관하게 해커들이 이미 중앙서버에 접근할 수 있는 기술을 획득하여 개인정보를 취득한 이상 그와 같은 보호조치 미이행과 해킹사고 발생 사이의 인과관계가 인정될 수 없다고 보았다. 대법원은 그러한 판단을 위해 다음과 같은 논리를 전개한다.

> "그러므로 정보통신서비스 제공자가 구 정보통신망법 제28조 제1항이나 정보통신서비스 이용계약에 따른 개인정보의 안전성 확보에 필요한 보호조치를 취하여야 할 법률상 또는 계약상 의무를 위반하였는지 여부를 판단함에 있어서는, 해킹 등 침해사고 당시 보편적으로 알려져 있는 정보보안의 기술 수준, 정보통신서비스 제공자의 업종·영업규모와 정보통신서비스 제공자가 취하고 있던 전체적인 보안조치의 내용, **정보보안에 필요한 경제적 비용 및 그 효용의 정도**, 해킹기술의 수준과 정보보안기술의 발전 정도에 따른 피해 발생의 회피 가능성, 정보통신서비스 제공자가 수집한 개인정보의 내용과 개인정보의 누출로 인하여 이용자가 입게 되는 피해의 정도 등의 사정을 종합적으로 고려하여 정보통신서비스 제공자가 해킹 등 침해사고 당시 사회통념상 합리적으로 기대 가능한 정도의 보호조치를 다하였는지 여부를 기준으로 판단하여야 한다."

법리적 측면에서 위 사건에서 문제된 쟁점은 정보통신망법 제28조 제1항의 해석 문제지만 그 해석을 위해서는 결국 위와 같은 여러 사실적인 문제들이 고려되어야 한다. 그러한 고려요소의 핵심적 내용 중 하나는 정보보안을 위해 소요되

송달통지서 용지를 첨부하여야 하도록 규정하고 있고, 법원의 송달실무상 특별송달우편물을 발송할 때 첨부하는 우편송달통지서 양식에는 법원사무관 등이 '송달서류', '발송하는 사람', '송달받을 사람'을 기재하고, '송달서류'란에는 예컨대 압류 및 전부명령 결정정본 등 '송달서류'의 명칭을 특정할 수 있도록 기재하는 것이 일반적인 점 등이 고려되었음).

는 사회적 비용 문제이다. 위 사건 역시 사회적 비용부담의 문제가 법해석의 실질적 내용을 구성하는 사안이다.

#### ④ 채권양도금지특약의 사회적 효용 : 대법원 2019. 12. 19. 선고 2016다24284 판결(전)

위 사건은 채권양도금지특약의 효력을 물권적·대세적으로 볼 것인지, 채권적·대인적으로 볼 것인지가 문제된 사안이다. 물권적 효력설은 양도금지특약의 효과는 대세적인데, 다만 선의의 제3자는 예외라는 견해이다. 반면 채권적 효력설은 양도금지특약의 효력은 제3자에게 미치지 않지만 제3자가 악의인 경우 예외라는 입장이다.[196] 대법원의 다수의견과 반대의견은 ① 민법 제449조의 해석론, ② 계약법의 기본원리, ③ 물권과 채권의 관계, ④ 다른 법제도와의 조화, ⑤ 증명책임, ⑥ 선의의 제3자 보호 등 다양한 쟁점에서 공방을 벌인다. 그러한 법이론적 논쟁에 더하여 ⑦ 결과고려 논거도 제시된다. 특히 채권적 효력설을 주장하는 반대의견은 이 점을 반복하여 강조한다.

> "양도금지특약으로 채권의 양도성이 상실된다고 보면, 채권자는 채권양도를 통한 자금조달수단을 상실하고 자산으로서의 채권 활용범위가 축소되는 불이익을 입는다. 양도금지특약에 반하는 채권양도를 원칙적으로 무효로 보면 양수인으로서도 채권 자체를 취득하지 못할 법적 위험에 직면한다. 양수인이 양도금지특약의 존재를 인식하기 쉽지 않고 그로 하여금 일일이 원래의 계약 내용을 확인하도록 하는 것은 불가피하게 불필요한 거래비용을 증가시킨다."

이와 같은 사회적 비용이 문제될 뿐만 아니라, 채권적 효력설을 따를 때 사회적 효용극대화가 일어난다는 점을 다음과 같이 논증한다.

> "자본의 신속하고 원활한 순환이 요구되는 현대사회에서는 채권양도의 자금조달수단 기능과 가치가 확산되고 있다. 사회경제적으로 새로운 금융기법이 개발되고

196 따라서 이는 이론구성 및 증명책임에 관한 견해 차이일 뿐 결과는 동일하다. 나아가 대법원 판례는 물권적 효력설을 취하면서도 증명책임은 채권적 효력설에 따르므로(대법원 1999. 12. 28. 선고 99다8834 판결 등) 결국 두 의견의 대립은 이론적인 것에 지나지 않는다.

금융산업 발전이 전체산업 발전을 선도하는 상황에 이르러 채권거래의 형태가 다양해지고 그 규모와 빈도가 점진적으로 증가하면서 채권의 재산적 성격과 담보로서의 중요성이 강조될 수밖에 없다. 재산권의 귀속주체인 채권자가 이를 처분하여 **투하자본의 조기회수라는 경제적 목적을 달성할 수 있도록 더욱 자유로운 양도가능성이 보장**되어야 한다."

이 사건은 앞서 본 판례들에 비해 법리적 쟁점들의 비중이 커서 사회적 비용부담 문제는 방론적인 쟁점에 그친다. 앞서 언급한 것처럼 결과고려 논증과 법해석과의 관계는 사안마다 다르다. 즉, 법해석의 실질적 내용을 구성하는 사안에서 방론적, 부수적 쟁점에 불과한 사안까지 다양한 스펙트럼을 가진다. 하지만 비중이 떨어진다고 하여 어려운 사건에서 그러한 논증이 결론과 무관하다고 단정할 수는 없다.

### ⑤ 관습법상 법정지상권과 거래비용 : 대법원 2022. 7. 21. 선고 2017다236749 판결(전)

위 사건은 대법원에서 관습법상 법정지상권의 적법성 여부가 다투어진 사안이다. 관습법상 법정지상권은 일제강점기부터 판례에 의해 확립된 법리이다.[197] 비록 학자들의 많은 비판을 받았지만 적어도 판례법리로 흔들림 없이 인정되어 왔다. 위 사건에서도 다수의견은 관습법으로서의 요건 충족 여부, 제도 존치의 현실적 필요성 등 여러 논거로 적법성을 긍정하였다. 지면관계상 길게 논할 수 없지만 반대의견은 다수의견의 논거들을 하나하나 반박하며, 이제는 관습법상 법정지상권을 폐기할 시점이 되었다고 주장하였다.[198] 그러한 논거들 가운데 다음 부분은 사회적 비용에 관한 논증이다.

"어떠한 토지를 취득하려는 사람이 등기로 공시되지 않는 법정지상권의 부담을 피하려면 해당 토지에 관습법상 법정지상권의 성립 요건이 갖추어졌는지 여부를 조사해야 한다. 매매, 증여와 같이 법률행위로 토지 소유자와 건물 소유자가 달라진

197 위 판결의 반대의견은 "관습법상 법정지상권에 관한 판례는 조선고등법원 1916. 9. 29. 판결에서 유래한다."고 한다.

198 반대의견은 김재형 대법관에 의해 개진되었다.

경우 건물 소유자가 지상권 등을 확보하지 못하여 건물을 철거해야 하는 불이익이나 위험은 건물 소유자가 부담해야 한다. 건물 소유자는 그 소유권을 취득하는 과정에서 토지 소유자와 교섭을 할 수 있었기 때문에, 건물을 소유하기 위하여 지상권 등을 확보하지 못한 건물 소유자를 보호할 필요가 없다. **토지와 그 지상 건물의 소유자가 달라질 때 관습법상 법정지상권이 인정되지 않아야 토지의 사용관계에 관한 자발적인 교섭을 촉진할 것이다.** 토지의 사용관계에 관하여 교섭하는 비용이 관습법상 법정지상권에 관한 조사비용이나 관습법상 법정지상권의 존부를 둘러싼 **사회적 비용**보다 훨씬 적다. 따라서 관습법상 법정지상권을 부정하는 방향이 거래비용을 줄이고 사회 전체의 효율과 공익을 증진시키는 길이다."

위 사건에서도 사회적 거래비용 문제는 방론적 쟁점이었다. 핵심적 견해대립의 출발점은 관습법상 법정지상권이 관습법으로서의 요건을 갖추었는지 여부였고, 그 외에 민법상 법정지상권과의 관계, 토지소유자의 권리보호 문제 등 다양한 법리적 쟁점들이 존재하였기 때문이다.

## 3. 마무리, 더 생각해볼 점

사회적 비용부담 문제는 이론적으로 생각해 볼 점이 상당히 많다. 몇 가지만을 지적하고자 한다.

### (1) 이론적 배경과 다양한 스펙트럼의 문제

사회적 비용부담 문제는 법이론, 법철학의 논의와 깊은 관련을 갖는다. 한 때 베스트셀러였던 마이클 샌들(M. Sandel)의 『정의란 무엇인가』의 첫 질문은 유명한 '트롤리의 딜레마(Trolley dilemma)'이다.[199] 이 질문은 윤리학과 정치철학의 고전적 대립인 의무론과 목적론의 대립을 상징한다.[200] 이러한 입장 차이는 법철학에서 원리주의와 실용주의의 대립과 유사하나, 위에서 본 것처럼 거래비용을 고려

199 브레이크가 고장난 트롤리 기차가 달리고 있고, 레일 위에는 5명의 인부가 있어, 이대로 달린다면 5명은 죽게 되는 상황에서 트롤리의 방향을 바꿔 1명을 죽일 것인가의 문제.

200 의무론은 도덕적 원칙을 강조하는 입장이고(대표학자인 칸트에 따라 칸트주의라고도 한다), 목적론은 행위의 결과를 중시하는 공리주의적 입장을 의미한다.

하는 정책논증은 사회적 효용 극대화를 추구한다. 반면 법이 규정한 권리의무의 판단에서 그러한 파급효과는 고려되지 않아야 한다는 원리주의는 반(反)공리주의적 의무론 입장에 가깝다.

다만 실제 법적 논증에서 이러한 대립을 너무 이론적, 추상적으로 다루거나, 양극단의 문제로 단순화하는 방식의 이해는 적절하지 않다. 앞서 본 바와 같이 결과고려 논증이 당해 사건에서 차지하는 비중은 사건마다 다르다. 법해석론은 법적 논증의 출발점이고 항상 최우선적 논거이기는 하지만, 법해석 자체가 모호하고 그 범위가 넓어서 결과고려 논증이 법해석의 실질적 내용을 구성하는 사안부터 단지 부수적, 지엽적, 방론적 논거로만 활용되는 사안까지 다양한 스펙트럼이 있기 때문이다.

### (2) 2차 결과의 문제

위에서 본 사회적 비용은 2차 결과를 야기할 수 있으며, 이 역시 논쟁의 대상이 될 수 있다.[201] 가령 저당권설정비용사건에서 법원이 고객 측 손을 들어줄 경우 은행의 비용부담은 1차적 결과이다. 그런데 그것이 장기적으로 은행으로 하여금 이를 회피하기 위해 다른 고객에 대한 수수료 인상 등으로 비용부담을 제3자에 전가하게끔 하는 결과를 초래할 수 있다. 반면 고객에게 이를 부담시킬 경우 서민들이 근저당권설정비용부담 때문에 다른 담보장치를 찾을 수 있으며, 그것이 오히려 은행의 이윤창출 기회를 축소하는 결과가 될 수도 있다. 이러한 결과들은 모두 2차 결과로서 1차 결과와는 또 다른 문제이다. 물론 이러한 2차 결과는 더 입증이 어렵고, 인과관계의 측면에서 개연성이 떨어지는 한계가 있다. 아무튼 이러한 다양한 결과들이 2차 결과로 문제될 수 있다는 점 또한 염두에 둘 필요가 있다.

201 적응결과, 2차 결과 등 결과의 종류에 관한 이론적 분석으로는, 이계일, 앞의 논문, 123~132면 참조. 이계일 교수는 법적 결과와 경험적 결과, 개별적 결과와 일반적 결과, 특수한 결과와 일반적 결과, 정태적 결과와 적응결과, 직접 결과와 부수적 결과 등 다양한 분류법을 제시한다.

## II 제2유형 : 판결의 사회적 결과 - 부수적 파급효, 'slippery slope', 'camel's nose'

### 1. 들어가며

#### (1) 의미

결과고려 논증의 두 번째 유형은 판결이 야기하는 사회적 부수효과, 비경제 파급효과 등이다. 제도운영과 관련한 혼란, 불필요한 분쟁의 야기 등 부정적 부수효과가 그것이다. 앞서 본 제1유형이 경제적 결과라면 여기서 문제되는 것은 사회적 결과이다. 이 쟁점과 관련하여서도 법해석이 명확하다면 설령 부정적 부수효과가 예상된다고 하더라도 사법부는 법해석이 가리키는 방향대로 가는 것이 원칙이다. 하지만 법해석이 애매한 경우라면 가급적 부정적 결과를 회피하는 방향을 택하고자 하는 것도 당연하다. 나아가 법해석이 비교적 명확해 보이더라도 부정적 파급효과가 매우 중차대하다면 가능한 문언의 범위 내에서 축소해석을 시도할 수 있다.

#### (2) 법이론적 검토

실용주의 색채가 강한 영미법에서는 이러한 부수효과를 지칭하는 다양한 용어들이 발달해 있다. 가장 유명한 용어는 한 번 어떠한 결과를 용인하면 걷잡을 수 없는 파급효과가 발생한다는 취지의 '미끄러운 비탈길'(slippery slope) 논리이고, '낙타의 코'(camel's nose)도 유사한 의미이다.[202] 사막에 사는 낙타가 추위를 못 견뎌 텐트에 들어오고자 하는데, 이를 허용하면 처음에는 코만 들이밀다가 결국에는 텐트 안을 다 차지한다는 비유이다. 앞서 언급한 '수문 원칙'(floodgates principle)도 같은 맥락이다.

우리 실무의 법적 논증에서도 이러한 논리는 심심치 않게 활용된다. 특정 결론을 허용하면 부정적 파급효과가 걷잡을 수 없이 커질 수 있으므로 그러한 결과를 허용할 수 없다는 것이다. 다만 이러한 논증에도 몇 가지 세부유형이 있으며, 각

202 Joel P. Trachtman, The Tools of Argument, Trachtman, 2013, p.105.

유형 별로 법리적 타당성 여부 등에 관해 생각해 볼 점들이 많다. 특히 이 유형은 결과고려 논증에 대한 비판이 집중되는 입증가능성의 문제가 두드러진다. 뒤에서 보겠지만 심지어 대법원 판결에서도 이러한 논증은 별다른 검증 없이 투망식 주장처럼 이루어지는 경우가 있다. 누가 보더라도 논리비약인 경우이다. 구체적 사례들을 통해 확인해 보자.

## 2. 구체적 사례들

아래 각 사례들에서도 결과고려 논증과 법해석론의 관계가 저마다 다르다는 점에 주목할 필요가 있다. 어떤 사례는 결과고려 논증이 법해석론의 실체적 내용을 이루고 있는 반면 어떤 사례는 결과고려 논증이 법해석론과 분리되어 방론적, 부가적 논거에 그친다. 어떤 결과고려 논증은 상당히 설득력이 있는 반면 어떤 것은 그렇지 않다.

### (1) 도서정가제의 형해화 우려 : 대법원 2019. 9. 10.자 2019마5464 결정

위 사건은 통신판매중개업자가 출판문화산업진흥법이 정한 도서정가제 준수의무를 부담하는 간행물 판매자에 해당하는지가 문제된 사안이다. 출판문화산업진흥법에 의하면 '간행물 판매자'는 동법 제22조 제4항, 제5항에 따라 도서정가제 준수의무를 부담하는 자이다. 법해석상 이는 소비자와 간행물에 대한 매매계약을 체결하는 매도인을 의미한다. 따라서 문언상으로는 통신판매중개업자는 '판매자'에 해당한다고 보기 어렵다. 하지만, 대법원은 문언의 한계를 벗어나지 않는 목적론적 확대해석은 가능하다는 일반론적 전제 하에[203] 이를 긍정하였다. 그리고 그 핵심적 근거 가운데 하나로 아래와 같은 결과고려 논거를 제시한다(그리고 그것이 실질적 이유였다는 것이 일반적인 견해로 보인다).[204]

---

203 "침익적 행정처분의 근거가 되는 행정법규는 엄격하게 해석·적용하여야 하고 행정처분의 상대방에게 불리한 방향으로 지나치게 확장해석하거나 유추해석해서는 안 된다. 그러나 문언의 통상적인 의미를 벗어나지 않는 한 그 입법 취지와 목적 등을 고려한 목적론적 해석은 허용된다(대법원 2018. 11. 29. 선고 2018두48601 판결 등 참조)."

204 김대휘, 『법철학과 법이론 입문』, 성안당, 2021, 258면; 이계일, "최근 대법원 전원합의체 판결에

“도서정가제는 출판법 제6장에서 규율하고 있는 간행물 유통질서의 매우 중요한 부분에 해당한다. 만약 도서정가제의 수범자인 ‘간행물 판매자’를 좁은 의미의 ‘매도인’으로 한정하여 해석할 경우 간행물 유통 관련자들이 법형식을 남용하여 **도서정가제가 형해화될 우려가 있다**.” (중략)
도서정가제의 핵심은 간행물의 최종 판매가격이 정가의 85% 이상이 되어야 한다는 것이다. 통상적으로 최종 판매가격은 매도인과 매수인 사이의 합의에 따라 결정되나, 오픈마켓에서는 운영자가 간행물의 매도인과는 별도로 대금 결제 단계에서 최종 판매가격을 결정할 수 있고, 그로 인해 매수인(소비자)은 정가의 85% 미만의 대가를 지불하고 간행물을 구입할 수 있게 된다. 오픈마켓 운영자가 도서정가제를 위반하여 간행물의 최종 판매가격을 임의로 결정하는 것은 출판법이 허용하고 있는 경쟁의 자유를 넘어선 것으로서, **통신판매중개업자라는 이유로 이를 허용할 경우 도서정가제가 형해화되는 결과가 초래된다**.

이처럼 대법원이 문언의 범위를 넘는 해석을 한 근거가 도서정가제의 형해화 방지라는 현실적 문제이므로, 이 사례는 결과고려 논증이 판결의 결론에 중대한 영향을 미친 사례라고 할 수 있다.

### (2) 민투법상 실시협약에 따른 해지권 허용과 도덕적 해이 : 대법원 2021. 5. 6. 선고 2017다273441 판결(전)

위 대법원 판결은 사회기반시설에 대한 민간투자법(이하 “민투법”)에 의한 실시협약의 주체인 사업자가 파산한 경우 파산관재인이 채무자 회생 및 파산에 관한 법률(이하 “채무자회생법”)상 미이행 쌍무계약임을 이유로 해지가 가능한 것인지가 다투어진 사안이다.

학계 및 실무에서도 많은 논쟁을 불러일으킨 매우 중요한 판결이고, 법리적 쟁점들도 쟁쟁하다. 법해석상 핵심 쟁점은 (i) 민투법상 민간투자사업이 해지된 경우 쌍방의 원상회복의무가 채무자회생법상 미이행쌍무계약인지(채무자회생법 제119조),[205] (ii) 그리고 그에 따라 실시협약상 해지시지급금이 인정될 수 있는지의

있어 해석논거 투입과 의견분기의 양상에 대한 비판적 분석”, 「법철학연구」 제25권 제2호, 2022, 93면 참조

205 제119조(쌍방미이행 쌍무계약에 관한 선택) ① 쌍무계약에 관하여 채무자와 그 상대방이 모두 회생절차개시 당시에 아직 그 이행을 완료하지 아니한 때에는 관리인은 계약을 해제 또는 해지하

두 가지였다. 해지시지급금이란 말 그대로 계약해지시 사업자로 하여금 투자금 일부를 회수할 수 있도록 하는 금원을 의미한다. 이는 민투법상 실시협약에 특이한 제도로서, 민사법의 일반법리와 달리 상대방 귀책사유가 아닌 자신의 귀책사유로 인한 해지의 경우에도 일정 범위에서 투자금을 회수할 수 있도록 한 점이 특징이다. 이는 대규모 공공사업에 민간투자를 유치하기 위한 유인제공의 성격을 갖는다.

쉽게 말해 사업이 망해도 사업자는 최소한 원금의 전부 또는 일부를 건질 수 있게 된다. 따라서 해지시지급금을 너무 쉽게 인정해주면 사업자들이 정교한 리스크 분석 없이 사업에 뛰어드는 문제가 생길 수 있다. 그 경우 지자체가 막대한 재정부담을 떠안게 되는 문제도 있다. 미이행쌍무계약이니 해지시지급금이니 하는 어려운 법개념 배후에 존재하는 실질적 문제는 바로 그러한 비용부담 내지 위험부담의 문제, 도덕적 해이의 문제였다. 다수의견은 미이행쌍무계약이 아니라고 보아 사업자의 해지시지급금 청구권을 부정하였는데, 법리적 분석 외에 다음과 같은 판결이유 부분이 그러하다.

> "이는 사업시행자의 파산으로 인한 해지 시 국가 등이 부담하는 채무 및 손해를 모두 공제하도록 함으로써 조기 운영 중단으로 인한 손해가 피고에게 부당하게 전가되는 것을 방지하기 위한 실시협약의 문언에 반한다. 궁극적으로 사업시행자 및 사업시행자의 채권자들이 **사회기반시설의 운영 위험에 무관심해지고**, **운영부진 시 파산절차를 이용하여 국가 등으로부터 일시에 비용을 회수하려고 시도하게 될 우려**가 있어 민간투자사업 전반에 막대한 **도덕적 해이를 유발**한다."

만일 해지를 인정하면 사업시행자는 주무관청에게 해지시지급금을 청구하여 손실을 보전할 수 있게 되는데, 다수의견은 그러한 결과는 사업시행자로 하여금 도덕적 해이를 유발할 수 있고, 이는 사회적으로 바람직하지 않은 결과가 된다는 것이다. 하지만 반대의견은 이러한 결론이 법리적으로 타당하지 않다고 비판한다. 이러한 견해 대립은 제1유형에서 본 원리논증과 정책논증의 전형적 대립과 다르지 않다.

학설상으로는 법리적으로 볼 때 사업자가 파산한 경우 미이행쌍무계약으

거나 채무자의 채무를 이행하고 상대방의 채무이행을 청구할 수 있다. (단서 생략)

로 보는 것이 타당하다는 견해가 더 우세한 것으로 보인다. 그러한 견해에 의할 때 다수의견에 대해서는 정책판단을 앞세워 무리한 법해석을 하였다는 비판이 가능하다.[206]

### (3) 사법제도에 대한 불신 조장 : 대법원 2011. 9. 2. 선고 2008다42430 판결(전)

위 사건은 변호사들의 개인신상정보를 토대로 변호사들의 인맥지수를 산출하여 공개하는 서비스를 제공한 것이 변호사들의 개인정보에 관한 인격권을 침해한 것인지가 문제된 사안이다. 변호사들의 인맥지수를 활용해서 영리행위를 한 것은 일응 부당해 보이지만, 그것이 변호사들의 인격권을 침해했다는 논리는 다소 어색하다. 반대의견은 그 점을 지적하면서 인격권 침해를 인정한 다수의견을 비판하였다. 다수의견은 법리적으로 인격권 침해가 인정된다고 주장하지만, 그 배후에는 다음과 같은 결과고려 논증이 존재한 것이 아닌가 생각된다.

> "그리고 인맥지수 서비스는 사회 일각의 사법불신 풍조에 편승하여 법조인 간의 친밀도가 재판과 수사에도 영향을 미친다는 인식에서 출발한 것이고, 그 서비스를 필요로 하는 이용자들도 주로 그러한 인식하에서 서비스에 접근할 것이므로, 인맥지수 서비스가 통용된다면 위와 같은 일반의 그릇된 인식이 심화되고 **결과적으로** 재판이나 수사의 공정성에 대한 **불필요한 의심이 조장될 우려**가 크다." (중략)
> "… 나아가 우연히 유리한 인맥지수가 제공된 특정 변호사는 다른 변호사와의 경쟁에서 우위를 점할 수 있게 되고 그러한 우월적 지위는 인맥이라는 **정당하지 않은 근거를 바탕으로 하는 것**이어서 위와 같은 인맥지수 서비스는 변호사의 **공정한 수임질서를 저해할 우려**도 있다."

이에 대해 반대의견은 다수의견이 법리적으로 맞지 않다고 주장하는 외에 다음과 같이 다수의견이 제시한 결과고려 논증의 입증가능성 문제를 지적한다.

206 대표적으로 권영준, "2021년 민법 판례 동향", 서울대학교 「법학」 제63권 제1호, 2022, 296면 참조.

> "그로 인하여 변호사 시장의 공정한 수임질서가 **실제로 해쳐졌다고 볼 만한 자료도 없다**. 나아가 … 재판이나 수사의 공정성에 대한 불필요한 의심을 조장할 우려가 있다거나 변호사의 공정한 수임질서를 저해할 우려가 있다는 것은 추상적인 위험에 불과한 것으로서, 이를 이유로 헌법상 표현의 자유 내지 영업의 자유를 제한하는 것은 기본권에 대한 과도한 제한으로서 쉽게 허용될 수 없다."

이 사건 역시 민사법의 법리와 무관한 결과고려 논증이 판결의 결론에 영향을 미친 사안으로 볼 수 있다. 특히 반대의견이 지적하는 것처럼 다수의견의 논리가 법리적 관점에서 다소 어색한 점에 비추어도 그러하다.

### (4) 공직사회에 대한 위축효과 : 대법원 2020. 1. 30. 선고 2018도2236 판결(전)

위 대법원 판결은 박근혜 정부 시절 진보성향의 인사들에게 문화예술지원정책을 축소 적용한 행위가 직권남용권리행사방해죄가 되는지가 문제된 사안이다. 원심은 기소된 죄명들 대부분 유죄로 인정하였는데, 대법원은 일부 행위에 대해 무죄취지로 파기하였다.[207] 대법원은 다음과 같은 논리로 일반적 행정업무에 대해 쉽게 직권남용권리행사방해죄를 인정해서는 안 된다고 하였다.

> "공무원이 처벌 대상이 되는 행위와 결과를 예측하지 못하면 형사처벌 대상이 될 수 있다는 가능성만으로도 능동적인 직무수행을 하지 못하고 **소극적·수동적으로 직무를 수행할 수밖에 없게 된다**. 나아가 행정조직의 계통 구조, 협동·조정은 제대로 작동되지 않을 것이다. 일반 사인과 달리 공무원에게는 높은 도덕성까지 요구되는 것에 비추어 보면, 설령 직권남용권리행사방해죄로 기소된 후 법원에서 무죄판결을 받을 수 있는 경우라 하더라도 수사의 대상이 되거나 공소제기가 될 수 있다는 **우려만으로도 위와 같은 현상은 발생**할 수 있다."

207 구체적으로, 위와 같은 지원배제 지시는 '직권남용'에 해당하고, 위 지원배제 지시로써 문화체육관광부 공무원이 한국문화예술위원회·영화진흥위원회·한국출판문화산업진흥원 직원들로 하여금 지원배제 방침이 관철될 때까지 사업진행 절차를 중단하는 행위, 지원배제 대상자에게 불리한 사정을 부각시켜 심의위원에게 전달하는 행위 등을 하게 한 것은 '의무 없는 일을 하게 한 때'에 해당하나, 문화체육관광부 공무원에게 각종 명단을 송부하게 한 행위, 공모사업 진행 중 수시로 심의 진행 상황을 보고하게 한 행위는 그에 해당하지 않는다고 하였다.

만일 공무원의 통상적 업무 범위에 속하는 것임에도 사법부의 판결이 그에 대해 형사처벌이 가능하다는 메시지를 주게 되면 공무원들에게 지나친 위축효과를 야기할 수 있고, 이는 장기적으로 전체사회에 부정적 결과를 가져올 우려가 있다는 취지이다.

### (5) 차별의 조장 : 대법원 2021. 9. 30. 선고 2021므12320, 12337 판결

위 사건은 한국인 남편과 베트남 출신 부인의 이혼과 관련하여 양육자 지정이 문제된 사안이다. 원심은 한국인 남편을 양육자로 정하면서 그 주요 근거로 엄마가 베트남인으로 한국어가 서툴다는 점을 들었다.[208] 대법원은 다음과 같이 판시하면서 원심을 파기하였다.

> "대한민국은 공교육이나 기타 교육여건이 확립되어 있어 미성년 자녀가 한국어를 습득하고 연습할 기회를 충분히 보장하고 있으므로, 외국인 부모의 한국어 소통능력이 미성년 자녀의 건전한 성장과 복지에 있어 중요한 의미를 가진다고 보기 어렵다. 오히려 가정법원은 양육자 지정에 있어 **한국어 소통능력에 대한 고려가** 자칫 출신 국가 등을 **차별하는 의도에서 비롯되거나 차별하는 결과를 낳게 될 수 있다는 점**, 외국인 부모의 모국어 및 모국문화에 대한 이해 역시 자녀의 자아 존중감 형성에 중요한 요소가 된다는 점 등에 대해서도 유의하여야 한다."

양육자 지정과 관련하여 전 세계적으로 확립된 법리는 '아동의 최선 이익(the best interests of the child) 원칙'이다. 유엔아동권리협약 제3조, 제12조도 이 점을 규정하고 있고,[209] 우리나라 가사소송법 개정안도 제1조에서 이 점을 추가할 것을 예정하고 있다.[210] 아동의 최선 이익이라는 개념도 해석이 필요하기는 하지만, 적

---

208 전주지방법원 2021. 4. 8. 선고 2020르293, 309 판결.

209 Article 3. (1) In all actions concerning children, whether undertaken by public or private social welfare institutions, courts of law, administrative authorities or legislative bodies, the best interests of the child shall be a primary consideration.

210 가사소송법 개정안 제1조는 "제1조(목적) 이 법은 인격의 존엄과 양성의 평등 및 미성년 자녀의 복리 보호를 위하여 가사에 관한 소송과 비송 및 조정에 관한 절차를 규정함을 목적으로 한다."라고 규정하는데, 밑줄 친 부분은 현행법에는 없는 문구이다(현행 가사소송법 제1조 "이 법은 인격의 존엄과 남녀 평등을 기본으로 하고 가정의 평화 및 친족 간에 서로 돕는 미풍양속을 보존하고

어도 한국어 능력을 최우선으로 고려하는 것은 맞지 않다. 그보다는 자녀에 대한 애정과 관심 등 아동 양육에 필수적인 요소들이 우선되어야 하기 때문이다. 위 대법원 판결은 그러한 법리적 쟁점 외에 원심 판단에 의한다면 차별을 조장하는 부당한 결과를 초래할 수 있다는 점에서도 타당하지 않다는 점을 지적한 것이다.

### (6) 분쟁 가능성의 증대 : 대법원 2023. 5. 11. 선고 2017다35588, 35595 판결

위 대법원 판결은 취업규칙 변경 시 사회적 상당성이 인정된다면 근로자의 동의를 구하는 절차를 거치지 않아도 위법이 아니라는 기존 대법원 판례 법리를 폐기한 판결이다. 최근 노동법 판결 가운데 가장 중요한 판결 가운데 하나로, 다수의견은 절차적 요건은 실체의 내용과 무관하게 생략할 수 없다고 보았다(별개의견은 기존 판례에 따라 노동자들에게 실질적 불이익을 초래하는 것이 아니라면 절차생략이 가능하다고 함).

이 사건 역시 근로기준법 제94조의 해석론에서 시작하여 절차규정의 의미, 실체와 절차의 관계 등 다양한 법리적 쟁점에서 공방이 이루어졌다. 절차적 요건의 예외를 인정하지 않겠다는 다수의견이 제시한 여러 근거들 중 아래와 같은 점은 결과고려 논증의 한 유형이다.

> "그러나 **사회통념상 합리성이라는 개념 자체가 매우 불확정적이어서** 어느 정도에 이르러야 법적 규범성을 시인할 수 있는지 노동관계 당사자가 쉽게 알기 어려울 뿐만 아니라, 개별 사건에서 다툼의 대상이 되었을 때 그 인정 여부의 기준으로 대법원이 제시한 요소들을 종합적으로 고려한 법원의 판단 역시 사후적 평가일 수밖에 없는 한계가 있다. **이에 취업규칙 변경의 효력을 둘러싼 분쟁이 끊이지 않고 있고,** 그 유효성이 확정되지 않은 취업규칙의 적용에 따른 **법적 불안정성이 사용자나 근로자에게 끼치는 폐해 역시 적지 않았다**."

대법원 판결의 주요한 기능 중 하나는 법적 기준을 명확하게 함으로써 분쟁을 최소화하는 것이다. 따라서 특정결론이 법적 분쟁을 촉발하여 법적 안정성을 훼손

---

발전시키기 위하여 가사(家事)에 관한 소송(訴訟)과 비송(非訟) 및 조정(調停)에 대한 절차의 특례를 규정함을 목적으로 한다.").

한다면 그러한 결과를 낳지 않는 결론을 택해야 한다는 취지이다.

### (7) 양심적 병역거부의 인정과 국방력 약화 : 대법원 2018. 11. 1. 선고 2016도10912 판결(전)

미끄러운 비탈길 논거의 대표적인 또다른 예로는 양심적 병역거부 판결을 들 수 있다. 다음과 같은 반대의견의 결과고려 논증이 그러하다.

> 병역의무 이행을 국가와 사회에 대한 봉사와 희생으로 알고 명예롭게 여기면서 성실하게 임무를 수행 중인 국군 전체의 사기에 악영향을 미침으로써 전반적인 국토방위의 태세를 약화시키는 계기가 될 수 있다. 이로 인해 남·북한이 무력으로 대치하고 주변 강대국들로부터의 끊임없는 군사적 압박이 지속되는 안보적 위기 상황 속에서도 국방과 병역에 대한 규범적·제도적 신뢰를 토대로 유지되어 온 안전과 평화에 대한 국민적 신뢰는 순식간에 불신으로 바뀌게 될지 모른다. 국가안보에 대한 불안이 상존하는 상황에서는 지속 가능한 안전과 평화를 기초로 하여서만 가능할 수 있는 기본적 인권 보장의 헌법적 가치 실현은 요원해질 것이다.

이에 대해 다수의견은 다음과 같이 반박한다.

> 국가안전보장과 국토방위는 모든 국민의 존엄과 가치를 보장하기 위한 필수적 전제조건이고, 세계 유일의 분단국으로서 우리나라의 안보현실이 다른 나라들과 비교할 수 없을 정도로 엄중하다는 데에는 다수의견도 전적으로 뜻을 같이한다.
> 그러나 양심적 병역거부자들을 형사처벌하더라도 이들은 교도소에 수감될 뿐 병역자원이 되지는 않는데다가 우리나라의 경제력과 국방력, 국민의 높은 안보의식 등에 비추어 볼 때, 양심적 병역거부자들을 형사처벌하지 않는다고 하여 국가안전보장과 국토방위에 위협이 된다고 보기는 어렵다.

이 사건 역시 견해대립의 핵심은 병역법 제88조의 해석론과 헌법상 양심의 자유의 문제이므로 위와 같은 결과고려 논증은 방론적 쟁점에 그치는 것이다. 그러할 뿐만 아니라 두 의견이 제시하는 결과고려는 입증에도 분명한 한계가 있다.

반대의견에서 '국방의 약화'까지는 그렇다 치더라도 양심적 병역거부를 인정한다고 하여 '기본적 인권 보장의 헌법적 가치 실현이 요원해질 것'이라는 주장은 논리비약으로 느껴진다. 다수의견이 제시하는 것처럼 양심적 병역거부를 인정하는 것이 기본적 인권보장 실현으로 볼 여지도 많다. 또한 두 의견이 정반대의 결과를 예측한다는 것은 서론에서 언급한 것처럼 두 입장 가운데 하나는 틀린 것이거나 혹은 둘 다 부분적으로 잘못된 것이라는 추론이 가능하다.

## 3. 마무리

(1) 실무에서 판결의 파급효에 대한 주장은 다양한 방식으로 활용된다. 앞서 본 것처럼 판결은 개별적 분쟁해결의 도구이지만, 경우에 따라 다양한 방식으로 사회전체에 영향을 미치기 때문이다. 다만 사례들에서 본 것처럼 사안의 결론에 결정적인 영향을 미친 경우도 있고, 방론적, 부수적 논거에 그친 경우도 있다. 당해 논증이 법해석과 얼마나 밀접한 관련을 갖는지는 법규정 및 사안의 내용에 따라 편차가 있다.

(2) 계속 강조한 것처럼 이 유형은 입증가능성 여부가 가장 심각하게 문제되는 유형이다. 대표적 예로 사전자기록에도 유형위조가 적용되는지가 문제된 대법원 2020. 8. 27. 선고 2019도11294 전원합의체 판결의 아래 판결이유 부분을 보자.[211] 다수의견은 적용된다고 보았고, 반대의견은 부정하였다. 반대의견은 법해석론을 비롯한 여러 논거들을 제시하였는데, 그러한 논의의 마지막 부분에서 다음과 같이 주장한다.

> (다수의견의 해석에 따르면) "수사기관은 압수수색 과정에서 당초 수사 중인 피의사실과 관련된 증거를 발견하지 못하더라도 허위내용이 담긴 사전자기록을 발견하여 별건 수사에 활용하는 등 수사권 남용을 초래할 위험이 있다. 이 경우 회사의 경영활동이 위축될 수 있음은 쉽게 예상할 수 있다."

하지만 형법을 그렇게 해석한다고 해서 무분별한 별건수사로 수사권 남용이 초래될 수 있다는 예상이나, 그에서 더 나아가 기업의 경영위축이 우려된다는 주장은 근거도 증거도 부족한 논리비약이 아닌가 생각된다. 이 논증은 입증가능성 문제를 고려해서 조금 더 정제된 방식으로 전개될 필요가 있다.

211 이 판결에 대해서는 제3장 제3유형(입법자의 의사) 부분에서 살펴보았다.

## III 제3유형 : 판결의 논리적 결과 - 부당결과 회피논증, "absurd result rule"

### 1. 들어가며

#### (1) 의미

대법원 2020. 9. 3. 선고 2016두32992 전합 판결 중 대법관 김재형의 별개의견 중

> "법을 해석·적용할 때에는 그 결과를 고려해야 한다. 만일 해석의 결과 심히 불합리하거나 부당한 결론이 도출된다면 그러한 해석을 배제하는 방안을 강구해야 한다. 통상 이를 위하여 문언적 해석 외에 논리적·체계적 해석, 역사적 해석, 목적론적 해석 등 여러 해석방법이 동원된다. 이러한 시도에도 불합리와 부당함이 교정되지 않는다면 법원은 법의 문언을 넘어서는 해석, 때로는 법의 문언에 반하는 정당한 해석을 해야 한다'.

결과고려 논증의 세 번째 유형은 부당결과 회피논증이다. 이는 법논리대로 해석하였음에도 불합리한 결과가 나온다면 가급적 그러한 법해석은 피해야 한다는 것이다. 영미법에는 18세기 이래 'absurd result rule'이라는 법리가 확립되어 있다. 'absurd result rule'이란 말 그대로 제정법의 규정을 문언 그대로 적용할 경우 '터무니 없는 결과(absurd result)'가 된다면 법원은 그러한 법문언에 구속되지 않는다는 법리를 의미한다.[212] 우리의 경우 위 대법원 판결 이전에는 이러한 법논리를 명시적으로 천명한 사안이 있었는지는 모르겠으나, 이러한 사고가 존재하지 않았던 것은 당연히 아니다. 부당한 결과를 회피해야 한다는 것은 지극히 상식적인 법원칙 가운데 하나라고 볼 수 있기 때문이다. 부당한 결과가 나오는 원인은 법률 자체의 흠결 때문일 수도 있고, 시대적 상황의 변동 때문일 수도 있다.

212 이에 대한 전반적 설명으로는, Veronica Dougherty, "Absurdity and the Limits of Literalism : Defining the Absurd Result Principle in Statutory Interpretation, 44 Am. U. L. Rev. 127 1994-1995; 이러한 법리를 소개한 한국 논문으로는 박철, "법률의 문언을 넘은 해석과 법률의 문언에 반하는 해석", 『한국의 법질서와 법해석론』, 한국법철학회, 세창출판사, 2013, 78~79면.

### (2) 법이론적 검토

이 유형도 판결의 결과를 고려한다는 점에서 결과고려 논증이라고 부를 수 있지만, 앞서 본 1, 2유형과는 여러 점에서 차이가 있다는 점에 주의할 필요가 있다. 크게 3가지 차이점이 있다.

첫째, 이론적, 철학적 근거에서 차이가 있다. 앞서 본 것처럼 사회적 비용 내지 거래비용은 사회적 효용극대화라는 공리주의적 사고에 근거한 것이다. 이 점은 부수적 파급효과 유형(제2유형)도 마찬가지이다. 사회에 미칠 부정적 영향을 최소화한다는 것도 결국 사회적 효용극대화의 다른 이름에 지나지 않기 때문이다. 반면 이 유형은 법률의 해석, 적용의 불합리를 문제 삼는 것이므로, 그 이론적 근거는 순수하게 논리적 내지 추론적(더 정확히 말하면 경험적 추론)인 것이다.

둘째, 결과의 영향을 받는 대상에도 차이가 있다. 제1, 2유형에서 말하는 결과의 대상은 대부분 불특정 다수인 혹은 전체사회였다. 반면 이 유형의 경우 그 대상은 소송의 당사자들 자신들이거나, 간혹 당해 사건과 이해관계를 갖는 제3자들이다.

셋째, 입증가능성 문제도 다르다. 제1, 2유형은 입증가능성 문제가 중요하다는 점을 여러 차례 언급하였다. 반면 이 유형은 논리적 내지 경험적 사고로 추론되는 결과이므로, 입증가능성은 거의 문제되지 않는다. 이 유형에서 문제되는 결과는 개연적 결과가 아니라 거의 필연적 결과에 가깝다.

이처럼 이 유형은 결과를 고려한다는 점만 선행 유형과 공통될 뿐 그 성격과 이론적 기초, 적용방식 내지 구조는 완전히 다르다.

## 2. 구체적 사례들

### (1) 법률의 흠결과 부당한 결과 : 동시사망과 대습상속 – 이른바 괌 항공기 추락 사건(대법원 2001. 3. 9. 선고 99다13157 판결)

위 사건은 현재 시점에서는 상당히 과거 사건이 되었지만 당시에는 연일 언론에 보도되는 등 세간을 떠들썩하게 하였던 '괌 항공기 추락 사건'이다. 사안의 개요는 다음과 같다.

- 재벌회장인 A는 아들, 손자, 며느리 다 데리고 괌으로 해외여행을 떠남
- 비행기 사고로 A 및 탑승 가족들 전부 사망함
- 다만 A의 사위인 B는 회사업무로 늦어 간발의 차이로 비행기를 놓침

쟁점은 재벌집 일가족이 모두 사망한 경우 회장님의 형제자매와 사위 중 누가 우선하여 상속받을 것인지의 문제였다. 위 사고로 회장님의 직계존비속은 B를 제외하고 모두 사망하였다. 민법에 의하면 직계존비속이 없을 경우 형제자매가 다음 순위 상속인이 된다.[213] 사위는 직계비속인 딸의 배우자이므로 대습상속(혹은 배우자를 거쳐 본위상속)을 한다. 결국 현실적 문제는 이런 것이다. 피 한 방울 섞이지 않은 사위가 평생을 같이 한 혈육인 형제자매를 모두 제치고 막대한 재산을 상속받는 것이 합당한가? 특히 사위가 십수년 가족생활을 했으면 모를까 결혼한 지 1, 2년도 안 되었다면 어떨까? 그러한 경우라면 그 모든 재산을 형제자매에 앞서 가져간다는 것이 부당하게 느껴진다.

그런데 위 사안은 법리적으로도 미묘한 문제가 있었다. 형제자매의 입장에서, 민법의 문언해석에 의해 사위를 상속에서 배척할 수 있는 묘책이 있었던 것이다. 민법은 직계비속이 '상속개시 이전'에 사망한 경우 배우자의 대습상속을 인정한다. 반면 '상속개시 이후' 사망하면 직계비속, 배우자의 순으로 2단계를 거쳐 본위상속한다. 하지만 비행기 사고로 피상속인과 그 아들이 동시에 사망하였을 경우[214]는 어떠한가? 민법은 이 점에 대해 규정을 두고 있지 않다. 법률의 흠결이고, 따라서 문언해석상 사위는 상속을 받을 수 없다는 논리도 가능하다. 하지만 대법원은 그러한 법해석론을 받아들이지 않았다. 그 이유는 만일 그와 같이 보면 매우 '불합리한 결과(absurd result)'가 되기 때문이라는 것이다. 아래 판결이유를 보자(넘

213 민법 제1000조(상속의 순위) ① 상속에 있어서는 다음 순위로 상속인이 된다.
1. 피상속인의 직계비속
2. 피상속인의 직계존속
3. 피상속인의 형제자매
4. 피상속인의 4촌 이내의 방계혈족

214 더 정확히 말하면 민법 제30조에 의한 동시사망의 추정이다. 민법 제30조(동시사망)는 "2인 이상이 동일한 위난으로 사망한 경우에는 동시에 사망한 것으로 추정한다."고 규정하고 있다.

버링, 강조표시 등은 필자가 추가).

> (1) 원래 대습상속제도는 대습자의 상속에 대한 기대를 보호함으로써 공평을 꾀하고 생존 배우자의 생계를 보장하여 주려는 것이고, (2) 또한 동시사망 추정규정도 자연과학적으로 엄밀한 의미의 동시사망은 상상하기 어려운 것이나 사망의 선후를 입증할 수 없는 경우 동시에 사망한 것으로 다루는 것이 결과에 있어 가장 공평하고 합리적이라는 데에 그 입법 취지가 있는 것인바, (3) 상속인이 될 직계비속이나 형제자매(피대습자)의 직계비속 또는 배우자(대습자)는 피대습자가 **상속개시 전**에 사망한 경우에는 **대습상속**을 하고, 피대습자가 **상속개시 후**에 사망한 경우에는 **피대습자를 거쳐 피상속인의 재산을 본위상속**을 하므로 두 경우 모두 상속을 하는데, 만일 피대습자가 피상속인의 사망, 즉 상속개시와 **동시에 사망한 것으로 추정되는 경우에만** 그 직계비속 또는 배우자가 본위상속과 대습상속의 어느 쪽도 하지 못하게 된다면 동시사망 추정 이외의 경우에 비하여 **현저히 불공평하고 불합리한 것이라 할 것이고**, (4) 이는 앞서 본 대습상속제도 및 동시사망 추정규정의 입법 취지에도 반하는 것이므로, 민법 제1001조의 '상속인이 될 직계비속이 상속개시 전에 사망한 경우'에는 '상속인이 될 직계비속이 상속개시와 동시에 사망한 것으로 추정되는 경우'도 포함하는 것으로 합목적적으로 해석함이 상당하다.

논리구조를 보면, (1), (2)에서 대습상속과 동시사망 추정은 각기는 합리적 제도인데, (3) 형식적으로 사고하면 두 제도가 결합되니 오히려 불합리한 결과가 되므로, (4) 논리적, 문언적 추론에 따른 결론을 배제하는 것이 합리적이라는 것이다. 이 사례는 전형적으로 부당결과 회피논증이 법률의 흠결을 보완하여 사건의 결론을 뒤바꾼 사안이다.

### (2) 적용시점에 따른 불합리한 결과 : 일부변제와 과실상계, 대법원 2018. 3. 22. 선고 2012다74236 판결(전)

같은 법리임에도 적용 시점에 따라 결과가 달라진다면 그러한 법해석 내지 법논리도 타당성에 의문이 제기될 수 있다. 위 대법원 판결은 부진정연대채무자 중 다액 채무자[215]가 일부변제한 경우 법률효과와 관련하여 '과실비율설'을 따른 기

215 공동불법행위 사안에서도 개별적 과실상계(고의/과실 구별), 개별적 책임제한(대법원 2002다60467 판결), 일부 채무자에 대한 권리포기, 면제, 시효완성 등으로 채무액이 달라질 수 있다.

존 판례를 폐기하고 '외측설'로 정리한 사안이다. 사안의 개요와 쟁점은 다음과 같다(설명의 편의를 위해 일부 변경함).

- 피해자에 대해 A는 1000만 원, B는 600만 원의 채무를 부담함(부진정연대)
- 이 상황에서 A가 300만 원을 변제함

| A의 채무 | B의 채무 | 문제 |
|---|---|---|
| 1,000만 원 | 600만 원 | ▶ A가 300만 원 변제한 경우 B가 부담하는 채무는?? |

결론은 학설에 따라 다르다. 외측설에 의하면 1,000만 원에서 300만 원이 '바깥 부분부터' 소멸하여 여전히 700만 원이 남으므로 B의 채무액(600만 원)에 아무런 변화가 없다. 반면 과실비율설에 의하면 B는 자신의 과실비율에 해당하는 60%의 범위 내에서 일부변제 효과가 발생한다. 즉, 600만 원의 30%인 180만 원이 일부변제로 소멸한 결과 B는 420만 원만 변제하면 된다. 표로 정리하면 다음과 같다.

| | 외측설 | 과실비율설 |
|---|---|---|
| A가 300만 원 변제 | A 700<br>B 600 | A 700<br>B 420 |

기존에 대법원은 '과실비율설'을 따랐는데, 위 대법원 판결에 의해 '외측설'로 변경되었다. 이와 같은 판례 변경은 채권자를 두텁게 보호하겠다는 부진정연대채무의 취지 등이 주된 논거이지만, 과실비율설의 적용 결과의 불합리성도 논거 가운데 하나로 제시되었다. 다음 판결이유 부분이 그러하다.

"과실비율설에 의하면 다액채무자가 일부 변제 후 무자력이 되는 경우에는 피해자로서는 채권 전액을 변제받을 수 없다. 소액채무자가 공동으로 채무를 부담하는 부분도 그 일부 변제로 소액채무자의 과실비율에 상응하는 만큼 소멸한 것으로 보기 때문에 그 부분에 대하여는 소액채무자로부터 변제받을 수 없기 때문이다. 그런데 피해자가 이와 달리 소액채무자로부터 먼저 변제를 받는다면 소액채무자가 부담하는 채무 전액을 변제받을 수 있다. 이와 같이 피해자가 **누구로부터 먼저 변제를 받느냐에 따라** 변제를 받을 수 있는 금액이 달라지는 **납득하기 어려운 결과**가 발생한다."

내용이 추상적이지만, 알고 보면 어려운 것은 아니다. 다음과 같은 얘기다. 위 예에서 A는 300만 원만을 변제할 자력이 있고, B는 전액(600만 원) 변제할 자력이 있다고 가정해 보자. 그런데, 과실비율설에 따르면 아래와 같이 누가 먼저 변제하느냐에 따라 피해자의 손해회복에 차이가 생긴다는 것이다.

① A가 먼저 변제하는 경우 : A가 300만 원 우선 변제하면, B는 420만 원만 변제하면 된다. 그 경우 결국 피해자는 720만 원만을 변제받을 수 있다.

② B가 먼저 변제하는 경우 : 반면 B가 먼저 600만 원을 변제한다면 A는 과실비율은 100%이므로 A는 여전히 300만 원을 변제해야 한다. 따라서 피해자는 900만 원 변제를 받게 된다.

이에 비해 외측설에 따를 경우 A가 먼저 변제하건 B가 먼저 변제하건 피해자는 각 300만 원, 600만 원을 변제받게 되므로 이러한 불합리한 결과가 발생하지 않는다는 것이고, 그러한 점에서도 외측설이 타당하다는 것이다.

### (3) 적용시점에 따른 부당한 결과 : 이른바 '우연한 사정' 논증

대법원 판결 가운데 "~~라는 우연한 사정으로 ~~하게 되는 부당한 결과가 된다"는 식의 논리를 전개한 예는 상당히 많다. 이 역시 합당한 사유 없이 적용시점 내지 적용상황에 따라 다른 결과가 나온다면 부당하므로 그러한 법해석은 피해야 한다는 취지이다. 몇 가지 사례들을 보자.

#### ① 유류분 산정을 위한 특별수익과 대습상속 : 대법원 2014. 5. 29. 선고 2012다31802 판결

사안의 개요와 쟁점은 다음과 같다.

- A는 B(아들)의 사망 이전에 C(손자)에게 부동산을 증여함
- 이 경우 A 사망으로 인한 상속재산 분쟁에서 위 부동산을 유류분 산정의 기초재산인 특별수익으로 보아야 하는가?

유류분 부족액은 기초재산[216]에 유류분비율을 곱한 뒤 당해 유류분권자의 특별수익과 순상속분액을 공제하는 방식으로 산정한다.[217] 여기서 특별수익이란 당해 유류분권자가 생전에 받은 증여액을 의미한다. 위 사건의 경우 대습상속인(C)이 대습원인(즉 상속인 B의 사망) 발생 이전에 피상속인(A)으로부터 부동산을 증여받은 경우 이를 특별수익으로 볼 것인지가 문제되었다. 쉽게 말해 할아버지가 사망 전에 손자에게 증여하였는데, 아버지가 사망함에 따라 손자가 대습상속인이 된 경우 이를 특별수익으로 보아 구체적 상속분 산정시 공제할 것인지가 문제된 것이다. 대법원은 아니라고 보았고, 그 근거는 아버지가 생존하였다면 특별수익이 아니었을 것인데, 사망이라는 **우연한 사정으로** 그 지위가 바뀌는 것은 부당하다는 것이다.

> "대습상속인이 대습원인의 발생 이전에 피상속인으로부터 증여를 받은 경우 이는 상속인의 지위에서 받은 것이 아니므로 상속분의 선급으로 볼 수 없다. 그렇지 않고 이를 상속분의 선급으로 보게 되면, 피대습인이 사망하기 전에 피상속인이 먼저 사망하여 상속이 이루어진 경우에는 특별수익에 해당하지 아니하던 것이 피대습인이 피상속인보다 먼저 사망하였다는 **우연한 사정으로 인하여** 특별수익으로 되는 불합리한 결과가 발생한다."

### ② 제3취득자의 물상보증인에 대한 변제자대위 가능 여부 : 대법원 2014. 12. 18. 선고 2011다50233 판결(전)

채무자, 보증인, 물상보증인, 제3취득자, 저당권자, 매수인의 법률관계가 복잡하게 얽힐 수밖에 없는 변제자대위, 공동저당권 사안의 경우 난해한 문제들이 많을 수밖에 없다. 그래서인지 이 쟁점과 관련한 우연한 사정 논증이 유독 많은데,[218] 지면 관계상 대법원 2011다50233 판결(전)만을 소개한다. 위 판결의 요지

216 제1113조(유류분의 산정) ① 유류분은 피상속인의 상속개시시에 있어서 가진 재산의 가액에 증여재산의 가액을 가산하고 채무의 전액을 공제하여 이를 산정한다.

217 일반적으로 다음과 같은 공식으로 알려져 있다. [유류분 부족액 = A(유류분 산정의 기초가 되는 재산액) × B(당해 상속인의 유류분 비율) – C(당해 상속인의 특별수익) – D(당해 상속인의 순상속액)]

218 가령 대법원 2017. 4. 26. 선고 2014다221777 판결. "공동저당에 제공된 채무자 소유의 부동산과 물상보증인 소유의 부동산 가운데 물상보증인 소유의 부동산이 먼저 경매되어 매각대금에서 선순위공동저당권자가 변제를 받은 때에는 물상보증인은 채무자에 대하여 구상권을 취득

는 "부동산의 물상보증인은 전액 변제시 제3취득자에 대해 변제자대위가 가능하지만 제3취득자는 물상보증인에게 변제자대위를 주장할 수 없다"는 것이다. 이는 민법 해석의 결과지만 그러한 법해석의 중심에는 다음과 같은 부당결과 회피논증이 있다.

"만일 물상보증인의 지위를 보증인과 다르게 보아서 물상보증인과 채무자로부터 담보부동산을 취득한 제3자 상호 간에는 각 부동산의 가액에 비례하여 채권자를 **대위할 수 있다고 한다면**, 본래 채무자에 대하여 출재한 전액에 관하여 대위할 수 있었던 물상보증인은 채무자가 담보부동산의 소유권을 제3자에게 이전하였다는 **우연한 사정으로** 이제는 각 부동산의 가액에 비례하여서만 대위하게 되는 반면, 당초 채무 전액에 대한 담보권의 부담을 각오하고 채무자로부터 담보부동산을 취득한 제3자는 그 범위에서 뜻하지 않은 이득을 얻게 되어 **부당하다**."

변제자대위의 효과에 관한 민법 제482조는 물상보증인 상호간, 제3취득자 상호간 변제자대위에 대해서는 규정하고 있지만 물상보증인과 제3취득자 상호간에 대해서는 규정하고 있지 않다. 따라서 이는 해석론으로 해결할 수밖에 없다. 위 전합판결 이전에 대법원은 변제자대위를 인정하였으나,[219] 위 판결은 부동산 소유권 변동으로 인해 제3취득자라는 변수가 생기기 이전과 이후의 물상보증인 지위가 달라진다는 것은 부당하다는 점을 근거로 과거 판결을 변경하였다.[220]

---

함과 동시에 변제자대위에 의하여 채무자 소유의 부동산에 대한 선순위공동저당권을 대위취득한다. (중략) 이 경우에 채무자는 물상보증인에 대한 반대채권이 있더라도 특별한 사정이 없는 한 물상보증인의 구상금 채권과 상계함으로써 물상보증인 소유의 부동산에 대한 후순위저당권자에게 대항할 수 없다. 채무자는 선순위공동저당권자가 물상보증인 소유의 부동산에 대해 먼저 경매를 신청한 경우에 비로소 상계할 것을 기대할 수 있는데, 이처럼 우연한 사정에 의하여 좌우되는 상계에 대한 기대가 물상보증인 소유의 부동산에 대한 후순위저당권자가 가지는 법적 지위에 우선할 수 없다." 대법원 2021. 12. 16. 선고 2021다247258 판결. "같은 물상보증인이 소유하는 복수의 부동산에 공동저당이 설정되고 그중 한 부동산에 후순위저당권이 설정된 다음에 그 부동산이 채무자에게 양도됨으로써 채무자 소유의 부동산과 물상보증인 소유의 부동산에 대해 공동저당이 설정된 상태에 있게 된 경우에는 물상보증인의 변제자대위는 후순위저당권자의 지위에 영향을 주지 않는 범위에서 성립한다고 보아야 하고, 이는 물상보증인으로부터 부동산을 양수한 제3취득자가 변제자대위를 하는 경우에도 마찬가지이다. 이 경우 물상보증인이 자신이 변제한 채권 전부에 대해 변제자대위를 할 수 있다고 본다면, 후순위저당권자는 저당부동산이 채무자에게 이전되었다는 우연한 사정으로 대위를 할 수 있는 지위를 박탈당하는 반면, 물상보증인 또는 그로부터 부동산을 양수한 제3취득자는 뜻하지 않은 이득을 얻게 되어 부당하다."

219 대법원 1974. 12. 10. 선고 74다1419 판결.

220 결론적으로 제3취득자는 채무자의 채무를 대위변제하였다고 하더라도 채무자에게만 구상할 수

### ③ 명예훼손 전파가능성 : 대법원 2020. 11. 19. 선고 2020도5813 판결(전)

위 대법원 판결은 명예훼손 전파가능성 법리의 적법성 여부가 다투어진 사안이다. 명예훼손법에서 전파가능성 법리는 오랜 기간 확립된 법리여서 법조인들에게는 당연한 공리처럼 느껴지기도 한다. 하지만 이는 법령에 근거한 것이 아니고, 판례법리로 인정된 것인데, 잘 살펴보면 그렇게 볼 합당한 이유가 있는지 의문이 있다. 위 대법원 판결은 기존 판례법리를 폐기하지는 않았지만, 이 점을 논쟁의 장으로 소환하였다.[221] 이에 대한 논쟁 역시 법해석론부터 출발하지만 반대의견의 다음과 같은 부분은 부당결과 회피논증의 일종이다.

> "사실적시의 상대방이 전파할 가능성이 있는지 여부로 공연성을 판단하는 것은 수범자의 예견가능성을 침해하여 행위자에 대한 결과책임을 묻는 것으로서, 이는 형사법의 평가방식에 어긋난다. 결국 명예훼손죄에서 명예훼손 사실을 들은 상대방이 행위자가 적시한 사실을 **장차 다른 사람에게 전달할지 여부에 따라 명예훼손죄의 성립 여부를 결정**하는 것은 행위에 대한 불법평가에서 고려 대상으로 삼아서는 안 되는 **우연한 사정**을 들어 결과책임을 묻는 것이다."

다만 위 판결은 전파가능성 법리를 유지하면서도, 외국과 달리 진실한 사실을 적시한 경우에도 명예훼손죄로 처벌하는 우리 법제의 문제점을 극복하기 위하여 진실한 사실을 적시한 경우 위법성조각사유의 적용 범위를 확대하여 명예훼손죄의 처벌 범위를 제한하는 법리를 제시하였다.

## (4) 제3자 이익의 침해라는 부당한 결과

부당결과 회피논증의 또 다른 유형은 판결의 결론이 제3자의 이익을 침해하는 결과를 근거로 드는 유형이다. 판결의 결론이 원, 피고 사이에는 문제없어도,

---

있으며, 채무자의 다른 담보권에 대한 권리행사는 제한된다(그 경우 구상권의 법적 근거에 대해서는 대법원 2022. 3. 17. 선고 2021다276539 판결 참조).

221 위 대법원 판결 이후 수많은 평석들이 나왔다. 대표적으로, 정철희 "명예훼손죄의 공연성에 관한 전파가능성 법리의 유지 여부 : 대법원 2020. 11. 19. 선고 2020도5813 전원합의체 판결", 부산판례연구회 「판례연구」 제34집, 2023 참조.

제3자의 이익을 부당하게 침해하는 경우라면 그러한 결론은 피해야 한다는 것이다. 몇 가지 사례들을 본다.

### ① 이른바 '전용물 소권 이론', '지시 삼각관계 이론' 등의 부정논거

대법원은 이른바 '전용물 소권 이론'을 부정한다. 전용물 소권 이론이란 A-B, B-C의 법률관계가 계약관계로 이어진 사안에서 A-C 사이에 부당이득 반환청구를 부정하는 법리이다. 추상적으로 말하면 어렵지만 구체적 사례를 보면 그리고 어려운 얘기가 아니다. 다음 사례를 보자.

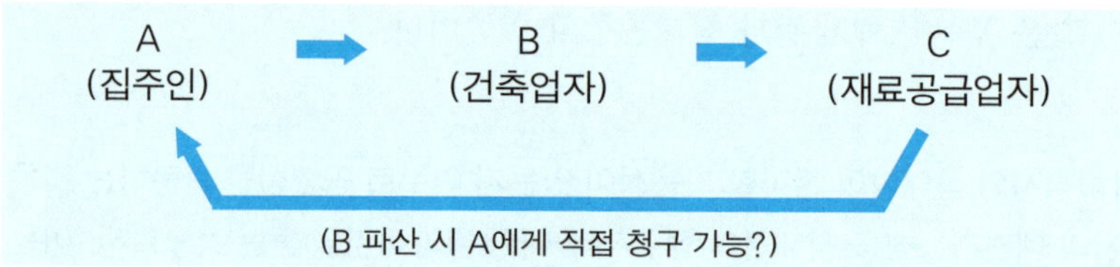


- 집주인 A가 건축업자 B에게 집수리를 맡김
- B는 C에게 특정 재료 공급을 요청함
- C는 B에게 재료를 공급, B가 집수리를 완료하였는데 재료대금 미지급 상태에서 B가 파산

⇨ 이 경우 C가 A에게 재료대금 상당의 부당이득을 청구할 수 있는가?

집수리가 마쳐진 이상 A는 재료비 상당의 이익을 얻었다. 반면 C는 대금을 받지 못하였다. 그런데 B가 파산하여 C는 B에게 대금을 받을 수 없다. 그렇다면 C는 A에게 부당이득반환청구권을 행사해서 물품대금 상당액을 받을 수 있어야 하는 것 아닌가? 직관적으로 그래야 할 것도 같지만, 대법원은 이를 부정한다(이해의 편의를 위해 아래 판결문 원문에 A, B, C, 넘버링을 삽입하고, 문단을 조정함).

#### 대법원 2010. 6. 24. 선고 2010다9269 판결

"계약상 급부가 계약의 상대방(B)뿐만 아니라 제3자(A)의 이익으로 된 경우에 급부를 한 계약당사자(C)가 계약 상대방(B)에 대하여 계약상의 반대급부를 청구할 수 있는 이외에 그 제3자(A)에 대하여 직접 부당이득반환청구를 할 수 있다고 보면,

(1) 자기 책임하에 체결된 계약(B-C 사이의 계약)에 따른 위험부담을 제3자(A)에게 전가시키는 것이 되어 계약법의 기본원리에 반하는 **결과**를 초래할 뿐만 아니라,
(2) 채권자인 계약당사자(C)가 채무자인 계약 상대방(B)의 일반채권자에 비하여 우대받는 **결과**가 되어 일반채권자의 이익을 해치게 되고,
(3) 수익자인 제3자(A)가 계약 상대방(B)에 대하여 가지는 항변권 등을 침해하게 되어 **부당하므로**,
위와 같은 경우 계약상 급부를 한 계약당사자(C)는 이익의 귀속 주체인 제3자(A)에 대하여 직접 부당이득반환을 청구할 수는 없다."

자세히 분석해 보면 전용물소권 이론(즉 C의 A에 대한 부당이득반환청구권)을 부정하는 위 논거들은 모두 부당결과 회피의 결과고려 논증이다.

우선 논거 (2)를 먼저 보자. 이는 C와 B의 관계(및 그의 채권자와의 관계)에 관한 것이다. 원래 대금은 C가 B에게 받아야 한다. 그런데 B가 파산하였다. 파산절차의 본질은 채무초과 상태에서 파산자의 모든 적극재산을 모아 채권자들에게 안분배당하는 것이다. 쉽게 말해 '공평한 빚잔치'를 하는 것이다. 사안에서 B가 A에 대해 갖는 공사대금 채권은 B의 적극재산이다. 따라서 이는 모든 채권자들에게 안분배당되어야 한다. 그런데 B의 일반채권자에 불과한 C가 A로부터 위 채권 전액 만족을 얻으면 안분배당되어야 할 다른 채권자들의 몫을 C가 독점하는 결과가 된다는 것이고, 그러한 결과는 제3자들과의 관계에서 공평하지 않다는 것이다.

논거 (3)은 A와 B의 관계를 말한다. 원래의 계약관계에 따라 C → B → A순으로 청구하였다면, B의 청구에 대해 A는 A-B 관계에 존재하는 항변권을 행사할 수 있었을 것이다. 가령 A가 B에 대해 별개의 채권(가령 공사의 하자로 인한 손해배상채권)이 있었다면 상계가 가능하였을 것이다. 그런데 C의 A에 대한 부당이득반환청구권을 허용하면 A가 그러한 항변권을 행사할 수 없으므로,[222] A에게 불공정한 결과가 된다는 것이다.

(1)은 이러한 결과들을 종합할 때 부당이득법보다는 계약법이 우선해야 한다는 일반론을 설시한 것이다.

바로 이러한 결과 고려들 때문에 일응 보기에는 부당이득반환청구권을 인정

222 제3자의 혹은 제3자에 대한 항변권을 행사하는 것은 법률에서 정하여진 경우가 아닌 한 금지되는 것이 원칙이다(민법 제418조 제2항, 제433조, 제434조 등).

해야 할 것 같은 사안임에도 이를 부정한 것이다. 민법 교과서는 이를 부당이득법의 '보충성'으로 설명하지만, 그러한 보충성이 인정된 실질적 이유 자체가 이러한 결과고려 때문일 것이다.

대법원은 계약법상의 전용물소권 이외에도 사무관리 전용물소권,[223] 지시삼각관계,[224] 질권자와 제3채무자의 관계[225] 등 유사한 사안에서 이러한 법리를 인정한다. 그 이유는 위와 같이 A, B, C의 연쇄적인 법률관계의 구조에서 C의 부당이득 주장을 인정하면 위와 같은 부당한 결과가 초래될 수 있기 때문이다.[226]

### ② 채권자대위권의 무자력 요건과 제3자의 이익침해 : 대법원 2022. 8. 25. 선고 2019다229202 판결(전)

위 판결의 결과고려 논증도 유사하다. 위 판결은 환자가 병원에 대해 갖는 요양비용 상당의 부당이득반환청구권을 실손의료보험계약을 체결한 보험사가 대위할 수 있는지 문제된 사안이다. 사안의 개요는 다음과 같다.

- A(보험사)는 B(환자)를 대위하여 C(병원)에게 부당이득반환청구권을 행사하고자 한다.
- 그 이유는 B는 수백 명의 환자들이고, 개별 금액은 극히 소액이므로 현실적으로 B(수백, 수천의 환자들)가 C를 상대로 소제기하기는 어렵기 때문이다. 그런 사정으로 인해 A가 일괄하여 대위행사를 하고자 한다.

사안의 쟁점은 위와 같은 사안에서도 채권자대위권 행사를 위해 '채무자의 무자력'이 요구되는가이다. 종래 대법원은 금전채권의 경우 채무자의 무자력이 필요하다는 입장이었지만, 최근 들어 많은 예외를 인정하면서 대위요건을 무자력보다

223 대법원 2013. 6. 27. 선고 2011다17106 판결.
224 대법원 2017. 7. 11. 선고 2013다55447 판결.
225 대법원 2015. 5. 29. 선고 2012다92258 판결.
226 그렇다면 다음과 같은 문제제기가 가능하지 않을까 생각된다. 만일 특정한 사안에서 위 (1)~(3)과 같은 사정이 전혀 없다는 점이 입증된다면 C의 A에 대한 부당이득반환청구권을 인정해야 하지 않을까? 개념쪼개기나 숨겨진 전제 창조 등의 논증방법으로 예외를 인정하는 사례가 나오지 않을까? 그러한 사안의 차이를 무시하고 무조건 "대법원은 전용물소권이론을 받아들이지 않는다"고 결론 내리는 것은 형식논리적 사고가 아닐까? 법률가들이 이 점을 치밀하게 논증하면 먼 미래에 그러한 주장을 받아들인 대법원 판례가 나올지 모를 일이다.

피보전권리와의 밀접한 관련성이라는 개념으로 해결하는 경향을 보이고 있다.[227] 위 사건은 요양급여 사건의 특성을 반영하여 예외를 인정할 것인지 여부가 다투어진 것이다. 반대의견은 현실적 필요성 등을 근거로 무자력이 필요하지 않다고 본 반면 다수의견은 무자력이 필요하다고 보았다.[228] 이 사건의 쟁점도 법해석의 문제이지만, 잘 살펴보면 결국 결과고려 논증이 법해석의 실질적 내용을 구성하고 있음을 알 수 있다. 다수의견이 무자력 필요성을 긍정하면서 든 논거들 가운데 다음 부분은 대법원이 전용물소권을 부정하는 논거를 연상시킨다.

> "만약 채무자인 피보험자의 자력이 있는데도 보전의 필요성을 인정한다면, 이는 채권자인 보험자에게 사실상의 담보를 취득하게 하는 특권을 부여하고, 법적 근거 없이 직접청구권을 인정하는 위험을 야기하며, **다른 채권자보다 우선하여** 보험자의 채권만족이 실현되어 **채권자평등주의에 기반한 민사집행법 체계와 조화를 이루지 못할 우려**가 있다. 따라서 이 사건에서 보전의 필요성에 관한 적극적 요건이 인정되지 않는다."

결국 위 의견이 제시한 논거도 제3자 이익의 침해라는 부당한 결과를 회피하겠다는 것이므로, 앞서 본 전용물소권 판례와 다르지 않다.[229]

### ③ 상계와 일반채권자들의 이익 : 대법원 2011. 4. 28. 선고 2010다101394 판결

위 대법원 판결도 유사하다. 사안의 개요는 다음과 같다. A는 경매를 통해 유치권 행사가 진행 중인 아파트를 취득하였다. A는 아파트 일부를 점유·사용하고 있는 유치권자 B에 대해 상계를 하고자 한다. A가 내세우는 자동채권은 유치권을 행사하면서 부동산을 점유하고 있는 B에 대한 임료 상당의 부당이득금 반환채권이고, 수동채권은 B의 종전 소유자에 대한 유익비상환청구권이다. 원심은 그러한

227 대표적으로 대법원 2020. 5. 21. 선고 2018다879 전원합의체 판결 참조.

228 이러한 다수의견이 기존 대법원 판례의 입장이나 구체적 타당성 면에서 타당하지 않다는 비판적 견해로는 권영준, "2022년 민법 판례 동향" 서울대학교 「법학」 제64권 제1호, 2023, 554~562면 참조.

229 다만 이러한 논거는 사실상 우선변제를 인정하는 채권자대위권 자체에 고유한 특성에 반할 뿐만 아니라 무자력 요건을 엄격히 관철하지 않은 대법원 판결의 흐름에도 반한다는 비판적 견해가 있다(각주 228의 논문 참조).

상계를 적법한 것으로 인정하였다.[230] 하지만 대법원은 다음과 같이 판시하면서 원심을 파기하였다.

> "만약 상대방이 제3자에 대하여 가지는 채권을 수동채권으로 하여 상계할 수 있다고 한다면, 이는 상계의 당사자가 아닌 상대방과 제3자 사이의 채권채무관계에서 상대방이 제3자에게서 채무의 본지에 따른 현실급부를 받을 **이익을 침해**하게 될 뿐 아니라, 상대방의 채권자들 사이에서 상계자만 독점적인 만족을 얻게 되는 **불합리한 결과**를 초래하게 되므로, 상계의 담보적 기능과 관련하여 법적으로 보호받을 수 있는 당사자의 합리적 기대가 이러한 경우에까지 미친다고 볼 수는 없다."

### (5) 그밖의 부당결과 회피논증의 예들

그밖에 다음과 같은 사례들도 부당결과 회피논증이 활용된 예들이다.

#### ① 당사자의 상황에 따른 차이가 합당하지 않을 때 : 대법원 2022. 7. 21. 선고 2017다236749 판결(전)

위 대법원 판결은 거래비용과 관련하여 제1유형에서 살펴본 관습법상 법정지상권 관련 판결로, 앞서 본 바와 같이 다수의견과 반대의견은 다양한 논거들로 공방을 벌였는데, 반대의견은 방론적으로 다음과 같은 주장을 개진한다.

> " … 법률행위에 의해 동일인 소유이던 토지와 그 지상 건물의 소유자가 달라진 경우, 토지 소유자와 성실하게 교섭하여 토지의 사용관계에 관하여 채권적 약정을 체결한 건물 소유자보다 토지의 사용관계에 관하여 토지 소유자와 아무런 교섭을 하지 않은 채 방치한 건물 소유자를 더 우대하는 **결과가 되어 불합리하다**. (중략) 그러한 교섭 기회를 활용하여 토지 소유자와 토지의 사용관계를 정한 건물 소유자에게는 채권이 부여되는 반면 그러한 교섭 기회를 소홀히 하여 토지의 사용관계에 관하여 아무런 조치도 취하지 않은 건물 소유자에게는 물권이 부여된다는 것은 **균형이 맞지 않는다**."

쉽게 말해 더 성실히 교섭한 당사자에게 더 적은 권리를 인정하는 것은 부당

230 전주지방법원 2010. 11. 5. 선고 2009나7130 판결.

하다는 취지이다. 일응 타당한 지적이지만, 이에 대한 다수의견의 반론이 흥미롭다. 다수의견은, 그와 같은 반대의견 주장이 일리가 없지는 않지만 (그것은 건물소유자의 입장이고) 토지소유자의 입장에서 보면 그렇지 않다는 것이다. 토지소유자는 교섭을 통해 지상권 부담을 벗어날 수 있었는데, 그렇게 하지 않았으니 그에 대해 책임을 져야 한다는 것이다.

> "토지 소유자가 건물 소유자와 토지의 사용관계에 관하여 아무런 교섭을 하지 않았다면 그로 인한 불이익을 감수해야 한다. 이와 같이 토지 소유자의 측면에서 보면 관습법상 법정지상권을 인정하는 것이 반드시 균형에 맞지 않는 결과를 초래한다고 볼 수 없다. 우리 법제는 토지와 건물을 각각 독립된 부동산으로 취급하고 있고, 건물은 토지 없이는 존속할 수 없으므로, 기본적으로 토지 소유자는 건물 소유자보다 협상력에서 우위에 있다고 볼 수 있다. 따라서 토지와 그 지상 건물의 소유자가 달라졌는데도 토지의 사용관계에 관하여 아무런 약정을 하지 않아 발생한 불이익은 건물 소유자보다는 토지 소유자에게로 돌리는 것이 더 균형에 맞는다고 볼 수 있다."

위 사안의 경우 이러한 논증은 법리논쟁에 비하면 부수적, 방론적 논의들이기는 하지만, 아무튼 다수의견과 반대의견 모두 다른 방식으로 부당결과 회피 논거를 활용하고 있다.

### ② 판결이 포섭할 수 없는 부당한 예외 사례 - 폐기물 매립과 불법행위 성립 : 대법원 2016. 5. 19. 선고 2009다66549 판결(전)

위 사건은 폐기물을 매립하고 전전매도한 경우 자신의 거래 상대방이 아닌 전전매수인에게도 불법행위책임을 부담해야 하는지가 문제된 사안이다.[231] 다수의견은 환경보호 등을 근거로 불법행위책임을 인정하였고, 반대의견은 여러 법리적 문제점을 지적하였다. 반대의견은 법리적 주장 외에 다음과 같은 예외 사례를 통해 다수의견의 문제점을 지적한다.

231 이 판결에 대해서는 제3장 제5유형(일반론의 포석깔기)에서 검토한 바 있다.

### 김창석 대법관의 반대의견 중

> "자신이 소유하는 임야에 오염을 유발하거나 폐기물을 매립한 자가 타인(제1매수인)에게 그 토지를 1억 원에 매도하고, 그로부터 수십 년이 지난 후(그 사이 지목은 대지로 변경되었다) 제1매수인이 공동주택의 부지로 사용하고자 하는 제2매수인에게 100억 원에 매도하였는데, 그 제2매수인이 오염토양을 정화하거나 폐기물을 처리하는 데에 20억 원을 지출하게 된 **경우를 상정하여 본다**. 지난 수십 년에 걸쳐 개발지역이 확대되고 지가가 앙등해 온 우리의 현실에서 얼마든지 있을 수 있는 사례이다. 제2매수인이 최초 매도인을 상대로 정화·처리비용 20억 원을 청구하는 경우, 다수의견에 의하면 최초 매도인은 선의의 제2매수인에게 불법행위에 기한 손해배상책임을 부담하고, 이 사건 원심과 같이 70%의 책임을 인정한다면 14억 원을 배상하여야 한다."

쉽게 말해 다수의견에 의할 경우 토지를 1억 원에 매도한 매도인이 14억 원의 배상책임을 지는 부당한 결과가 발생할 수 있다는 얘기이다. 이러한 지적은 위 판결이 일반화되었을 경우 문제점을 제시함으로써 판결 결론의 부당성을 논증하는 방식이다.

#### ③ 가벌성의 부당한 축소 : 대법원 2017. 2. 16. 선고 2016도13362 판결(전)

위 사건은 이른바 서명사취가 사기죄가 되는지 문제된 사안이다. 서명사취란 피해자가 처분행위의 내용을 인식하지 못하고 처분문서에 도장을 찍게 하는 행위를 의미한다. 예를 들어 사기꾼이 피해자에게 "이 문서는 당신이 요청한 ~~에 필요한 것이다. 그냥 도장 찍으면 된다"고 해서 날인하였는데, 사실은 그런 내용이 아니고 피해자의 부동산을 사기꾼에게 넘기는 내용이었던 경우가 그러하다.

종래 대법원은 이러한 경우는 처분의사를 인정할 수 없다는 이유로 사기죄 성립을 부정하였는데, 위 전합판결에서 판례를 변경하였다. 하지만 반대의견은 여전히 기존 입장에 따라 사기죄 성립을 부정해야 한다고 보았다. 여러 논증들 가운데 김신 대법관의 다음과 같은 판시는 부당결과 회피논증의 예다.

"만일 사기죄에서 피기망자의 완벽하고도 엄격한 처분의사를 요구하는 것으로 해석한다면, 재물을 반환할 의사 없이 빌려달라고 하는 자에게 재물을 교부한 경우에 처분결과에 대한 인식이 없었으므로 언제든지 사기죄가 성립하지 않는다는 엉뚱한 결론에 도달한다."

## 3. 마무리, 더 생각해볼 점

이 유형에는 다음과 같이 여러 가지 생각할 점들이 있다.

### (1) 논증이론의 관점에서 본 문제점

논리학의 관점에서 보면 이 유형은 연역논증의 한계를 귀납논증으로 수정한 경우라고 할 수 있다. 기계적, 형식적 논리의 적용이 실제에서 부당한 결과를 가져온다면 논리적 추론의 한계를 인정하겠다는 것이기 때문이다. 과학자들은 '이론'의 타당성을 '실험'을 통해 검증받는다고 한다. 수학적 사고를 통해 이론을 정립하고, 실험과 관찰을 통해 이론의 문제점을 보완한다는 것인데, 이는 올바른 인식을 위해 일찍이 칸트가 강조한 합리론과 경험론의 종합과 유사한 맥락이 아닐까 생각된다.

이 점은 법학도 다르지 않다. 아무리 논리적으로 완전해 보여도 실제 사안에서 합당한 결론을 도출하지 않는다면 좋은 이론이라고 할 수 없다. 법을 공부하고, 실무경험을 쌓을수록 "법의 본질은 논리가 아닌 경험"이라는 홈즈(O. W. Holmes) 대법관의 말은 대단히 심오한 통찰이라는 생각이 든다. 반복하여 강조하는 것처럼 논리의 형식적, 기계적 적용은 결코 완성도 높은 법적 논증으로 이어지지 않는다. 법학과 재판의 본질은 결코 논리로만 설명되지 않는다. 그것은 인간의 삶이 수학으로 온전히 설명될 수 없는 것과 같은 이치일 것이다.

### (2) 이 유형의 특징

한편 이 유형이 적용되는 사안에는 일정한 특징이 있다. 이 유형은 대부분 법해석이 일종의 선결문제처럼 다루어지는 사안들이라는 점이다. 재판에서 법해석이 문제되지 않는 사안들도 있는가? 그렇다. 법조문을 어떻게 해석하고, 어떻게 운용할 것인지가 문제되는 사안과 달리 법령의 의미는 비교적 명확한데, 이 사건이 거기에 포섭되는지, 그렇지 않은지가 문제되는 사안이 그러하다(단순 포섭사안). 가령 피고인의 행위가 사기인지, 횡령인지, 불법행위인지 등이 다투어지는 사안이 대표적이다.[232] 그러한 사안에서는 부당결과 회피의 문제가 발생하지 않는다. 오직 특정한 법해석이 선결문제처럼 다투어지는 사건에서 이러한 원칙이 문제된다. 왜 그런 차이가 존재하는 것일까? 아마도 법해석 사안은 향후 다른 사건에서도 선례가 될 수 있기 때문일 것이다.

### (3) 경우의 수에 대한 사고게임

이 유형 역시 논증으로 활용하기 위해서는 '한 걸음 나아가서' 향후 어떤 불합리한 결과가 발생하는지를 추론해 보아야 한다. 일종의 상상력과 경우의 수에 대한 치밀한 사고력이 요구되는 논증방식이라고 할 수 있다.

232 물론 그러한 사안들 가운데에도 사기, 횡령, 불법행위의 진정한 의미가 무엇인지 다투어지는 사안은 있을 수 있다. 하지만 실무의 많은 사안들은 사기, 횡령의 의미가 다투어진다기보다 당해 사안이 그에 포섭될 수 있는지가 문제된다.

# Ⅳ 제4유형 : 판결의 제도적 결과 - 인근 제도의 불완전성 논증

## 1. 들어가며

### (1) 의미

네 번째 유형은 판결과 제도운영의 괴리에서 오는 문제점을 지적하는 논증이다. 법률문제는 단일한 법령의 해석과 적용이 문제되는 경우도 있지만, 인근법령과의 유기적 관련성이 문제되는 경우도 많다. 실체법은 절차법에 의해 뒷받침되어야 하고, 유사법령 간의 체계정합성이 문제될 수도 있다. 또한 상하위법과의 상호관계가 문제될 수도 있다. 하나의 법령에 대한 법해석에 의해 완결적 결론에 이르렀다고 하더라도, 인근법령에서 그러한 해석을 뒷받침할 제도적 장치가 부재하다면 그러한 결론은 재고되어야 한다. 따라서 그러한 예외적 상황의 존재는 특정 결론의 정당성에 문제를 제기하는 또 다른 유형의 결과고려 논증이 될 수 있다.

### (2) 법이론적 검토

앞서 제3유형은 제1, 2유형과 이론적 근거, 결과의 의미, 입증가능성 등에서 차이가 있다는 점을 지적하였다. 그런데 이 유형은 앞서 본 3가지 유형과 또 다르다. 구체적으로 다음과 같은 점에서 구별된다.

첫째, 이론적 근거에서 차이가 있다. 앞서 본 바와 같이 제1, 2유형은 효용극대화를 추구하는 공리주의가 이론적 배경이고, 제3유형은 법리적 내지 논리적 추론이 그 근거였다. 반면 이 유형은 제도적 완결성 즉 입법으로 현실화된 법제도의 통일성 내지 상호보완성 등이 문제되므로 선행 유형들과 또 다르다.

둘째, 이 유형은 결과를 회피하는 방식도 선행 유형과 다르다. 제1, 2유형의 경우 입증이 가능하다면 비용을 최소화할 수 있는 대안을 취하면 된다. 제3유형은 논리적으로 부당한 결과를 피하는 법해석을 통해 문제를 해결할 수 있다. 하지만 이 유형은 법제도를 정비하지 않는 상태에서는 문제해결이 쉽지 않다.

셋째, 마지막으로 부당한 결과에 영향을 받은 대상자 측면에서도 차이가 있다. 앞서 본 바와 같이 제1, 2유형은 불특정다수인, 제3유형은 당해 사건의 당사자들이 그 대상이었다. 반면 이 유형에서는 주로 유사한 사건의 후속 당사자들이 문제된다.

## 2. 구체적 사례들

### (1) 집행절차의 난점 : 대법원 2013. 1. 17. 선고 2011다49523 판결(전)

위 대법원 판결은 주택임대차보호법의 대항력과 채권가압류의 제3채무자 지위의 상호관계가 문제되었다. 실체법과 집행법의 상호관계가 문제된 것이다. 사안의 개요는 다음과 같다.

- B의 채권자인 A가 B의 C에 대한 임대차보증반환채권을 가압류
- 그 이후 임대인 C는 주택을 D에게 양도함(임차인 B는 주택임대차보호법상 대항력 ○)

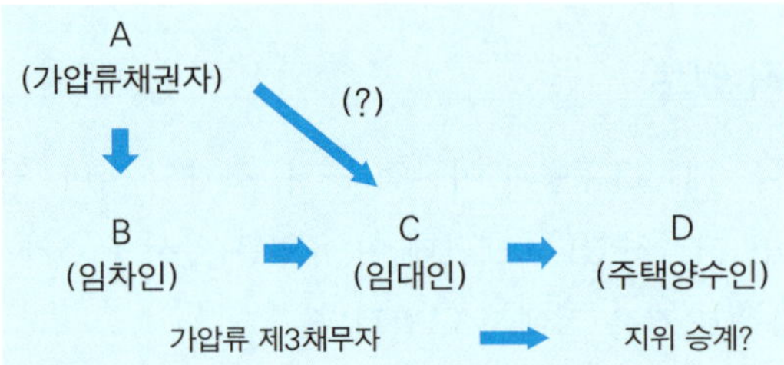


쟁점은 주택양수인인 D가 가압류 제3채무자의 지위를 승계하는지 여부이다. 주택임대차보호법에 의하면 대항력을 갖춘 임차인은 임대인 지위가 바뀌어도 임대차계약을 주장할 수 있다. 부동산 양수인은 임대인 지위를 승계한 것으로 간주되기 때문이다.[233] 따라서, 위 사안에서도 임차인 B가 주택양수인 D에게 임대차계약의 효력을 주장할 수 있다는 점에는 이론의 여지가 없다.[234] 문제는 A와 D의

233 주택임대차보호법 제3조 ④ 임차주택의 양수인(그 밖에 임대할 권리를 승계한 자를 포함한다)은 임대인의 지위를 승계한 것으로 본다.

234 참고로, 대법원은 이러한 법리를 근거로 변론종결 후 임대부동산을 양수한 자는 민사소송법 제218조 제1항의 변론종결 후의 승계인에 해당한다고 한다(대법원 2022. 3. 17. 선고 2021다

관계이다. A는 D에게 가압류의 효력을 주장할 수 있는가? 주택임대차보호법의 해석상으로는 그래야 할 것 같다. 하지만 민사집행법상 그와 같이 볼 근거가 없다. 임차인 보호를 위해서는 그래야 할 것 같다. 하지만 주택양수인(D)에게는 불측의 손해가 될 수 있다.

전형적으로 어려운 사건이다. 어려운 사건답게 대법원의 다수의견과 반대의견이 치열하게 공방을 벌였다.[235] 두 의견의 요지만을 정리하면 다음과 같다.

| | 다수의견 - 긍정 | 반대의견 - 부정 |
|---|---|---|
| 주장 | "임대주택의 양도로 임대인의 지위가 일체로 양수인에게 이전된다면 채권가압류의 제3채무자의 지위도 임대인의 지위와 함께 이전된다고 볼 수밖에 없다." | "민사집행법은 금전채권에 대한 집행에서 당사자의 처분행위에 의한 제3채무자 지위승계라는 관념을 알지 못한다." |
| 핵심 근기 | - 주택임대차보호법에 의한 법률상 승계가 인정되는 점<br>- 임대차보증금반환의무를 부담하는 자가 제3채무자가 되는 것이 타당한 점 등 | - 포괄승계가 아니므로, 그와 같이 볼 법적 근거가 없는 점<br>- 집행법상 해결하기 어려운 문제들이 발생하는 점 등 |

여러 논거들이 대립하지만, 법해석론 외에 반대의견은 다음과 같은 실무상의 문제점들을 제시한다.

### ① 전전양도, 수회 가압류 존재시의 문제점

"또한 임대주택이 전전양도되고 그 사이에 시기와 제3채무자를 달리하는 여러 압류 또는 가압류가 이루어진 경우 위와 같은 문제는 더욱 심각해진다. 이러한 경우 임대주택의 최종 소유자가 집행공탁을 통하여 임대차보증금반환채무를 면하려면 현재 임차인이 최초 거주할 당시부터의 임대주택 소유자를 **모두 추적하여 그 소유자들을 제3채무자로 하는 압류나 가압류가 있었는지 여부 및 그 내용을 모두 파악하여야 하고**, 그렇지 않고서는 공탁서에 일부 집행채권자에 관한 기재가 누락되는 것

210720 판결).

235 위 대법원 판결 이후 학자들과 실무가들의 수많은 판례평석이 나오기도 하였다. 대표적으로 손흥수, "임차 보증금 채권이 가압류 된 후 임차주택을 양수한 자의 임대인의 제3채무자 지위 승계 : 대법원 2013. 1. 17. 선고 2011다49523 판결", 「민사집행법연구」 제13권, 2017.

을 피할 수 없으며, 만일 그와 같이 일부 집행채권자가 누락되면 그 공탁금을 배당하여야 하는 집행법원으로서도 다른 집행채권자의 존부를 알 길이 없어 공탁서에서 누락된 집행채권자는 **배당절차에서도 배제되게 되고, 결국 이를 둘러싼 손해배상책임의 공방으로 이어질 가능성**이 크다."

### ② 실제 추심금 소제기를 한 경우 소송법상의 문제점

"임차인이 임대인을 상대로 임대차보증금반환청구소송을 제기하여 그 소송이 진행되는 도중에 임대인이 임대주택을 제3자에게 양도한 경우, 다수의견의 취지를 관철하면 단순히 실체법적 법률관계인 임대차보증금반환채무라는 소송물이 양수인에게 이전되는 것을 넘어 **소송법상 당사자인 피고의 지위까지 당연히 양수인에게 이전**된다고 보아야 할 것이고, 이 경우 민사소송법 제81조, 제82조에 따른 승계인의 소송참가나 소송인수의 절차가 아닌 당사자 사망에 관한 **민사소송법 제233조나 법인의 합병에 관한 민사소송법 제234조의 규정을 유추하여 소송절차의 중단과 양수인에 의한 수계절차**를 밟아야 하는 결과가 된다. 그리고 양도인이 소송과정에서 위와 같은 임대주택의 **양도사실을 묵비하여 소송절차의 중단과 수계절차를 거치지 않은 채** 양도인을 피고로 한 판결이 선고되도록 하고 그 패소판결이 확정된 경우에도, 양도인은 기판력의 시적 제한에 구애받지 않고 언제든지 임대주택의 양도사실을 내세워 패소당사자의 지위에서 벗어날 수 있게 된다."

이러한 논거들은 대부분 실무상 발생할 수 있는 문제점을 지적하는 결과고려 논증이다. 다수의견에 따를 경우 향후 해결할 수 없는 제도적, 실무적 문제점이 발생할 수 있다는 것이기 때문이다. 이는 두 법령이 충돌하는 상황에서 발생하는 문제로서 제도적으로 정비되지 않는 한 깔끔하게 해결될 수 없다.[236]

## (2) 배당이의와 부당이득 : 대법원 2019. 7. 18. 선고 2014다206983 판결(전)

위 판결은 배당받을 권리가 있는 채권자가 배당을 받지 못한 반면 무권리자인

236 참고로 대법원 2018. 6. 19. 선고 2018다201610 판결은 임차인이 임대차보증금반환채권에 질권을 설정하고 임대인이 이를 승낙한 후에 임대주택이 양도된 경우 양수인이 질권의 제3채무자 지위를 승계한다고 하였다.

채권자가 그 몫을 배당받은 경우, 배당이의 여부 또는 배당표의 확정 여부와 관계없이 부당이득반환청구를 할 수 있는지가 문제된 사안이다. 다수의견은 긍정하였고, 반대의견은 부정하였다. 이 사건도 법리문제, 법원리의 문제, 집행실무의 문제, 입법연혁 문제 등 다양한 쟁점들에서 대립 전선이 형성된 전형적인 어려운 사건이다(위 판결의 법리적 문제점은 후술하는 제5장 제1유형에서 자세히 살펴보므로, 여기서는 결과고려 논증 부분에 국한해서 간략히 살펴본다).

다수의견은 법해석의 관점에서 절차적 안정성을 훼손할 우려가 있음을 인정하면서도 부당이득반환청구를 허용할 수밖에 없다고 보았다. 그 근거로 현행 집행절차의 미비점을 세밀하게 지적한다. 지면관계상 이를 모두 살펴볼 수는 없고, 결론에 해당하는 부분만을 보기로 한다(넘버링은 필자가 추가함). 대법원은 매우 이례적으로 제도의 정비가 필요한 사항을 다음과 같이 종합적으로 지적한다.

> "**제도보완이 필요한 부분은 다음과 같다**. (1) 먼저 배당의 기초가 되는 배당표 작성이 실체적 권리관계에 부합할 수 있도록 관련 절차를 보완해야 하고, (2) 배당절차의 종료로 실권되는 채권자의 절차보장을 위해 송달제도, (3) 배당표원안 열람제도, (4) 배당기일 운영방식 등을 개선하여 채권의 존부나 우선권 등에 대한 실질적인 조사가 이루어질 수 있어야 한다. 또한 (5) 확정된 배당표에 대해서는 배당절차에 참가한 채권자들 모두가 배당표에 기속되도록 하는 법령상의 근거를 마련하거나 민사집행법 제155조의 개정 등의 작업이 필요할 수 있다. **이러한 제도보완이 선행되지 않은 채 절차의 안정만을 강조하여 배당절차 종료 후 부당이득반환 청구를 함부로 제한할 수는 없다**."

결국 이와 같은 다양한 제도들의 보완이 이루어지지 않는 한 실체법상 부당이득반환청구를 인정하는 것이 불가피하다는 것이다. 이러한 제도적 미비로 인해 발생할 문제점을 지적하는 것 역시 결과고려 논증의 일종이라고 할 수 있다.

### (3) 가집행선고부 판결과 간접강제 주문의 문제점 : 대법원 2021. 7. 22. 선고 2020다248124 판결(전)

위 판결은 판결절차에서 부작위의무 위반에 대해 간접강제 결정을 할 수 있는지가 문제된 사안이다. 통상 집행권원을 얻는 판결절차와 그에 터잡아 강제집행을 하는 집행절차는 별개의 절차로 인식되므로, 판결절차에서 곧바로 강제집행을 명하는 것은 법률이 특별히 정한 경우가 아니면 허용될 수 없는 것이 원칙이다. 그럼에도 대법원은 판례법리로서 일관하여 간접강제의 경우 예외를 인정해 왔는데,[237] 위 사건에서 그 점이 다시 도마에 오른 것이다. 다수의견은 기존 판례 법리에 따라 긍정하였고, 반대의견은 부정하였다.

다수의견과 반대의견은 (i) 민사소송법과 민사집행법의 해석론, (ii) 본안판결 절차와 집행절차의 관계, (iii) 채권자의 권리보호와 채무자의 방어권 보호의 비교형량 등 다양한 쟁점에 대해 공방을 벌였는데, 반대의견이 제시한 다음과 같은 주장은 제도적 문제점에 기반한 결과고려 논증이다(넘버링은 필자가 추가함).

> "판결절차에서 간접강제를 명하게 되면, 그 간접강제명령에는 집행권원의 성립 후 별도로 간접강제결정을 할 경우에 적용되는 **민사집행법령과 판례 법리를 적용할 수 없어 불합리가 발생한다**.
>
> (1) 민사집행규칙 제191조 제1항에 의하면, 간접강제결정을 한 제1심 법원은 사정의 변경이 있는 때에는 채권자 또는 채무자의 신청에 따라 간접강제결정의 내용을 변경할 수 있다. 그런데 본안판결에서 간접강제명령을 하였다면 위 조항에 따라 간접강제명령의 내용을 변경할 수 있다고 해석하기 곤란하다. 본안판결의 간접강제명령은 '판결'의 일부이지 이를 '결정'이라고 보기 어렵고, 판결의 내용을 향후 결정으로 변경할 수 있다고 보기도 어렵기 때문이다. 그렇다면 간접강제를 명한 본안판결이 확정된 후 사정의 변경으로 인해 그 간접강제 배상금이 과다하게 정해졌다고 판단되는 경우에도 채무자에게는 그 배상금을 바로잡을 수단이 없게 되는 **불합리가 발생한다**.
>
> (2) 또한 판례는 가집행의 선고가 있는 종국판결에 기하여 간접강제결정이 이루어진 이후 그 종국판결에 대하여 강제집행정지결정이 내려지면 그 간접강제결정은 취소되어야 한다는 취지이다(대법원 1997. 1. 16. 자 96마774 결정 참조). 그런데 가집행의 선고가 있는 종국판결에서 간접강제를 명하였다면 그 이후 그 종국판

237 이는 실무상으로도 확립되어 있고, 빈번하게 활용된다. 즉 부작위의무, 부대체적 작위의무를 구하면서 간접강제를 같이 청구하는 경우로, 법원이 두 청구를 모두 인용할 경우 주문은 다음과 같다(다만 하급심의 주류는 간접강제 청구는 쉽게 인정하지 않는 경향이 있다).

> 1. 피고는 원고가 ~~ 하는 것을 방해해서는 아니 된다.
> 2. 피고가 전항 기재 의무를 위반할 경우 원고에게 위반행위 1회당 10,000,000원을 지급하라.

결에 대하여 강제집행정지결정이 내려졌다고 하더라도 간접강제명령 부분이 취소된다고 보기 어렵다. 판결 중 일부가 강제집행정지결정에 의하여 취소된다고 해석하기 어렵기 때문이다. 그렇다면 가집행의 선고가 있는 종국판결에서 간접강제를 명한 경우에 채무자로서는 그 종국판결에 대하여 강제집행정지결정을 받았다고 해도 간접강제명령에 기초한 압류 상태를 제거할 수 없는 **불합리가 발생**한다.”

민사집행법 적용을 예정한 간접강제에 대해 판결로 선고할 경우 민사집행법에서 규율하는 다른 절차들이 적용될 수 없거나, 적용될 수 있다고 하더라도 법적 근거가 없게 되는 불합리한 결과가 발생한다는 취지이다. 이 역시 절차법적 근거가 미비한 상황에서 실체법만을 근거로 한 판결이 갖는 문제점을 지적하는 결과고려 논증이다.[238]

### (4) 추심의 소와 중복소송 : 대법원 2013. 12. 18. 선고 2013다202120 판결(전)

위 사건 역시 사실관계는 간단하지만 법리적으로는 까다로운 문제를 안고 있다. 사안의 개요는 다음과 같다.

- B가 C에 대해 이행청구를 함
- 그러던 중 B의 채권자 A가 추심명령을 받아 C에 대해 추심의 소를 제기함

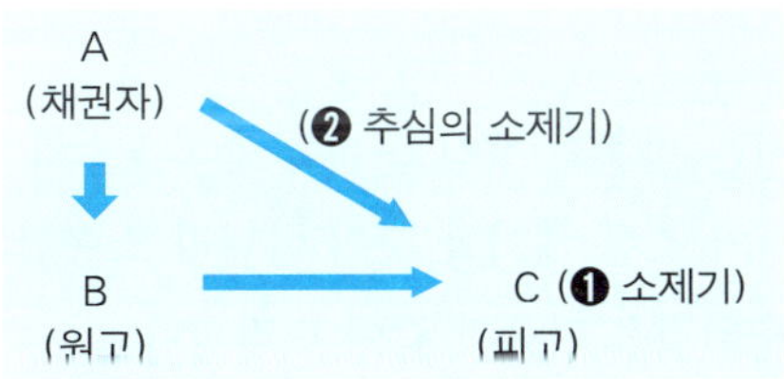


위와 같은 경우 A의 청구(추심의 소제기)는 중복소송으로 각하되어야 하는가? 아니면 B의 청구가 당사자적격 상실로 각하되어야 하는가? 중복소송의 관점에서

238 다만 위 판결에 대해서는 다수의견을 지지하는 것이 다수설의 견해로 보인다. 권영준, “2021년 민법 판례 동향”, 서울대학교 「법학」 제63권 제1호, 2002. 3, 315~324면 참조. 앞서 언급한 것처럼 이러한 청구 및 판결은 실무적으로 확립되어 있기도 하다.

보면 A의 청구가 각하되어야 할 것 같다. 반면 추심명령이 있으면 채무자는 당사자 적격을 상실하므로[239] 전소가 각하되어야 한다. 난해한 문제인 만큼 대법원에서도 다수의견과 반대의견이 치열하게 대립하였다. 다수의견과 반대의견의 최종결론은 다음과 같다.

| 다수의견 - 중복소송 부정 | 소수의견 - 중복소송 긍정 |
|---|---|
| 후소에 의해 전소의 원고는 당사자적격을 상실하므로 후소가 적법하고 전소는 효력상실 | 소송의 순서상 후소는 중복소송이므로, 전소를 유지하고 후소는 부적법 각하되어야 함 |

다수의견은 추심의 법리를 우선하였다. 반면 반대의견은 중복소송의 법리를 우선하였다. 다양한 법리적 공방이 있었지만, 두 의견 모두 결과고려 논증을 중요한 논거로 제시한다. 다수의견의 핵심논거 중 하나는 다음과 같다.

> "오히려 압류채권자가 제3채무자를 상대로 제기한 추심의 소를 중복된 소제기에 해당한다는 이유로 각하한 다음 당사자적격이 없는 **채무자의 이행의 소가 각하 확정되기를 기다려 다시 압류채권자로 하여금 추심의 소를 제기하도록 하는 것이 소송경제에 반할** 뿐 아니라, 이는 압류 및 추심명령이 있는 때에 민사집행법 제238조, 제249조 제1항과 앞서 본 대법원판례에 의하여 압류채권자에게 보장되는 추심의 소를 제기할 수 있는 권리의 행사와 그에 관한 실체 판단을 **바로 그 압류 및 추심명령에 의하여 금지되는 채무자의 이행의 소를 이유로 거부하는 셈이어서 부당**하다고 하지 않을 수 없다."

반대의견이 제시하는 반론의 핵심 근거는 중복소송의 일반원칙 외에 추심채권자의 경우 굳이 추심의 소를 제기할 것이 아니라 소송참가를 하면 충분하다는 것이다. 이에 대해 다수의견은 다음과 같이 반박한다.

> "압류채권자는 채무자가 제3채무자를 상대로 제기한 이행의 소에 민사소송법 제

239 추심권자는 법정소송담당으로 추심소송은 채무자에게 기판력이 미치고, 추심권자가 소제기한 경우 채무자의 소는 당사자적격이 부정되어 부적법 각하되어야 한다는 것이 판례의 입장이다(대법원 2000. 4. 11. 선고 99다23888 판결 등).

81조, 제79조에 따라 참가할 수도 있으나, 채무자의 이행의 소가 상고심에 계속 중인 경우에는 승계인의 소송참가가 허용되지 아니하므로 압류채권자의 소송참가가 언제나 가능하지는 않으며, 압류채권자가 채무자가 제기한 이행의 소에 참가할 의무가 있는 것도 아니다."

반대의견은 소송참가를 통해 기존 채권자가 권리를 행사할 수 있다고 보았지만, 만일 대법원 단계에서 추심의 소가 제기되고, 중복소송이라는 이유로 각하되는 경우라면 추심채권자는 더 이상 권리행사가 불가능해지는 결과가 된다는 것이다. 이는 상대방의 주장에 따른 판결 결과를 실행할 수 있는 제도적 장치가 미비하다는 점을 지적함으로써 상대방 주장의 한계를 지적하는 논증 방식이다.[240]

### (5) 양심적 병역거부와 대체복무제 : 대법원 2018. 11. 1. 선고 2016도10912 판결(전)

양심적 병역거부 판결 역시 다양한 쟁점들이 있지만, 그 가운데 하나는 양심적 병역거부의 제도운영상의 문제점이다. 반대의견은 법리적, 헌법적 논거들을 길게 논한 뒤 양심적 병역거부를 인정하면 다수의 허위 신앙고백자가 등장할 우려가 있다거나, 진정한 신앙인지 아닌지를 구별하는 것 자체가 불가능하다고 한다.

> 다수의견의 결론을 따라 병역거부에 관한 '진정한 양심'을 이 사건 처벌규정의 '정당한 사유'에 해당하는 사유로 볼 수 있다 하더라도, 이는 내심의 영역에만 머물던 것으로서 그 존부에 대해 객관적인 재현이나 증명은 물론, 그 주장에 대해 과학적·합리적인 반증이나 탄핵을 하는 것 자체가 대단히 어렵거나 거의 불가능하다. 이로 인하여 형사사법절차가 예정하는 논리칙, 경험칙에 입각하고 합리성에 기초한 객관적인 증명의 대상으로는 적절치 않은 것이다.

이에 대해 다수의견은 그런 문제가 있다고 하여 헌법상의 기본권 행사 자체를 막을 수는 없다거나, 증명책임의 법리에 따라 제도를 운용할 수 있을 것이라

240 고로 대법원 2016. 8. 29. 선고 2015다236547 판결은 채권자대위소송이 제기되고 대위채권자가 채무자에게 대위권 행사사실을 통지하거나 채무자가 이를 알게 된 후 이루어진 피대위채권에 대한 전부명령은 무효라고 보았다. 비록 전원합의체 판결은 아니지만 위 판결과 비교하면 이론의 여지가 전혀 없지는 않아 보인다.

고 반박한다.

> 정당한 사유가 없다는 사실은 범죄구성요건이므로 검사가 증명하여야 한다. 다만 진정한 양심의 부존재를 증명한다는 것은 마치 특정되지 않은 기간과 공간에서 구체화되지 않은 사실의 부존재를 증명하는 것과 유사하다. 위와 같은 불명확한 사실의 부존재를 증명하는 것은 사회통념상 불가능한 반면 그 존재를 주장·증명하는 것이 좀 더 쉬우므로, 이러한 사정은 검사가 증명책임을 다하였는지를 판단할 때 고려하여야 한다. **따라서 양심적 병역거부를 주장하는 피고인은** 자신의 병역거부가 그에 따라 행동하지 않고서는 인격적 존재가치가 파멸되고 말 것이라는 절박하고 구체적인 양심에 따른 것이며 그 양심이 깊고 확고하며 진실한 것이라는 사실의 존재를 수긍할 만한 소명자료를 제시하고, **검사는 제시된 자료의 신빙성을 탄핵하는 방법으로 진정한 양심의 부존재를 증명할 수 있다**. 이때 병역거부자가 제시해야 할 소명자료는 적어도 검사가 그에 기초하여 정당한 사유가 없다는 것을 증명하는 것이 가능할 정도로 구체성을 갖추어야 한다.
> (중략) **검사가 증명하는 것이 쉽지 않다는 이유로 이를 정당한 사유로 주장할 수 없다고 보는 것은 본말이 전도된 것이다**. 반대의견의 주장이 타당하지 않다는 것은 이미 여러 국가들이 진정한 양심적 병역거부를 가려내어 허용하고 있다는 사실만으로도 충분히 확인된다.

반대의견의 재반박은 대체복무제의 입법을 기다려야 한다는 것이다. 위 대법원 판결 이전에 이미 헌법재판소는 양심적 병역거부와 관련하여 헌법불합치 결정을 한 상태였다.[241] 따라서 입법에 의해 대체복무제가 도입되면 그러한 문제가 어느 정도 해결될 수 있는데, 굳이 법원이 앞서서 병역법 제88조 제1항의 해석론으로 양심적 병역거부를 인정하는 것은 적절하지 않다는 것이다.

> "아직 대략적인 윤곽만 확인되고 그마저도 여러 논란의 소지가 있다고 보이는 대체복무제 입법안의 논의 내용과 상황을 감안하지 않은 채, 다수의견의 논리대로 대체복무제의 도입 여부와 양심적 병역거부에 대한 처벌 여부는 별개라는 인식 아래 대체복무제 도입에 선행하여 이 사건 처벌규정의 '정당한 사유'에 양심적 병역거부의

241 헌재 2018. 6. 28. 선고 2011헌바379·383 등(병합) 결정. 그 이후 2019. 12. 31. 대체역의 편입 및 복무 등에 관한 법률이 제정되었다.

사유가 포섭될 수 있는지 여부를 판단하는 것은 타당하지 않다. 다수의견의 결론에 따라 이 사건 피고인의 '진정한 양심'을 보호하기 위해 원심을 파기하고 향후 피고인에 대해 무죄가 선고되더라도, 입법을 통해 대체복무제가 실제로 도입되었을 때 그 내용과 요건, 판단 기준 등에 따라서는 피고인에 대해 다시 대체복무기피죄로 처벌하게 되는 등 형사사법절차상의 혼란이 발생될 위험이 없지 않다."

이러한 두 의견 모두 나름의 일리가 있다. 하지만 동시에 한계도 명확하다. 진정한 양심을 구별하는 것은 결코 쉽지 않다. 제도를 악용하는 사례가 발생할 가능성도 부인할 수 없다.[242] 반면 그러한 제도 운영의 어려움이 있다고 하여 기본권 행사 자체를 막을 수 없다는 다수의견의 주장 역시 타당하다. 결국 문제의 본질은 제도의 미비에 있다.

## 3. 마무리

온전한 판결은 선례가 된다. 따라서 적어도 판결시점에서 그것이 선례가 된다고 하여 문제될 경우가 딱히 떠오르지 않아야 한다. 시간의 경과에 따라 그러한 선례로 해결할 수 없는 새로운 사례들이 나오는 것은 어쩔 수 없더라도 말이다. 따라서 판결 선고 시점에 이미 그것이 선례가 될 경우 해결할 수 없는 문제가 존재한다는 것은, 비록 그것이 매우 이례적인 것이라고 하더라도, 판결의 정당성에 대한 중대한 문제제기가 될 수밖에 없다.

한편 이 논증 역시 인근법령, 절차법 등에 대한 면밀한 검토가 필요하다. 위에서 본 사례들의 결과고려 논증 역시 인근 법령 내지 법제도가 적용될 경우의 문제점에 대해 세밀하게 고찰한 결과임을 알 수 있다.

242 실제로도 진정한 양심적 병역거부인지가 다투어지는 사건들이 잇따르고 있다. 대법원 2020. 7. 9. 선고 2019도17322 판결, 대법원 2020. 9. 3. 선고 2020도8055 판결 등 참조. 두 사건 모두 진정한 양심적 병역거부가 아니라고 보았다.

## V 제5유형 : 판결의 규범적 결과 - 규범적으로 바람직한 결과, 수범자의 행위준칙

### 1. 들어가며

#### (1) 의미

결과고려 논증의 마지막 유형은 규범적 결과의 문제이다. 법률은 재판규범임과 동시에 행위규범이다. 이 점은 판결도 마찬가지다. 법원의 판결은 주로 재판규범의 측면만이 강조되지만, 다른 한편으로 행위규범으로도 기능한다. 특히 대법원 판결은 향후 유사한 상황에 처한 개인들에게 어떠한 방식으로 행동해야 하는지에 대한 규범적 가이드라인이 될 수 있다. 이 문제 역시 당해 사안에서 법해석이 명확하다면 별로 고려될 여지는 없다. 하지만 법해석이 명확하지 않은데, 그 결과가 규범적으로 바람직한 방향과 그렇지 않은 방향을 동시에 가리킨다면 법원은 어떠한 판단을 해야 하는가? 당연히 후자일 것이다.

#### (2) 법이론적 검토

법학의 기초개념 중 하나는 존재(sein)과 당위(sollen), 사실과 규범이다. 법률개념을 사실적 개념으로 볼 것인지 규범적 개념으로 볼 것인지는 어려운 문제다.[243] 법률요건은 기본적으로는 사실적 개념으로 구성되어 있다. 예를 들어 매매, 증여, 폭행, 살인 등은 모두 특정한 사실을 개념화한 것이다. 원고와 피고가 부동산을 사고 팔거나(매매), 무상으로 주거나(증여), 피해자를 때리거나(폭행) 죽이거나(살인) 등등 특정한 사실이 입증되면 요건사실이 충족되고, 법이 정한 법률효과가 발생한다.

하지만 법적 추론 내지 재판은 늘 사실적인 개념으로 해결되는 것은 아니다. 어려운 사건에서 법원은 규범적 요소를 고려한다. 보다 정확하게 말하면 사실적인 요소와 규범적인 요소는 끊임 없이 상호작용을 한다. 예를 들어보자. 폭력행위 등 처벌에 관한 법률은 '위험한 물건'을 사용한 폭력행위를 가중처벌한다. 위험한 물

243 이에 관한 학술논문으로는 김종구, "형법해석에 있어서 사실주의와 규범주의 — 최근 대법원 판례와 관련하여 —" 「홍익법학」 제13권 제3호, 2012.

건은 말 그대로 피해자에게 위해를 가할 수 있는 물건이다. 하지만 잘 알려진 바와 같이 대법원은 이를 매우 넓게 해석한다. 그 이유는 다름 아닌 규범의 보호목적 때문이다. 대법원 판례 가운데 "법해석에 있어서 규범적 요소를 함께 고려해야 한다"는 취지로 판시한 사례들은 대단히 많다.[244] 또 굳이 그렇게 판시하지 않더라도 모든 법해석은 규범적 요소를 고려하는 것이 원칙적 모습이기도 하다.

판결의 행위준칙으로서의 성격 역시 규범적 요소와 관련된다. 모든 판결은 당해 사건 해결을 위한 것이지만, 다른 한편으로 그에 의해 향후 수범자들이 앞으로 어떻게 행동해야 할지를 암시한다. 법원 입장에서도 특정 판결이 향후 수범자의 행동방식에 영향을 미친다면, 그러한 규범적 결과를 고려할 수밖에 없다.

## 2. 구체적 사례들

### (1) 형사소송절차와 관련한 대법원 판결들

판결의 향도적 기능과 관련하여 가장 많은 판결이 나오는 분야는 단연 형사절차 영역이다. 다수의 형사절차에 관한 판례법리는 미국 연방대법원에서 유래되었다. 하지만 최근에는 대법원도 우리의 형사소송법에 고유한 여러 판례들을 쏟아내고 있다. 주로 증거법과 관련한 판례들인데, 이러한 판결의 기능은 이중적이다. 1차적으로는 당연히 당해 사건에서 증거능력, 증거가치를 확정하는 것이다. 하지만 다른 한편으로 향후 수사절차에서 수사기관의 행위지침을 제시하는 것이기도 하다.

이러한 판례들은 셀 수도 없이 많지만, 지면관계상 최근 판결 한 가지만 본다. 대법원 2022. 10. 27. 선고 2022도9510 판결은 경찰관이 경찰서가 아닌 사인의 주거지를 방문하여 진술서를 작성한 경우 증거능력 요건에 관해 다음과 같이 밝혔다.

244 대표적으로 공소사실의 동일성 판단에 관한 대법원 1994. 3. 22. 선고 93도2080 전원합의체 판결, 배임죄의 타인의 사무를 처리하는 자의 의미에 관한 대법원 2018. 5. 17. 선고 2017도4027 전원합의체 판결, 부작위범의 의미에 관한 대법원 2015. 11. 12. 선고 2015도6809 전원합의체 판결 등.

"검사 또는 사법경찰관이 피의자가 아닌 자의 출석을 요구하여 조사하는 경우에는 피의자를 조사하는 경우와 마찬가지로 조사장소에 도착한 시각, 조사를 시작하고 마친 시각, 그 밖에 조사과정의 진행경과를 확인하기 위하여 필요한 사항을 조서에 기록하거나 별도의 서면에 기록한 후 수사기록에 편철하도록 하는 등 조사과정을 기록하게 한 형사소송법 제221조 제1항, 제244조의4 제1항, 제3항의 취지는 수사기관이 조사과정에서 피조사자로부터 진술증거를 취득하는 과정을 투명하게 함으로써 그 과정에서의 절차적 적법성을 제도적으로 보장하려는 것이다. 따라서 수사기관이 수사에 필요하여 피의자가 아닌 자로부터 진술서를 작성·제출받는 경우에도 **그 절차는 준수되어야 하므로**, 피고인이 아닌 자가 수사과정에서 진술서를 작성하였지만 수사기관이 조사과정의 진행경과를 확인하기 위하여 필요한 사항을 그 진술서에 기록하거나 별도의 서면에 기록한 후 수사기록에 편철하는 등 적절한 조치를 취하지 아니하여 형사소송법 제244조의4 제1항, 제3항에서 정한 절차를 위반한 경우에는, 그 진술증거 취득과정의 절차적 적법성의 제도적 보장이 침해되지 않았다고 볼 만한 특별한 사정이 없는 한 '적법한 절차와 방식'에 따라 수사과정에서 진술서가 작성되었다고 할 수 없어 증거능력을 인정할 수 없다."

형사소송법 제244조의4에 의하면 수사기관은 진술서 등 작성시 그 시간, 진행경과 등을 기재해야 한다. 경찰서나 검찰청에서 조서를 작성하거나 진술서를 작성하는 경우 이러한 절차를 거치는 것은 당연한데, 이 사건은 피조사자의 주거지를 방문하여 진술서를 받은 관계로 그렇게 하지 않았다. 대법원은 그러한 경우라면 증거능력이 인정되지 않는다고 보았다. 이러한 판례는 당해 사건에서 증거능력의 요건을 판단한 것이지만, 다른 한편으로 향후 수사기관의 강제수사절차와 관련한 행위기준을 밝힌 것이기도 하다.

### (2) 배우자의 부양과 기여분 : 대법원 2019. 11. 21.자 2014스44, 45 결정(전)

위 사건은 배우자가 장기간 상대방을 부양한 경우 기여분을 인정할 것인지가 문제된 사안이다. 다수의견은 배우자의 장기간 동거·간호에 따른 무형의 기여행위를 기여분을 인정하는 요소 중 하나로 고려할 수 있다고 하면서도, 그러한 사실만으로 자동적으로 기여분을 인정할 수는 없다고 보았다. 즉, 제반사정을 종합하여 판단하면 충분하다는 것이다.

반면 반대의견은 배우자의 이러한 부양행위는 민법 제1008조의2 제1항에서 정한 기여분 인정 요건 중 하나인 '특별한 부양행위'에 해당하므로, 특별한 사정이 없는 한 그 자체만으로 배우자에게 기여분을 인정해야 한다고 보았다. 반대의견이 제시한 논거들은 (i) 2005년 민법 개정의 취지,[245] (ii) 통상적인 부양과 특별한 부양은 구별이 가능하다는 점, (iii) 그리고 다음과 같은 규범적 결과고려 논거이다.

> "인구의 고령화가 급속도로 진전되고 있는 데다가 핵가족화로 인하여 고령의 부모와 자녀가 따로 거주하는 경우 노인 돌봄 문제가 심각하게 대두할 수 있다. 만일 고령의 부부 중 어느 한쪽 배우자가 투병 중이고 자녀는 부모와 떨어져 타지에 거주한다면, 투병 중인 배우자에 대한 간호는 경제적 지출 외에도 정신적이고 육체적인 피로를 수반할 여지가 크다. 이러한 경우 배우자의 동거·간호행위는 투병 중인 배우자뿐만 아니라 자녀에게도 여러 가지 측면에서 부담을 경감시켜 주는 소중한 의미가 있을 수 있다."

고령화, 핵가족화가 가속화되는 사회상황을 고려하면 이러한 법해석이 규범적으로 타당한 결과를 가져올 수 있다는 취지이다. 이러한 반대의견에 대한 다수의견의 반론은 다음과 같다.

> "우리 사회에서 법정상속분만으로는 배우자 보호에 미흡한 경우가 많은 현실을 반영하여 그 간극을 메우는 방법으로 기여분 제도를 이용하자는 주장이 있다. 문제제기에 공감할 부분이 있지만, 문제를 해결함에 있어 기여분의 요건을 거의 묻지 않거나 아주 완화해서 해석함으로써 거의 모든 배우자에 대하여 기여분을 인정하자는 것이므로 현행법의 해석론으로 받아들이기 어렵다."

결국 가족법의 해석은 건전한 가족질서의 유지와 같은 요소들 고려하여 규범적으로 바람직한 방향으로 해석되어야 한다는 점에는 이견이 없고, 다수의견과 반대의견의 차이는 법해석과 결과고려의 정도 내지 비중이 문제라고 할 수 있다.[246]

245 2005년 개정 민법에 의해 기여분 규정은 개정 전 민법상의 '특별한 부양'이라는 요건을 '피상속인의 재산의 유지 또는 증가에 특별히 기여한 자'로부터 분리하고, '특별한 부양'의 행위 대상을 '상당한 기간 동거·간호 그 밖의 방법으로 피상속인을 특별히 부양한 것'으로 구체화하였다.

246 다만 위 판결에 대해서는 반대의견보다는 다수의견을 지지하는 견해가 더 많아 보인다. 가령 김성우,

### (3) 계약의 해석과 계약의 구속성 증대 : 대법원 2006. 11. 9. 선고 2004다22971 판결

위 판결은 당사자가 "잔금 지급 이후에는 해제권 행사가 금지된다"는 취지의 약정을 하였는데, 그러한 약정의 적용범위가 문제된 사안이다. 대법원은 약정해제권을 배제한다는 취지일 뿐 법정해제권까지 배제하는 약정으로 볼 수 없다고 판단하였다. 그리고 그 근거로 다음과 같은 점을 든다.

> "계약당사자 사이의 채무불이행에 따른 법정해제권을 배제하는 약정은 비록 손해배상의 청구가 보장된다고 하더라도 그 자체로서 **채무불이행을 용인**하는 **결과가 되므로** 계약당사자의 합의에 따라 명시적으로 법정해제권을 배제하기로 약정하였다고 볼 수 있는 경우가 아닌 이상 엄격하게 제한 해석하여야 할 것이다."

잘 알려진 바와 같이 계약서의 해석에는 규범적 요소가 강하게 작용한다. 그러한 규범적 해석은 다양한 의미가 있는데, 규범적으로 바람직한 결과도 그 가운데 하나이다. 결과고려 논증이 고려되는 주된 이유가 어려운 사건에서 법령의 의미가 불명확하기 때문인 것처럼, 계약서의 문언 해석이 이럴 수도 있고 저럴 수도 있다면 규범적으로 더 바람직한 결과를 낳을 수 있는 해석이 선호될 수 있음은 당연하다.

### (4) 동시이행항변권을 소멸시키기 위한 이행제공의 정도와 성실한 채무자 보호 : 대법원 2012. 11. 29. 선고 2012다65867 판결

쌍무계약에서 상대방이 갖고 있는 동시이행항변권을 소멸시키기 위해서는 이행의 제공이 필요하다. 부동산 거래의 경우 매도인 입장에서는 소유권이전등기에 필요한 서류를 준비해서 법무사 사무실에 비치하는 등의 조치가 그것이다. 이와 관련하여 판례는 점차 매도인의 이행제공 정도를 완화하는 경향을 보여 왔다. 위 대법원 판결의 경우 원심은 매도인이 구비한 서류에서 가장 중요한 매도용 인감증명서가 빠졌다는 이유로 적법한 이행제공이 아니라고 판단하였다.[247] 하지만, 대

"상당한 기간 피상속인을 동거·간호한 배우자의 기여분", 법률신문 2020. 1. 2.자 판례 평석 참조.

247 서울고등법원 2012. 6. 20. 선고 2011나85552 판결.

법원은 다음과 같이 판시하면서 원심을 파기하였다.

> "쌍무계약에서 일방 당사자의 자기 채무에 관한 이행의 제공을 엄격하게 요구하면 오히려 불성실한 상대 당사자에게 구실을 주는 것이 될 수도 있으므로 일방 당사자가 하여야 할 제공의 정도는 그 시기와 구체적인 상황에 따라 신의성실의 원칙에 어긋나지 않게 합리적으로 정하여야 하고, 따라서 매수인이 잔대금의 지급 준비가 되어 있지 아니하여 소유권이전등기서류를 수령할 준비를 안 한 경우에는 매도인으로서도 그에 상응한 이행의 준비를 하면 족하다."

계약법 법리가 채무불이행자를 더 보호하는 것은 규범적으로 바람직하지 않다. 대법원은 쌍무계약에서 동시이행항변권을 배척하는 이행제공의 정도라는 법해석론을 정립하는 과정에서 규범적으로 바람직한 결과를 고려한 것이다.

### (5) 긍정적 행위 동기 제공 : 「대법원 2023. 5. 11. 선고 2017다35588, 35595 판결(전)

위 판결은 취업규칙 변경에 근로자의 집단적 동의가 요구되는지 문제된 사안이다. 최근 노동법 판결 가운데 가장 주목받은 판결 가운데 하나로, 다수의견은 실질과 구별되는 절차의 독자성을 강조하면서 내용이 합당하다는 이유만으로 근로자의 동의라는 절차를 생략할 수 없다고 보았다. 다수의견이 들고 있는 많은 논거들 가운데 다음 부분은 규범적 결과에 대한 논증의 예이다.

> "다수의견은 사용자가 근로자의 집단적 동의 없이 취업규칙을 불리하게 변경하면 강행규정인 근로기준법 제94조 제1항 단서 위반으로서 원칙적으로 무효라는 법리를 선언함으로써 사용자로 하여금 취업규칙의 변경 시 근로자의 집단적 동의를 받기 위해 진지하게 설득하고 노력할 유인을 제공하여 바람직한 노사관계 정립에 기여한다."

위 대법원 판결에서도 근로기준법 제94조의 해석론에서 시작하여 절차규정의 의미, 실체와 절차의 관계 등 다양한 논점에서 공방이 벌어졌다. 절차적 요건의 예외를 인정하지 않겠다는 다수의견이 제시한 여러 근거들 중 위와 같은 결과고려 논증은 방론적인 것이기는 하지만, 규범적인 관점에서 더 바람직한 결과를 지향한다는 것으로, 결론을 뒷받침하는 합당한 논거가 될 수 있다.

### (6) 경영판단의 원칙과 기업가들의 행위준칙 : 대법원 2023. 3. 30. 선고 2019다280481 판결 등 다수

판결의 향도적 기능의 또 다른 대표적 예는 경영판단의 원칙이다. 경영판단의 원칙(Business Judgment Rule)이란 기업가의 경영판단이 현저히 불합리한 것이 아니라면 결과적으로 회사에 손해를 입혔다고 하더라도 선관주의의무 위반의 책임을 묻지 않겠다는 법리이다. 미국 델라웨어(Delaware)주 법원이 생성, 발전시킨 것으로, 20세기를 거치며 거의 모든 선진국에서 받아들인 대표적 회사법 법리이다. 잘 알려진 바와 같이 이는 자유롭고 창의적인 기업가정신을 고양하기 위한 것이지만, 다른 한편으로 매우 구체적으로 기업 임원들의 행위준칙을 제공한다. 대법원 판결의 구체적 내용을 보자(넘버링은 필자가 추가함).

> “(1) 이사는 법령 또는 정관에 정해진 목적 범위 내에서 회사의 경영에 관한 판단을 할 재량권을 가지고 있다. 기업의 경영은 장래의 불확실한 상황을 전제로 이루어지는 경우가 많으므로 거기에는 다소의 모험과 그에 따른 위험이 수반될 수밖에 없다.
> (2) 따라서 이사가 법령에 위반됨이 없이 임무를 수행하는 과정에서 ① 합리적으로 이용가능한 범위 내에서 필요한 정보를 충분히 수집·조사하고 검토하는 절차를 거친 다음, ② 이를 근거로 회사의 최대 이익에 부합한다고 합리적으로 신뢰하고 신의성실에 따라 경영상의 판단을 내렸고, ③ 그 내용이 현저히 불합리하지 않은 것으로서 통상의 이사를 기준으로 할 때 합리적으로 선택할 수 있는 범위 안에 있는 것이라면,
> (3) 비록 사후에 회사가 예상했던 이익을 얻지 못하고 손해를 입게 되는 결과가 발생하였다 하더라도 이사의 행위는 허용되는 경영판단의 재량 범위 내에 있는 것이어서 해당 회사에 대하여 손해배상책임을 부담한다고 할 수 없다.”

위 판결의 논리구조는 다음과 같다. (1)은 경영판단의 원칙을 인정하는 배경사실을 설시한 것이고, (2)는 경영판단 원칙의 내용이며, (3)은 그 효과이다. 특히 (2)에서 이사들의 행위준칙을 정하고 있다. ① 합리적 정보의 수집, ② 회사 이익에 부합하는 합리적 판단, ③ 그 내용이 현저히 불합리하지 않고, 통상의 이사들이

선택할 수 있는 범위 내일 것이 그것이다. 그러한 행위준칙을 지키면 손해가 발생하더라도 배상책임을 면제한다는 것이고, 이를 통해 자유롭고 창의적인 기업가정신이 위축되지 않는 결과를 유도하겠다는 것이다.

## 3. 마무리

(1) 모든 제도는 특정 목적 하에 설계되는 것이지만, 다른 한편으로 그 시행 이후에는 행위자들에게 일정한 메시지를 전달한다. 법해석은 일반추상적인 법령의 의미를 조금 더 세밀하게 정의하는 작업인데, 위에서 본 것처럼 법령의 해석이 일의적이지 않을 때 가급적 규범적으로 바람직한 결과를 유도할 수 있는 행위준칙을 제시하는 법해석도 빈번하게 등장한다. 따라서 판결의 이러한 특성에 착안한 논증 역시 효과적인 결과고려 논증의 한 유형이다.

(2) 주의할 것은 이러한 방식의 결과고려가 항상 긍정적인 것만은 아닐 수 있다는 점이다. 사안에 따라 제도의 설계의 메시지가 반대방향으로 가는 경우도 있다. 가령 부동산 투기를 막기 위한 세제의 개편이 오히려 시장에 전체적으로 부동산 가치가 여전히 저평가되었다는 시그널을 주어 부동산 가격 상승으로 이어지는 경우가 대표적이다. 근로자 보호를 위해 해고요건을 어렵게 하면, 기업들이 오히려 고용을 꺼려해서 근로자들에게 부정적 영향을 미칠 수 있다. 보험계약자 보호를 위해 보험약관을 계약자에게 유리하게 해석하면 보험사들은 약관 자체를 변경하려고 시도할 것이다. 이처럼 긍정적 결과를 유도하는 것이 쉽지만은 않다. 작용과 반작용, 긍정적 측면의 이면에 존재하는 반대경향 등이 공존한다는 점을 고려할 필요가 있다.

제3절

# 마무리

결론을 대신하여 몇 가지 이론적 문제와 실무적 문제들을 간략히 언급하고자 한다.

## (1) 결과고려 논증과 관련한 이론적 문제들

① **결과고려인지 여부의 불명확성** : 지금까지는 비교적 명확한 사례들 위주로 살펴보았지만, 결과고려인지 여부가 항상 명확한 것은 아니다. 어찌 보면 모든 법해석은 일정 정도 결과고려를 잠재하고 있기 때문이다. 예를 들어보자. 대법원 2009. 12. 24. 선고 2009다64215 판결은 공시지가가 약 2.2배 상승하였고 ㎡당 연임료는 약 2.9배 상승한 사정은 민사소송법상 정기금판결 변경의 소가 규정한 '현저한 사정변경'에 해당하지 않는다고 하였다.[248] 이는 민사소송법 제252조의 법해석이지만, 다른 한편으로 만일 이를 쉽게 인정한다면 기판력 제도의 안정적 유지가 어려울 수 있게 된다는 결과를 고려한 보수적 해석이라고 할 수 있다. 사정변경의 원칙 요건을 엄격하게 보는 것은 계약의 구속력이 약화되는 결과를 막기 위한 것이며, 소멸시효의 요건을 완화하는 것은 당사자의 권리가 쉽게 침해되는 결과를 막기 위한 것이다.

이처럼 모든 법해석은 넓게 보면 어느 정도 결과고려를 내재하고 있다.[249] 이 책에서 계속 강조한 것처럼 법해석과 결과고려 논증은 상호 이질적, 배타적인 것이라기보다는 결과고려 논증이 법해석의 실질적 내용을 구성하기도 하는 등 복잡한 상호작용을 하는 관계로 이해하는 것이 타당하다.

② **법해석과 분리된 결과고려의 문제** : 반대로 결과고려 논증이 법해석과 완전

248 "전소의 변론종결일 이후 원심변론종결 당시까지 사이에 피고들 점유토지의 공시지가는 약 2.2배 상승하였고 ㎡당 연임료는 약 2.9배 상승한 것에 불과하다면, 전소의 확정판결이 있은 후에 그 액수 산정의 기초가 된 사정이 현저하게 바뀜으로써 당사자 사이의 형평을 크게 침해할 특별한 사정이 생겼다고 할 수 없고, 따라서 원고로서는 그 연임료 상당액의 증액지급을 구할 수 없다."

249 여기서 길게 논할 수는 없지만, 앞서도 언급한 것처럼 개별 사실관계를 단순히 평가하는 사안과 향후 법해석의 선례가 될 수 있는 사건의 차이이다. 즉 단순 포섭사안의 경우에는 일부 예외적인 경우를 제외하면 이와 같은 결과고려의 문제가 거의 발생하지 않는다.

히 분리된 경우도 있다. 서두에서 실용주의 전통이 강한 미국에서는 대륙법계와 달리 결과고려 논증이 보편적으로 받아들여진다는 점을 언급하였다. 이러한 미국식의 사고를 극명하게 드러내는 예로 미국 증거법의 SRM(Subsequent Remedial Measures) 원칙을 들 수 있다. SRM 원칙이란 공작물 하자로 인한 손해배상소송에서 SRM 즉 '사후적 개선조치(Subsequent Remedial Measures)'에 관한 증거는 증거능력이 부인된다는 원칙이다.[250]

쉽게 말해 이런 것이다. A가 커피를 사러 카페에 들어가다 진입로에서 미끄러져 다쳤다. A는 카페 주인 B를 상대로 공작물책임을 묻는 손해배상소송을 제기하였다. B는 진입로에 문제가 없고, A의 과실 때문이라고 다툰다. 그런데 B는 소제기 직후 진입로의 타일을 다른 재질로 바꾸는 공사를 하였다. A는 그 사실을 알고 이를 증거로 제출하였다. B가 타일을 바꾼 것(= 사후적 개선조치, SRM)은 기존 입구에 문제가 있었음을 자인하는 결정적 증거라는 것이다. 하지만 미국 법원은 그러한 증거의 증거능력을 인정하지 않는다! 왜일까? 그런 증거를 받아들이면, 향후 유사한 사건에서 공작물 소유자들이 공작물의 하자를 알고도 수리를 하지 않을 우려가 있기 때문이라는 것이다.

재판에서 당사자의 권리의무를 확정하는 것보다 사회적 효용극대화가 더 중요할 수 있다는 미국식 공리주의, 실용주의 사고를 이보다 잘 드러내는 예는 없을 것이다.[251] 당해 사건의 실체적 진실발견을 희생하더라도 공동체의 이익을 우선하겠다는 것이기 때문이다. 우리나라는 민형사 모두 자유심증주의를 취하고 있기도 하지만, 그런 점을 차치하더라도 이러한 사고는 익숙하지 않다. 앞서 살펴본 바와 같이 우리 대법원도 다양하게 결과를 고려하지만 어디까지나 결과고려는 법해석론에 종속되는 것이지 법해석론에 앞서지는 않는다.

### (2) 결과고려 논증과 관련한 포인트

**① 법해석의 우선성, 결과고려 논증의 부수성 :** 이처럼 우리 법사고 체계에서 결과고려 논증이 법해석에 우선할 수는 없다. 결과고려 논증이 순제가치가 커진다고 하더라도 그 지위는 법해석의 내용의 일부를 구성하는 정도이다. 법해석이 그 자

250 Federal Rules of Evidence Rule 407. Subsequent Remedial Measures.

251 앞에서 드워킨(R. Dworkin)의 권리존중론의 제목이 'Taking Rights Seriously'라는 점을 언급하였다. 위와 같은 사례를 보면 드워킨 저서의 제목은 이러한 미국식 사고를 비판하며 "제발 권리라는 것을 조금이라도 진지하게 생각해야 하지 않겠냐"는 호소에 가깝게 느껴진다.

체로 명확하면 결과고려는 재판의 결과를 좌우할 수 없는 것이 원칙이다. 그런 점에서 법해석에 관한 주장을 우선하고, 법해석이 명확하지 않은 사안에서 그에 부수하는 주장으로 결과고려 논거를 제시하는 것이 원칙이다. 나아가 결과고려가 사건의 핵심 쟁점이라고 하더라도 이를 법해석론의 틀 안에서 전개하는 것이 바람직하다.

② **입증가능성의 문제를 무겁게 고려할 것** : 결과고려 논증이 설득력을 갖기 위해서는 입증가능성의 문제를 깊이 고려해야 한다. 앞서도 언급한 것처럼 결과고려 논증은 상당부분 실증적 연구결과보다는 직관적인 판단에 기초한 경우가 많다. 이는 입증 자체가 불가능하기 때문이기도 한데, 그럼에도 외국의 선례, 사회과학적 통계 등을 동원하여 입증가능성을 높이는 방안을 찾는 작업이 필요하다.

③ **신중하게 활용할 필요** : 유사한 맥락에서 결과고려 논증은 남발해서는 안 된다. 그냥 던져보기식 주장은 오히려 전체적으로 설득력을 떨어뜨릴 수 있다. 심지어 대법원 판결을 보더라도 정교하게 고민된 것이 아니라 그냥 던져보기식 주장처럼 느껴지는 경우도 많은데, 그런 주장은 설득력이 높지 않다.

제5장

# 좌우 둘러보기 : 법적 논증의 보조장치들

Ⅰ. 원리논증 : 법원리(legal principle)와 법적 논증

Ⅱ. 체계 논증 : 법체계의 동일성과 법적 논증

Ⅲ. 헌법 논증 : 사법의 해석, 적용과 헌법

Ⅳ. 비교법 논증 : 국제적 경향과 법적 논증

Ⅴ. 구체적 타당성 논증 : 일반추상성 vs 개별성

제1절
# 들어가며

이 장에서는 제3, 4장에서 살펴본 요소들 외에 법적 논증에서 부수적으로 활용되는 5가지 보조장치들에 대해 살펴본다. ① 원리논증, ② 체계논증, ③ 헌법논증, ④ 비교법논증, ⑤ 구체적 타당성 논증이 그것이다. 이 5가지는 기존의 법이론 내지 법철학에서 각기 다른 모습으로 논의되어 온 주제들이다. 법원리(legal principle)는 법철학의 핵심주제이고, 체계적 해석은 고전적 법해석 방법론 가운데 하나이다. 헌법과 사법의 관계에 대해서도 많은 이론적 논의가 있으며, 비교법은 주로 학자들의 연구대상이다. 구체적 타당성은 실무적으로 너무도 중요한 개념인데, 학술적 연구는 부족하다.

이처럼 5가지 주제는 고유한 이론적 문제들을 포함하고 있지만 논증의 관점에서 보면 하나의 공통점을 갖고 있다. 그것은 다름 아닌 '어려운 사건의 결론을 지지하는 보충논거로서의 기능'이다. 제3, 4장에서 살펴본 주제들도 어려운 사건에서 특정 결론을 지지하는 보강논거였는데, 이 절에서 살펴보는 5가지도 마찬가지이다. 시간의 비유로 말하자면, 제3, 4장에서 검토한 내용이 각 과거, 미래의 근거라면 이 절에서 살펴보는 논거들은 모두 현재의 근거들이다. 도표로 정리하면 다음과 같다.

**법적 삼단논법에서 대전제 포섭판단의 구조**

| | 대전제/결론의 정당성 지지근거 |
|---|---|
| 1차적 근거 | 법조문, 판례법리 |
| 2차적, 보조적 근거 | (과거) 입법취지, 입법의사, 논리적, 일반론적 전제, 제도의 사회적 기원<br>(미래) 경제적, 사회적, 논리적, 제도적, 규범적 결과 고려<br>(현재) 원리논증, 체계논증, 헌법논증, 비교법논증, 구체적 타당성 논증 |

주지하다피시 법적 논증은 법률을 대전제로, 증거에 의해 확정된 사실관계를

소전제로 하여 법률효과에 해당하는 결론을 도출하는 논증방법이다(법적 삼단논법). 따라서 법적 논증의 대전제는 (i) 법령이 기본이고, (ii) 법령을 특정한 방식으로 해석한 판례법리로 구성되는 것이 원칙이다. 하지만 어려운 사건은 법령/판례법리만으로 해결되지 않으므로, 보충논거가 동원된다는 것이다. 이하에서 5가지 유형이 법적 논증의 논거로서 어떠한 기능을 하는지를 대법원 판례를 중심으로 살펴본다.

### 제2절

# 세부유형 검토

## I 제1유형 : 원리논증 – 법원리(legal principle)와 법적 논증

### 1. 들어가며

#### (1) 의미

법에는 법원리(legal principle)라는 것이 있다. 정의, 형평, 신의칙, 금반언, 자기책임 원칙, 원인자부담 원칙 등등 단어, 구절 형식으로 되어 있는 것도 있고, "아무도 부정한 행위로 이익을 취할 수 없다", "누구도 자신이 보유한 이상의 권리를 양도할 수 없다"와 같이 문장 형식으로 되어 있는 것도 있다. 법원리는 실정법 자체는 아니지만, 실정법 설계의 배경이 되는 기본원리이므로,[252] 실정법의 해석과 적용에서도 중요한 역할을 한다.

법원리의 법체계 내의 지위는 법철학의 핵심 주제이기도 하다. 잘 알려진 바와 같이 법실증주의와 자연법론의 고전적 대립은 법원리 내지 도덕률을 법체계의 일부로 볼 것인지의 문제를 중심으로 이루어진다. 다만 이 글에서는 이론적 논의가 아니라 실무의 법적 논증에서 법원리가 구체적으로 어떠한 기능을 하는지를 살

252 법원리가 실정법 설계의 배경이 된다는 점에 관해, 가령 민법상 부당이득반환 및 그 하부유형에 관한 다음 예를 보자.

| 민법상 부당이득 제도의 법원리적 토대는? | → 정의와 형평 |
|---|---|
| 부당이득반환의 예외인 비채변제(민법 제742조)는? | → 자기책임의 원칙 |
| 또 다른 예외인 불법원인급여(민법 제746조)는? | → 깨끗한 손(clean hand) 원칙 |

현행법의 거의 대부분 조문은 그 근거에 법원리적 토대가 있다. 물론 제3장에서 살펴본 것처럼 모든 법제도는 사회적 기원을 갖고 있고, 그렇기 때문에 실로 다종다양한 법령이 제정된 것이다. 하지만 그 구체적 내용의 형성과정에서 법원리는 근본적 원리로서 기능하는 것이다.

펴본다. 이하에서 법원리가 실무의 법적 추론에서 갖는 기능과 한계, 대법원 판례가 인정하는 법원리의 종류, 실무의 법적 추론에서 법원리의 구체적 작용 등을 차례로 살펴본다.

### (2) 법이론적 문제 : 법적 논증에서 법원리의 기능과 한계

법원리의 중요성은 누구도 부인하지 않지만, 그것이 실제 재판에서 기능하는 모습은 다면적이다. 한편으로 법원리는 실정법의 해석, 적용을 지도하면서 그 배후의 근본원리가 되어 일응 부당해 보이는 법적용을 수정, 배제하기도 한다. 하지만 다른 한편으로 법원리는 그 추상성, 모호성으로 인해 실제 사안에서 실정법과 부딪칠 때 번번히 실정법 앞에 무력하게 스러진다. 법원리의 우선성을 강조하는 원리주의, 자연법주의자들은 그 기원을 소포클레스(Sophocles)의 비극 안티고네(Antigone)의 이야기까지 소급하거나,[253] 정당한 법(Recht)과 실정법(Gesetz)의 차이점을 강조한 독일 연방헌법재판소의 소라야(Soraya) 판결[254]을 언급하면서 법원리의 위대한 승리를 강조하기도 한다.[255] 뒤에서 보듯이 우리 대법원 판결 가운데에도 유사한 취지를 강조한 판결들은 어렵지 않게 찾을 수 있다.

하지만 실제로는(특히 하급심 실무에서는) 법원리가 실정법 법리에 우선하는 사례는 극소수에 지나지 않는다. 법원리는 그 자체로 추상적이고, 다의적 해석이 가능하다는 치명적 한계가 있다. 이러한 법원리의 이중적 성격은 대법원 판례에서도 빈번하게 확인된다.

#### ① 법원리의 긍정적 측면에 대한 판시

**대법원 2023. 5. 11. 선고 2017다35588, 35595 판결(전)**

> "이러한 법의 일반원칙은 규범의 세계와 현실의 세계 사이의 괴리를 좁히고, 사회 구성원들에게 일반적으로 받아들여지는 정의관념에 반하는 결과를 방지하여 법규

253 관련 논문으로는 서영식, "인륜성 대 조국애 — 소포클레스의 안티고네와 자연법 논쟁", 김수배 외 2인 저, 『인문학과 법의 정신』, 충남대학교출판문화원, 2013, 12~38면.

254 BVerfGE 34, 269 (288), 실정법과 정당한 법의 차이점을 설시한 판결로 유명하다.

255 오이디푸스의 사후 그 아들인 폴리네이케스의 시신 매장을 금하는 테베의 왕 크레온의 명령에 모든 백성들은 침묵하지만, 안티고네는 이를 어기고 그의 시체를 묻어 준다. 그러면서 그녀는 "실정법보다 정의의 요청이 더 우위"라고 하였다.

범이 살아있는 법으로 기능하도록 한다."

### ② 법원리의 부정적 측면에 대한 판시

대법원 2014. 3. 13. 선고 2013다34143 판결[256]

"신의칙 또는 공평의 원칙은 무엇보다도 실제의 사건 처리에 있어서 융통성을 불어넣는 중요한 법적 수단이기는 하다. 그리고 이는 일정한 제한적인 경우에 사건의 공평한 처리에 대한 감정적 지향을 만족시킨다. **그러나 실정의 법제도는 오랜 세월의 정련된 사고와 구체적인 적용 및 이에 대한 반성을 거쳐 신중하게 마련된 것으로서, 실제로는 내용이 막연한 신의칙 등보다 더욱 현명하고 '공평한' 것이다**."

법원리의 치명적 문제점은 그 내용이 추상적이어서 다의적 해석이 가능하다는 점이다. 상대방 입장에서 보면 아전인수식 법해석으로 보이기도 한다. 다음과 같은 판결이유 부분은 법원리의 이러한 약점을 잘 보여준다.

대법원 2013. 12. 18. 선고 2012다89399 전원합의체 판결

"근로자가 받았어야 할 임금을 예상외의 이익으로 취급하여 이를 되찾는 것을 **정의와 형평관념에 반한다고 하는 것 자체가 정의관념에 반한다.** '중대한 경영상의 어려움'이나 '기업 존립의 위태'는 모두 모호하고 불확정적인 내용으로서, 도대체 추가 부담액이 어느 정도가 되어야 그러한 요건을 충족한다는 것인지 알 수 없다."

무엇이 정의인지는 보는 사람마다 다를 수 있다. 보수의 정의는 진보의 정의와 다르고, 강자의 정의는 약자의 정의와 다르다. 법원리가 실정법의 법리를 넘어서기 어려운 결정적 이유 가운데 하나가 바로 이러한 이중성, 다의성이다.

하지만 이러한 단점에도 불구하고 법원리가 갖는 중요성을 평가 절하할 수 없는 것도 사실이다. 때로는 실정법의 한계를 극복하는 중요한 법적 장치일 뿐만 아니라 실정법의 기초 원리가 되기 때문이다. 나아가 법이론, 법철학에서는 주로

256 계약해제로 인한 원상회복의 경우 신의칙, 공평의 원칙에 기한 손해배상액 감액 주장을 배척한 사안이다.

법원리가 실정법과 정면으로 충돌하는 사안들에 주목하지만, 양자가 정면충돌하는 사안들만 존재하는 것은 아니다. 양자가 여러 각도에서 측면충돌하거나, 복잡하게 얽히거나, 같은 편에 서서 각기 다른 방식으로 작동하기도 한다. 이처럼 법원리는 현행법의 법리를 수정, 지지, 협력하는 복잡한 양상을 보이므로, 법원리의 기능에 대한 객관적 평가를 위해서는 그러한 현상에 대한 세밀한 분석이 선행되어야 한다.

### (3) 대법원 판례가 명시적으로 인용하는 법원리의 종류

대법원 판례에서 인정된 법원리에는 어떠한 것들이 있을까? 대법원이 판결문에서 명시적으로 인용한 예들을 나열해 보면 다음과 같다.

- 정의, 형평
- 신의성실의 원칙
- 금반언, 실효의 원칙
- 신뢰보호 원칙
- 정당한 기대보호의 원칙
- 손해의 공평부담의 원칙
- 비례의 원칙
- 사적 자치의 원칙
- 계약자유의 원칙
- 책임주의 원칙
- 피고인에게 불리한 유추해석 금지 원칙
- 죄형 균형 원칙(대판 2020도8358)
- 과잉배상금지, 이중배상금지 원칙(대판 2015다59115 등)
- 자기책임의 원칙(대판 2010다92438 등)
- 깨끗한 손(clean hands) 원칙(대판 95다26476 등)
- 효용극대화의 원칙(대판 92다30160[257] 등)

257 대법원 1992. 12. 22. 선고 92다30160 판결. "건축공사가 상당한 정도로 진척되어 원상회복이 중대한 사회적, 경제적 손실을 초래하게 되고 완성된 부분이 도급인에게 이익이 되는 경우에는, 도급인이 도급계약을 해제하는 경우에도 계약은 미완성부분에 대하여서만 실효되고 수급인은 해제한 때의 상태 그대로 건물을 도급인에게 인도하고 도급인은 완성부분에 상당한 보수를 지급하여야 한다."

- 기득권 보호의 원칙(대판 92다30160)[258]
- 원인자부담의 원칙(대판 2020다227837)
- 수익자부담의 원칙(대판 2000다27749)
- 최소비용회피자 비용부담의 원칙(대판 2012다86895)

이상의 원리들은 추상적 법원리부터 뒤로 갈수록 구체적 법원리로서 추상도가 낮아진다. 정의, 형평, 신의칙 등 먼저 언급한 것들은 모든 법원리의 지도원리이지만 그 의미가 추상적이라는 단점이 있고, 뒤로 갈수록 적용범위는 제한되지만 그 내용이 구체적이다. 법원리가 실정법체계의 근간이 된다는 점은 다음과 같은 간단한 예를 통해서도 알 수 있다.

### (4) 법원리와 실정법 법리의 복잡한 상호작용

법원리가 실정법과 상호작용하는 방식에 대해서는 상당한 추가 연구가 필요할 것으로 생각되는데, 여기서는 우선 다음과 같은 3가지 기본적 세부유형만을 살펴본다.

① 세부유형 1 : 법원리와 법령이 정면충돌하는 경우
② 세부유형 2 : 법원리와 법령이 공존, 상호협력, 보완하는 경우
③ 세부유형 3 : 복수의 법원리가 충돌하면서 법리적 충돌과 혼합복식 게임 방식으로 공존하는 경우

①유형은 실정법과 법원리가 정면충돌하는 경우이다. 이 유형은 대법원 전원합의체 판결도 많고, 법철학 교재는 물론 일반 실체법 교재에도 빈번히 등장하는 유형이다(위에서 언급한 내용들도 주로 이 유형과 관련된다). ②유형은 법원리와 법리가 같은 방향으로 움직이면서 상호 보완 내지 협력하는 유형이다. 법리적으로 완전하지 않지만 법원리가 그 부족한 부분을 메워줌으로써 하나의 결론에 이르는 경우가 대표적이다. ③유형은 복수의 법원리가 충돌하는 유형이다. 그런데 많은 경

258 대법원 2023. 5. 11. 선고 2017다35588, 35595 전원합의체 판결. "대법원은 1989. 3. 29. 법률 제4099호로 개정된 근로기준법(이하 '1989년 근로기준법'이라 한다)이 집단적 동의 요건을 명문화하기 전부터 이미 취업규칙의 불리한 변경에 대하여 근로자의 집단적 동의를 요한다는 법리를 확립하였다. 근로자의 집단적 동의권은 명문의 규정이 없더라도 근로조건의 노사대등결정 원칙과 근로자의 권익 보장에 관한 근로기준법의 근본정신, 기득권 보호의 원칙으로부터 도출된다."

우 그러한 법원리 간의 충돌은 법리적 충돌이라는 외피를 통해 등장한다. 그래서 마치 남녀 혼합복식게임처럼 표면에서는 법리가, 내면에서는 법원리가 치열한 공방을 벌인다. 이러한 각 유형들도 각 사안마다 논쟁의 지점이나 대립구도는 저마나 달라 더 세밀한 유형 분석이 가능할 수 있다.

## 2. 각 유형별 검토

### (1) 세부유형 1 : 법률의 문언, 기존의 법리와 법원리가 정면충돌하는 경우

가장 기본적 유형으로, 이 유형의 대표적 예로는 문언에 반하는 법해석(contra legem)이 문제된 임차인 판결[259]을 들 수 있다. 다만 앞서 자세히 본 것처럼 이러한 판례들은 실무에서는 극히 드물다. 몇 가지 사례들을 본다.

#### ① 기판력과 정의, 형평 : 대법원 1984. 7. 24. 선고 84다카572 판결

이 사건의 개요는 다음과 같다.

- 채권자 A는 부진정연대채무자 1인으로부터 일부 변제 받음
- 그럼에도 그 사실을 숨기고 다른 부진정연대채무자에게 전액 이행을 구하는 소제기
- 승소판결에 기해 강제집행 시도 : 피고는 청구이의의 소제기

사안의 쟁점은 피고의 청구이의의 소가 받아들여질 것인지 여부이다. 청구이의의 소는 변론종결 이후 사유만이 적법한 이의사유가 될 수 있다(민사집행법 제44조 제2항). 따라서 법리적으로 피고의 청구는 인용될 수 없다. 하지만 그러한 법리 적용은 명백히 정의관념에 반한다. 대법원은 다음과 같이 판시하면서 기판력 법리

259 대법원 2009. 4. 23. 선고 2006다81035 판결의 하급심인 대전고등법원 2006. 11. 1. 선고 2006나1846 판결. 다만 대법원에서 파기되었다. 이 판결에 대해서도 수많은 평석이 쏟아졌는데, 대표적으로 김재형, "황금들녘의 아름다움 : 법해석의 한 단면 : 임대주택법상의 임차인에 관한 해석 문제", 「법학평론」 제1권, 2010.

의 후퇴를 선언하였다.

> "확정판결에 의한 권리라 하더라도 그것이 신의에 좇아 성실히 행사되어야 하고 권리남용이 되는 경우에는 이는 허용되지 않는다 할 것인바, 피고들이 확정판결의 변론종결 이전에 부진정연대채무자 중의 1인으로부터 금원을 수령하고 더 이상 손해배상을 청구하지 않는다고 합의함으로써 원고의 손해배상채무도 소멸한 사실을 스스로 알고 있으면서도 이를 모르는 원고에게 이미 소멸한 채권의 존재를 주장 유지하여 위의 확정판결을 받은 것이라면, 위 확정판결을 채무명의로 하는 강제집행을 용인함은 이미 변제, 소멸된 채권을 이중으로 지급받고자 하는 불법행위를 허용하는 결과가 된다 할 것이므로 이와 같은 피고들의 집행행위는 **자기의 불법한 이득을 꾀하여 상대방에게 손해를 줄 목적이 내재한 사회생활상 용인되지 아니하는 행위라** 할 것이어서 그것이 신의에 좇은 성실한 권리의 행사라 할 수 없고 그 확정판결에 의한 권리를 남용한 경우에 해당한다 할 것이므로 이는 허용되지 아니한다."

이러한 법리는 대법원 2001. 11. 13. 선고 99다32899 판결, 대법원 2009. 10. 29. 선고 2008다51359 판결 등에서 계속된다.[260] 다만 이러한 판례법리는 매우 제한적으로만 인정된다는 점에 주의해야 한다.[261]

### ② 미성년자 특별한정승인 사건 : 대법원 2020. 11. 19. 선고 2019다232918 판결(전)

위 사건은 당시 시행되던 민법 제1019조 제3항[262]이 규정한 특별한정승인에서 '안 날'의 기준일을 법정대리인으로 한정할지 아니면 상속인인 미성년자가 성

260 채권자대위권의 피보전권리와 관련한 대법원 2019. 1. 31. 선고 2017다228618 판결도 유사한 취지로 이해된다

261 가령 대법원 2007. 8. 23. 선고 2005다43081, 43098 판결의 경우 집행권원에 표시된 집행채권이 소멸하였다고 하더라도 그 강제집행절차가 청구이의의 소 등을 통하여 적법하게 취소·정지되지 아니한 채 계속 진행되어 채권압류 및 전부명령이 적법하게 확정되었다면, 특별한 사정이 없는 한, 단지 집행채권의 소멸을 이유만으로 확정된 전부명령에 따라 전부채권자에게 피전부채권이 이전되는 효력 자체를 부정할 수는 없다고 한다(다만 집행 이후 집행채권자의 부당이득반환의무를 인정함).

262 민법 제1019조 ③ 제1항의 규정에 불구하고 상속인은 상속채무가 상속재산을 초과하는 사실을 중대한 과실없이 제1항의 기간내에 알지 못하고 단순승인(제1026조제1호 및 제2호의 규정에 의하여 단순승인한 것으로 보는 경우를 포함한다)을 한 경우에는 그 사실을 안 날부터 3월내에 한정승인을 할 수 있다.

년이 된 경우 스스로의 인식을 기준으로 새롭게 특별한정승인을 할 수 있는지가 문제된 사안이다.[263] 다수의견은 법정대리인을 기준으로 판단할 수밖에 없다고 보았는데, 반대의견은 미성년자인 상속인 보호의 관점에서 긍정하였다. 이는 명백히 법문을 넘어서는 법해석으로, 다음과 같은 안철상 대법관의 별개의견 판결이유는 그러한 법해석의 정당성 근거를 법원리에서 찾는 원리논증의 전형이다.

> "법은 언제나 합법적이지만 그렇다고 **그 자체로 정당한 것은 아니다**. 법은 자기목적적일 수 없으며 **그 타당성을 검증받아야 한다**. 또한 법은 영원할 수 없다. 법이 처음부터 잘못된 경우도 있지만 시대의 변화에 따라 잘못되게 된 경우도 우리가 흔히 경험하는 바이다."

이러한 논리는 앞서 언급한 독일 Soraya 판결[264]에서 이미 판시한 내용이기도 하다. 독일 연방대법원은 실정법을 의미하는 법률(Gesetz)과 정당한 법(Recht)은 구분된다는 전제 하에 다음과 같이 판시한다.

> "법에 있어서 '실정법 이상의 무엇'을 찾아내어 판결에서 구체화하는 것이 바로 법원의 과제이다. … 다시 말하면, 법원의 과제는 입헌적 법질서에 내재해 있지만 실정법의 문언으로 표현되지 않고 있거나 불충분하게 표현된 가치들 및 규범들을 (가치)평가적 활동을 통하여 … 분명하게 드러내어 판결에서 구체화하는 것이다. 법관은 이때 자신의 개인적이며 자의적인 견해로부터 벗어나서 합리적인 논증에 자신의 판결을 근거지어야 한다. … 법원의 결정은 실천이성의 규준과 사회에서 타당하다고 인정된 일반적 정의관념에 따라서 법률의 흠결을 보충하여야 한다는 것이다."

대법원 전원합의체 판결 중에는 원리논증에 입각하여 문언에 반하는 해석을 시도한 사례들은 비록 드물지만 꾸준히 반복된다. 그러한 사례들에서 그 반대입장

---

263 한편 위 대법원 판결 이후인 2022. 12. 13. 다음과 같은 민법 제1019조 제4항이 신설되었다. ④ 제1항에도 불구하고 미성년자인 상속인이 상속채무가 상속재산을 초과하는 상속을 성년이 되기 전에 단순승인한 경우에는 성년이 된 후 그 상속의 상속채무 초과사실을 안 날부터 3개월 내에 한정승인을 할 수 있다. 미성년자인 상속인이 제3항에 따른 한정승인을 하지 아니하였거나 할 수 없었던 경우에도 또한 같다.

264 BVerfGE 34, 269 (288).

은 항상 권력분립 원칙이나 법적 안정성을 논거로 제시한다. 이러한 사안들이 끊이지 않는다는 사실 자체가 법원리에 기반한 주장은 결코 소멸할 수 없음을 의미한다.

### ③ 차임채권의 소멸시효 완성과 동시이행, 공제 : 대법원 2016. 11. 25. 선고 2016다211309 판결

위 사건은 임대인의 차임채권이 시효로 소멸하였음에도 임차인의 임대보증금 반환채권과 상계할 수 있는지가 문제된 사안이다. 민법 제495조는 "소멸시효가 완성된 채권이 그 완성 전에 상계할 수 있었던 것이면 그 채권자는 상계할 수 있다."라고 규정하고 있다. 하지만 이 사건의 경우 위 조항이 적용될 수 없다. 왜냐하면, 위 조항은 자동채권의 소멸시효 완성 전에 양 채권이 상계적상에 이르렀을 것을 요건으로 하는데, 이 경우는 상계적상에 있었던 적이 없기 때문이다.[265] 그럼에도 대법원은 다음과 같은 논리로 사실상 상계(민법 제495조의 유추적용에 의한 공제항변)를 긍정하였다.

> "임대차보증금은 차임의 미지급, 목적물의 멸실이나 훼손 등 임대차 관계에서 발생할 수 있는 임차인의 모든 채무를 담보하는 것이므로, 차임의 지급이 연체되면 장차 임대차 관계가 종료되었을 때 임대차보증금으로 충당될 것으로 생각하는 것이 당사자의 일반적인 의사이다. (중략) 더욱이 임대차보증금의 액수가 차임에 비해 상당히 큰 금액인 경우가 많은 우리 사회의 실정에 비추어 보면, 차임 지급채무가 상당기간 연체되고 있음에도, 임대인이 임대차계약을 해지하지 아니하고 임차인도 연체차임에 대한 담보가 충분하다는 것에 의지하여 임대차관계를 지속하는 경우에는, 임대인과 임차인 모두 차임채권이 소멸시효와 상관없이 임대차보증금에 의하여 담보되는 것으로 신뢰하고, 나아가 장차 임대차보증금에서 충당 공제되는 것을 용인하겠다는 묵시적 의사를 가지고 있는 것이 일반적이다."

이는 당사자의 신뢰보호라는 법원리를 상계요건이라는 일반법리보다 앞세운 이례적인 판결이다.[266]

265 임대인의 임대차보증금 반환채무는 임대차계약이 종료된 때에 비로소 이행기에 도달하기 때문이다.
266 참고로 대법원은 임대차보증금에 대한 공제항변 사안에서 당사자의 의사와 거래관념을 근거로 다양한 사안에서 기존법리의 수정을 인정한 바 있다. 가령 대항력 있는 임대차에서 기발생한 연

### (2) 세부유형 2 : 법원리와 법리적 판단의 공존 유형

두 번째 유형은 법원리가 실정법 법리와 같은 방향으로 움직이는 경우이다. 세부적으로 여러 유형들이 있을 수 있는데, 일단 몇 가지 기본적 사례들만을 본다.

**① 임대차보증금 반환청구권의 소멸시효 : 대법원 2020. 7. 9. 선고 2016다244224, 244231 판결**

위 사건의 사실관계를 간략히 정리하면 다음과 같다.

- 임차인 A는 1998.경 임대인 B와 2년의 임대차계약 체결
- 임대차 종료 후 B는 보증금을 반환하지 않음 ⇨ 이에 A는 동시이행항변권 행사를 주장하면서 목적물을 점유함
- A는 2015. B를 상대로 보증금반환청구소송을 제기함(15년 지난 시점)

임차인이 임대인에 대해 보증금반환청구소송을 제기한 것은 이행기로부터 15년이 지난 시점이다. 따라서 보증금반환청구권은 이미 시효로 소멸하였다. 임차인은 보증금이 반환되기 전까지 임대차관계의 존속을 의제하는 주택임대차보호법 제4조 제2항의 취지[267] 및 임대인의 목적물반환청구권과 동시이행관계에 있었다는 점을 근거로 시효가 진행되지 않는다고 주장하였다. 이러한 법리적 주장이 타당한가? 당연히 그렇지 않다. 원심은 이러한 주장을 받아들이지 않았지만,[268] 대법원은 다음과 같이 판시하면서 상고이유를 받아들였다.

> "주택임대차보호법 제4조 제2항은 "임대차기간이 끝난 경우에도 임차인이 보증금

체차임 채권은 별도 채권양도 없이 이전되지 않는다고 하면서도 공제는 가능하다고 하였고(대법원 2017. 3. 22. 선고 2016다218874 판결), 임대인의 채권자가 차임채권에 대해 압류 및 추심명령을 받은 경우 임대인은 차임채권에 대한 추심권을 행사할 수 없지만 임대차보증금반환시 추심권자가 실제로 추심하지 않는 한도 내에서는 공제항변이 가능하다고 하였다(대법원 2004. 12. 23. 선고 2004다56554 판결 등).

267 제4조(임대차기간 등) ② 임대차기간이 끝난 경우에도 임차인이 보증금을 반환받을 때까지는 임대차관계가 존속되는 것으로 본다.

268 서울중앙지방법원 2016. 7. 13. 선고 2015나55891, 55914 판결.

> 을 반환받을 때까지는 임대차관계가 존속되는 것으로 본다."라고 정하고 있다. 2001. 12. 29. 법률 제6542호로 제정된 상가건물 임대차보호법도 같은 내용의 규정을 두고 있다(제9조 제2항). 이는 임대차기간이 끝난 후에도 임차인이 보증금을 반환받을 때까지는 임차인의 목적물에 대한 점유를 임대차기간이 끝나기 전과 마찬가지 정도로 강하게 보호함으로써 임차인의 보증금반환채권을 실질적으로 보장하기 위한 것이다. 따라서 임대차기간이 끝난 후 보증금을 반환받지 못한 임차인이 목적물을 점유하는 동안 위 규정에 따라 법정임대차관계가 유지되고 있는데도 임차인의 보증금반환채권은 그대로 시효가 진행하여 소멸할 수 있다고 한다면, 이는 위 규정의 입법 취지를 훼손하는 결과를 가져오게 되어 부당하다.
> 위와 같은 소멸시효 제도의 존재 이유와 취지, 임대차기간이 끝난 후 보증금반환채권에 관계되는 당사자 사이의 이익형량, 주택임대차보호법 제4조 제2항의 입법 취지 등을 종합하면, 주택임대차보호법에 따른 임대차에서 그 기간이 끝난 후 임차인이 보증금을 반환받기 위해 목적물을 점유하고 있는 경우 보증금반환채권에 대한 소멸시효는 진행하지 않는다고 보아야 한다."

동시이행항변권 행사는 시효중단 사유가 아니다. 하지만 주택임대차보호법 제4조 제2항의 취지에 비추어 보증금반환의무와 목적물인도의무가 상호 대립하는 상황에서 보증금반환청구권이 시효로 소멸한다는 것도 부당하다. 대법원은 주택임대차보호법 외에 다음과 같이 소멸시효라는 제도의 존재 이유를 법원리적 차원에서 설시한다.

> "소멸시효는 권리자가 권리를 행사할 수 있는데도 일정한 기간 권리를 행사하지 않은 경우에 권리의 소멸이라는 법률효과가 발생하는 제도이다. 이것은 시간의 흐름에 따라 법률관계가 점점 불명확해지는 것에 대처하기 위한 제도로서, 일정 기간 계속된 사회질서를 유지하고 시간이 지남에 따라 곤란해지는 증거보전으로부터 채무자를 보호하며 자신의 권리를 행사하지 않는 사람을 법적 보호에서 제외함으로써 법적 안정성을 유지하는 데 중점을 두고 있다.
> 소멸시효가 완성되기 위해서는 권리의 불행사라는 사실상태가 일정한 기간 동안 계속되어야 한다. 채권을 일정한 기간 행사하지 않으면 소멸시효가 완성하지만(민법 제162조, 제163조, 제164조), 채권을 계속 행사하고 있다고 볼 수 있다면 소

멸시효가 진행하지 않는다. 나아가 채권을 행사하는 방법에는 채무자에 대한 직접적인 이행청구 외에도 변제의 수령이나 상계, 소송상 청구 및 항변으로 채권을 주장하는 경우 등 채권이 가지는 다른 여러 가지 권능을 행사하는 것도 포함된다. 따라서 채권을 행사하여 실현하려는 행위를 하거나 이에 준하는 것으로 평가할 수 있는 객관적 행위 모습이 있으면 권리를 행사한다고 보는 것이 소멸시효 제도의 취지에 부합한다."

이러한 논리는 법리적 논증이 아니라 법원리적 논증이다. 이행청구 외에 항변권 행사도 권리를 행사하는 것으로 볼 수 있으므로 시효중단 사유가 될 수 있다는 것은 민법의 일반법리와는 맞지 않기 때문이다(민법 제168조 참조). 다만 이 사건의 결론은 법원리만으로 도출된 것은 아니다. 주택임대차보호법 제4조 제2항의 법리가 부분적으로 뒷받침되었다. 결국 어느 하나만으로는 부족하여 양자가 결합되는 방식으로 결론이 도출된 것이다.

| 원심의 근거 | 대법원의 근거 |
|---|---|
| 소멸시효에 관한 일반법리 | (1) 주택임대차보호법 제4조 제2항<br>(2) 시효제도의 존재의미 |

아직 판례가 없는 상황이지만 향후 주택임대차보호법이 적용되지 않는 민법상의 임대차 사안의 경우에는 위 대법원 판례법리가 인정되지 않을 것이라는 견해가 유력하다.[269]

### ② 법해석과 원인자부담의 원칙 : 대법원 2013. 11. 14. 선고 2011다104062 판결

위 판결은 통신선의 지중화 공사비용을 지자체와 통신사들 가운데 누가 부담할 것인지가 문제된 사안이다. 지자체는 통신사들이 도로점용허가를 받지 않은 상태로 통신선을 설치하였으므로 구 도로법 제80조 등에 따라 통신사들이 비용을 부담해야 한다고 주장하였다. 반면 통신사들은 구 도로법 제76조, 제77조 내지 전기

269 권영준, 『민법판례연구 II』, 60면 참조.

통신사업법 제51조 제3항 등에 따라 공사의 원인제공자인 지자체가 부담해야 한다고 다투었다.

도로법, 전기통신사업법 등에는 공사비용 부담에 관한 조문들이 존재하므로 이 사건도 1차적으로는 법해석이 핵심 쟁점이다. 하지만 이 사건 역시 법문언의 의미에 다툼이 있어 그로부터 자동적으로 결론이 도출되지 않았고, 법원은 공사의 원인제공자나 그 이익향유자가 모두 지자체라는 점(즉 원인자부담 원칙, 수익자부담 원칙)을 근거로 최종적으로 통신사들의 손을 들어주었다. 제2심의 다음 판시 부분은 법해석과 법원리가 결합된 논리의 예다.

> "공사의 원인은 모두 원고들이 유발한 것이 아니라 **피고가 유발한 것이므로**, 이 사건 지중화 공사 중 통신선에 관한 부분의 비용 부담에 관하여는 구 도로법이 적용될 여지가 없고, 전기통신사업법 제51조 제3항에 따라 통신설비의 이전의 **원인을 제공한** 피고가 그 비용을 전부 부담하여야 한다."

나아가 항소심 판결은 다음과 같이 사회경제적 비용부담의 형평성 논거를 든다. 즉 판결의 경제적 결과고려 논증이다.

> "가공설치된 통신로의 지중화 사업비용이 통신사업자의 부담으로 될 경우 지중화 사업을 시행하는 지방자치단체는 아무런 비용부담 없이 통신로의 지중화를 결정할 수 있게 되는데, 그렇게 된다면 지중화에 드는 비용과 지중화로 인한 편익 사이에 대한 합리적인 고려 없이 지중화 결정이 이루어지게 되고 결국 **사회경제적인 낭비(비효율성)가 발생하게 되며**, 해당 지방자치단체의 입장에서 지중화 사업을 통하여 더 좋은 환경을 주민들에게 제공하는 일만 보면 좋은 것 같지만 **비용과 편익에 대한 합리적인 분석과 고려 없이** 지중화 사업이 무분별하게 진행될 경우, 아직 지중화 사업이 대도시를 중심으로 선택적으로 이루어지고 있는 현실을 감안하면 도시에서 지중화 사업을 통하여 환경 개선에 든 비용이 도시보다 열등한 환경 속에 있는 **타 지역의 주민들에게 통신비용으로 진가**되게 될 것인 점"

위 사안은 법해석 자체에 이론의 여지가 있는데, 법원리가 명확하게 특정한 방향을 지시하므로 다른 법해석을 따를 이유가 없이 결론이 도출된 사안이라고 할 수 있다.

### ③ 배당이의를 하지 않은 경우 부당이득반환청구의 가능 여부 : 대법원 2019. 7. 18. 선고 2014다206983 판결(전)

위 판결은 법해석론과 법원리가 병존적으로 대립하고, 정책논거까지 가세하여 복잡한 논증구조를 형성한 사안이다. 사안의 쟁점은 배당받을 권리 있는 채권자가 배당받지 못하고 그로 인해 권리 없는 다른 채권자가 그 몫을 배당받은 경우, 배당이의 여부 또는 배당표의 확정과 관계없이 부당이득반환청구를 할 수 있는지 여부였다. 이 점이 문제된 이유는 다음과 같은 민사집행법 제155조의 문언 때문이다.

> 제155조(이의한 사람 등의 우선권 주장) 이의한 채권자가 제154조 제3항의 기간을 지키지 아니한 경우에도 배당표에 따른 배당을 받은 채권자에 대하여 소로 우선권 및 그 밖의 권리를 행사하는 데 영향을 미치지 아니한다.

위 조문에 의할 때 "배당이의를 한 채권자로서 배당이의소송 제소기간을 넘긴 자"만이 적용대상이므로, (i) 배당이의를 하지 아니한 채권자, (ii) 배당이의를 하였지만, 배당이의 소를 제기하지 않은 채권자도 부당이득반환청구가 가능한지가 문제된 것이다.

반대의견은 위 조항의 반대해석상 부정해야 한다고 보았다. 일응 타당해 보이지만, 다수의견의 법해석도 그 근거가 없지 않다. 위 조항은 배당이의를 하고 기간을 준수하지 않은 채권자만을 규율하는 것이고, 배당이의 자체를 하지 않은 채권자를 규율하는 것은 아니라는 해석이 가능하기 때문이다. 즉 규율대상에 제외된 아닌 영역을 (-)로 볼 것인지, 아니면 중립으로 볼 것인지의 문제이다.

이처럼 법해석이 일의적이지 않은 이상 다수의견과 반대의견은 법해석론 이외에도 다양한 논점에서 공방을 벌였다. 다수의견은 입법연혁, 배당절차와 관련한 현실적 문제점을 길게 논한 뒤,[270] 실체적 권리관계의 우선성(이는 정의와 형평의 구체화된 표현이라고 할 수 있다)과 같은 법이념을 내세운다.[271] 반면 반대의견은 금반

270 이 점에서 대해서는 제4장 제4유형(판결의 규범적 결과) (2)번 사례로 상세히 살펴보았다.

언 원칙, 자기책임 원칙 및 사법자원의 낭비방지 등을 내세운다.[272] 두 의견이 제시한 논거들의 요지 및 대립구도를 정리하면 다음과 같다.

| | 다수의견 | 반대의견 |
|---|---|---|
| 법해석론 | 민사집행법 제155조가 명확히 배제한 것으로 볼 수 없음 | 민사집행법 제155조의 반대해석 |
| 기타 논거 | - 입법연혁<br>- 제도의 미비점<br>- 실체적 권리의 보호 | - 금반언 원칙<br>- 자기책임의 원칙<br>- 배당절차에 대한 사법자원의 낭비방지 |

위 논거들 중 실체적 권리 보호, 금반언, 자기책임 원칙 등은 법원리적 논증이고, 나머지는 결과고려 논증(정책논증) 및 입법연혁에 의한 논증이다. 결국 이 판결은 법해석이 어느 쪽으로도 가능한 상황에서 여러 원리논증, 정책논증이 복잡한 대립구도를 형성한 어려운 사건의 전형이라고 할 수 있다.[273]

271 "이러한 법리의 주된 근거는 배당절차에 참가한 채권자가 배당이의 등을 하지 않아 배당절차가 종료되었더라도 그의 몫을 배당받은 다른 채권자에게 그 이득을 보유할 정당한 권원이 없는 이상 잘못된 배당의 결과를 바로잡을 수 있도록 하는 것이 실체법 질서에 부합한다는 데에 있다. 나아가 위와 같은 부당이득반환 청구를 허용해야 할 현실적 필요성(배당이의의 소의 한계나 채권자취소소송의 가액반환에 따른 문제점 보완), 현행 민사집행법에 따른 배당절차의 제도상 또는 실무상 한계로 인한 문제, 민사집행법 제155조의 내용과 취지, 입법 연혁 등에 비추어 보더라도, 종래 대법원 판례는 법리적으로나 실무적으로 타당하므로 유지되어야 한다."

272 "그리고 배당절차에서 이의할 기회가 있었음에도 배당이의 등을 하지 않은 채권자는 더 이상 해당 절차로 형성된 실체적 권리관계를 다투지 않을 의사를 소극적으로 표명한 것이므로, 그러한 채권자의 자주적인 태도결정은 배당금의 귀속에 관한 법률상 원인이 될 수 있다. 그런데도 배당절차 종료 후 배당이의 등을 하지 않은 채권자의 부당이득반환 청구를 허용하는 것은 금반언의 원칙에 반하는 것일 뿐만 아니라, 일련의 배당절차와 이에 투입된 집행법원과 절차 참가자들의 노력을 무시하는 결과를 초래한다."

273 참고로 위 대법원 판결에서는 배당받을 권리가 있는 채권자(즉 배당요구가 필요 없거나, 배당요구 종기까지 배당요구를 한 채권자)가 문제된 것인데, 배당요구가 필요하지만 배당요구 종기일까지 배당요구를 하지 않은 채권자(가령 주택임대차보호법 요건을 갖춘 임차인, 이 경우 실체법상 우선변제권이 있지만 등기부상 공시가 되지 않으므로 배당요구가 필요함)는 부당이득 반환청구가 불허된다는 점에 주의를 요한다(대법원 2005. 8. 25. 선고 2005다14595 판결 등 참조).

### (3) 세부유형 3 : 혼합복식 게임 방식 – 외관상으로는 법리간의 충돌, 배후에는 법원리 간의 충돌 유형

세 번째 유형은 겉으로는 법리적 충돌 사안이지만 그 배후에는 사실상 법원리 간의 대립이 존재하는 유형이다. 기본적으로 앞서 본 사안들은 (2)-③ 사안을 제외하고는 모두 **법원리가 한 방향으로 움직인 사안이**라면 여기서는 **대립하는 법원리가 정면충돌**하는 경우들이다. 그러한 충돌은 법리적 대립과 유기적으로 공존한다. 법리적 충돌과 법원리적 충돌 가운데 어느 것이 더 높은 비중인지는 사건마다 다르다. 역시 많은 세부유형이 있지만 몇 가지 기본적 사례들만 보기로 한다.

#### 1) 보수와 진보의 대립 1 : 사적 자치와 공익

보수와 진보는 매우 다의적 개념이다. 정치적 의미의 보수와 진보를 제외하고 가장 빈번하게 대립하는 가치는 개인의 자유와 후견적 개입이다.

##### ① 자기책임 원칙의 범위와 한계 : 대법원 2014. 8. 21. 선고 2010다92438 판결(전)

카지노 판결로 유명한 위 판결은, 도박으로 재산을 탕진한 사람이 자신을 말려주지 않은 카지노 업자에 대해 손해배상을 구할 수 있는지가 문제된 사안이다. 법리적으로는 **카지노 업자의 고객에 대한 안전배려의무 내지 보호의무**의 범위가 문제되었다. 특정 영역에서 주의의무의 정도는 민법의 해석론에 의해 결정된다. 하지만 그러한 판단의 배후에는 사적 자치의 하부원칙인 **자기책임의 원칙과 그 대립항인 후견적 개입의 정도**라는 두 가지 법이념이 무겁게 대립한다.[274] 다수의견과 반

"구 민사소송법(2002. 1. 26. 법률 제6626호로 전문 개정되기 전의 것)상 배당요구를 하여야만 배당절차에 참여할 수 있는 채권자가 경락기일까지 배당요구를 하지 아니한 채권액에 대하여 경락기일 이후에 추가 또는 확장하여 배당요구를 하였으나 그 부분을 배당에서 배제하는 것으로 배당표가 작성·확정되고 그 확정된 배당표에 따라 배당이 실시되었다면, 그가 적법한 배당요구를 한 경우에 배당받을 수 있었던 금액 상당의 금원이 후순위 채권자에게 배당되었다고 하여 이를 법률상 원인이 없는 것이라고 할 수 없다."

274 제3장 제4유형(사회제도에 기한 논증)에서는 민법상 주의의무 판단의 배후에는 당해 쟁점과 관련한 사회제도에 대한 평가의 문제가 있다는 점에 대해 언급하였다. 이 절에서 말하는 것은 그러한 문제와 별개로 존재하는 법원리의 문제이다. 이처럼 사안에 따라 실정법의 법해석론은 그 자체로 순수한 법리적 인식 작업이라기보다는 다양한 배경적 요소에 대한 규범적 판단의 복합체가 되기도 한다는 점에 주목할 필요가 있다.

대의견은 자기책임 원칙의 의미와 그 적용범위에 관해 밀도 있는 공방을 벌인다. 손해배상책임을 부정한 다수의견의 논증은 다음과 같은 자기책임 원칙에 대한 일반론 설시에서 시작한다.

> "개인은 자신의 자유로운 선택과 결정에 따라 행위하고 그에 따른 결과를 다른 사람에게 귀속시키거나 전가하지 아니한 채 스스로 이를 감수하여야 한다는 **'자기책임의 원칙'이 개인의 법률관계에 대하여 적용**되고, 계약을 둘러싼 법률관계에서도 당사자는 자신의 자유로운 선택과 결정에 따라 계약을 체결한 결과 발생하게 되는 이익이나 손실을 스스로 감수하여야 할 뿐 일방 당사자가 상대방 당사자에게 손실이 발생하지 아니하도록 하는 등 상대방 당사자의 이익을 보호하거나 배려할 일반적인 의무는 부담하지 아니함이 원칙이다."

이에 비해 반대의견의 세계관은 다르다. 반대의견의 핵심적 생각은 아래의 판결이유 부분에 잘 드러난다.

> "특히 카지노 이용자 중 심각한 병적 도박 중독의 징후를 보이는 이들은 대부분 자신의 의지로는 도박충동을 자제하지 못하고 게임에 거는 금액을 키우거나 게임 횟수와 시간을 늘려 카지노게임에 과도하게 몰입하는 이들이어서 정상인과는 달리 카지노 이용을 조절하고 절제할 능력이 부족하여 카지노 이용으로 경제적·사회적 파탄에 내몰리게 되어 있으므로, **자기책임의 원칙만을 내세워 이러한 이들에 대한 보호를 거부할 것은 아니다**."

반대의견은 위와 같은 논증의 전제로서 도박의 위험성에 대한 다음과 같은 설명으로 시작한다. 이는 제3장 제4유형에서 살펴본 사회제도의 의미에 관한 사회학적 논증의 일종이다.

> "도박은 재물을 걸고 우연에 의하여 재물의 득실을 결정하므로 일방의 이익이 상대방의 손실로 직결되어 인간의 이기심과 사행심이 극단적으로 발현되는 행위로 개인과 사회에 미치는 폐해가 심대하다. 우리 형법은 기본적으로 도박을 범죄로 규정하여 건전한 국민의 근로관념과 경제에 관한 건전한 도덕법칙 및 사회의 미풍양속

을 보호함과 아울러, 사행심에 의한 도박행위자의 재산상실 위험을 제거하려 하고 있다(대법원 1984. 7. 10. 선고 84도1043 판결, 대법원 2008. 10. 23. 선고 2006도736 판결 참조). 그리고 대법원은 도박과 관련된 법률행위는 민법 제103조에 정한 반사회적 행위에 해당한다고 보아 왔다(대법원 1973. 5. 22. 선고 72다2249 판결 참조). 한편 정신보건법(제15조, 제16조 제1항 제4호)과 그 시행령(제4조의2 제1호)은 도박 중독을 정신질환으로 보아 도박중독자를 위한 재활시설의 설치와 운영에 관한 근거 규정을 두고 있기도 하다."

결국 위 사건은 표면적으로는 안전배려의무의 내용과 의미에 관한 민법의 해석론이 쟁점이지만, 그 배후에는 자기책임의 원칙의 적용범위, 도박의 사회적 위험에 대한 사회학적 인식, 그 귀결로 후견적 개입의 필요성 등이 실질적, 전제적 판단으로 작용한 사안이라고 할 수 있다.

### ② 인격권과 공익적 요소의 관계 : 대법원 2011. 9. 2. 선고 2008다42430 판결(전)

위 사건은 법률정보를 제공하는 웹사이트 운영자가 변호사들의 개인신상정보를 기반으로 그들의 '인맥지수'를 산출하여 공개하는 서비스를 제공한 것이 변호사들의 인격권을 침해한 것인지가 문제된 사안이다. 다수의견은 인맥지수 서비스 제공행위가 변호사들의 개인정보에 관한 인격권을 침해하는 불법행위라고 보았고, 반대의견은 그렇지 않다고 보았다.[275]

매우 특이한 사안인데, 법리적 쟁점은 결국 인격권 침해가 인정되는지 여부이고, 이는 원칙적으로는 민사법리의 문제이다. 하지만 위 사건 역시 그 배후에는 사적 자치 원칙과 공익 지향적 후견적 개입이라는 법원리의 대립이 존재한다. 불법행위를 인정한 다수의견은 다음과 같이 판시한다.

"이상과 같은 인맥지수의 사적·인격적 성격, 그 산출과정에서의 왜곡가능성, 그 이용으로 인한 원고들의 이익 침해와 공적 폐해의 우려, 그에 반하여 그 이용으로 인하여

275 반면 대법원 홈페이지 등을 통해 수집한 정보를 이용하여 변호사들의 승소율이나 전문성 지수 등을 제공하는 서비스는 변호사들의 개인정보에 관한 인격권을 침해한 것이 아니라고 하였다.

달성될 공적인 가치의 보호 필요성 정도 등을 종합적으로 고려하면, 피고가 이 사건 개인신상정보를 기반으로 한 인맥지수를 공개하는 서비스를 제공하는 표현행위에 의하여 얻을 수 있는 법적 이익이 이를 공개하지 아니함으로써 보호받을 수 있는 원고들의 인격적 법익에 비하여 우월하다고 볼 수 없어, 결국 피고의 이 사건 인맥지수 서비스 제공행위는 원고들의 개인정보에 관한 인격권을 침해하는 위법한 것이다."

반면 반대의견의 다음과 같은 판결이유는 지나친 후견적 개입을 거부하는 자유주의적 사고를 드러낸다.

"우리나라 법률시장도 점점 규모가 커지면서 그에 관한 정보의 바다가 형성되고 있고, 그 바다를 항해하는 데에도 당연히 해도나 나침판이 필요하게 되었다. 그 역시 시장 수요의 일부이다. 소비자가 어떤 지도와 나침판을 믿고 이용하느냐는 그들의 판단에 맡기면 된다. 혹시 소비자가 무지하거나 경솔해서 지도를 너무 맹신하거나 잘못 읽어서 오도될지 모른다는 걱정이 있을 수는 있다. 그러나 그런 걱정 때문에 법원이 나서서 그 지도와 나침판이 얼마나 믿을 만한지 검열할 일은 아니다. 그야말로 소비자의 현명한 선택에 일임해도 좋을 일이고, 그 정보가 소비자의 선택을 받아서 계속 생존하느냐는 그 시장에서도 필시 생겨날 자유로운 경쟁에 맡겨두면 될 일이다."

다수의견은 공적 폐해의 우려, 공적 가치의 보호 필요성을 강조한 반면 반대의견은 사적 영역의 자율성을 강조하고 있다. 이처럼 사법의 영역에서도 표면적으로는 민사법리가 대립하지만 그 배후에는 법원리 내지 법이념적 가치가 대립하는 사례들은 상당히 많다.[276]

#### 2) 보수와 진보의 대립 2 : 정의와 형평의 두 모습

법리적 대립의 배후에 법원리 논증이 존재하는 또 다른 대표적 유형은 정치적 의미의 진보와 보수의 대립이다. 여기서 말하는 진보는 말 그대로 평등지향, 약자보호 등을, 보수는 기존질서 유지, 법적 안정성 등을 각 핵심 가치로 내세우는 사고이다. 대법원 판결 가운데 이러한 대립이 드러난 사안들도 다양하게 존재한다. 몇 가지 예를 보자.

276 권영준, "계약법의 사상적 기초와 그 시사점 : 자율과 후견의 관점에서" 한국법학원, 「저스티스」 통권 제124호, 2011는 이러한 점을 다루고 있다.

### ① 공공임대주택의 보증금 무효시 차임증액 여부 관련 : 대법원 2016. 11. 18. 선고 2013다42236 판결(전)

이 사건에서는 공공임대주택 임차인들에게 법령상 제한보다 높은 임대보증금을 받아 그 초과 부분이 무효인 경우 그것을 월차임으로 전환할 수 있는지가 문제되었다. 가령 법상 임대보증금 한도가 5,000만 원인데, 6,000만 원으로 계약한 경우 1,000만 원은 무효이므로, 임대인은 이를 임차인에게 반환해야 한다. 그렇다면 보증금이 1,000만 원 감축되었으므로 그에 상응해서 차임을 증액해야 하는가? 가령 원래 차임은 100만 원인데, 보증금 1,000만 원의 1%인[277] 10만 원을 증액하여 월 차임 110만 원으로 인정할 것인지가 문제된 것이다. 다수의견은 긍정하였고, 별개의견은 부정하였다.

| | 다수의견 | 별개의견 |
|---|---|---|
| 보증금 | 6,000 → 5,000 | 6,000 → 5,000 |
| 월차임 | 100 → 110 | 100 (변동 없음) |

대법원 판결문을 보면 임대차계약과 보증금계약의 관계, 민법 제137조, 제138조의 해석론 등 다양한 법리적 쟁점이 복잡하게 다투어졌다. 하지만 그 배후에는 '일반적 공평의 관념이라는 정의'와 '약자보호의 정의'라는 두 가지 다른 모습의 정의관이 대립한다. 쉽게 말해, 전자는 주고받는 것이 서로 조응하는 것이 정의라는 관점이라면, 후자는 약자보호라는 진보적 정의관을 전제하고 있다. 두 의견의 핵심 내용만 정리하면 다음과 같다.

| | 다수의견 | 별개의견 |
|---|---|---|
| 법리의 대립 | 1. 임대차계약과 보증금계약의 상호 관련성 강조<br>2. 당사자 의사해석에서 민법 제138조 적용 : 무효행위 전환 | 1. 임대차계약과 보증금계약의 독립성 강조<br>2. 당사자 의사해석에서 민법 제137조 적용 : 일부무효의 법리 |
| 법원리의 대립 | 보수적 정의, 형평 | 약자보호 중심의 진보적 정의 |

277 상가건물 임대차보호법 시행령 제2조 제3항 참조.

법리적 측면에서 다수의견은 임대차계약과 보증금계약의 관련성을 강조한 반면 별개의견은 양자의 독립성을 강조하였다. 다수의견은 당사자의 합리적 의사는 보증금을 월차임으로 전환하는 것으로 파악한 반면(민법 제138조) 별개의견은 일부무효의 법리에 주목하였다(민법 제137조). 하지만 그러한 법리적 주장의 배후에는 위에서 본 바와 같은 다른 종류의 정의관념이 존재한다. 법원리 측면에서 약자보호를 강조하는 별개의견에 대한 다수의견의 반박은 다음과 같다.

> "가정적 효과의사에 의한 무효행위의 전환을 인정하는 것이 별개의견에서 지적하는 것처럼 무주택 서민의 주거생활의 안정 등을 목적으로 하는 법령의 취지에 반하는 결과를 초래하여서는 안 된다고 하는 것은 백번 옳다. 그러나 다수의견과 같이 표준임대보증금과 표준임대료 조건으로 임대차계약관계의 전환을 인정한다고 하여 그러한 입법 취지가 몰각된다고 볼 것은 아니다."

별개의견에 따르면 임차인은 보증금의 일부를 돌려받는 한편 그에 상응하는 차임을 증액하지 않아도 된다. 임차인에게 유리한 것이 분명하지만, 임대인 입장에서는 부당한 손해를 입게 된다. 위 판시 부분은 반환받게 되는 보증금에 상응하여 차임을 증액하더라도 임차인 보호를 목적으로 하는 임대주택법의 취지에 반하지 않는다는 것이다. 임대인의 정의와 임차인의 정의는 다르다. 이처럼 정의란 무엇인가는 한 마디로 답하기 어려운 문제이다.

#### ② 통상임금 사건 : 대법원 2013. 12. 18. 선고 2012다89399 판결(전)

통상임금의 법리를 확립한 대법원 2013. 12. 18. 선고 2012다89399 전원합의체 판결의 다수의견은 정기상여금을 통상임금에서 제외하기로 하는 합의는 강행법규에 반해서 무효지만, 일정한 요건(=기업의 재정적 상황에 대한 중대한 악영향 등) 하에 근로자들의 추가 청구가 신의칙에 반한다고 보았다. 반면 별개의견은 신의칙 적용을 부정하였다.

위 사건도 법리적으로 근로기준법의 해석, 신의칙의 적용범위 등 쉽지 않은 법리적 문제들이 쟁쟁하게 존재한다. 하지만 그 배후에는 기존에 형성된 법질서에 대한 신뢰보호, 기업의 자율성 보장과 소수자보호라는 법이념적 대립이 잠재되어 있다.

| | 다수의견 | 별개의견 |
|---|---|---|
| 법리적 대립 | 근로기준법과 신의칙 | 근로기준법의 강행법규성 |
| 법원리,<br>법이념의 대립 | 보수적 가치 :<br>기업의 재정건정성 확보 | 약자보호 : 근로자보호 |

다수의견과 별개의견의 핵심적 사고를 보여주는 문장을 예시하면 다음과 같다.

| 다수의견 | 별개의견 |
|---|---|
| "노사가 합의한 임금수준을 훨씬 초과하는 예상외의 이익을 추구하고 그로 말미암아 사용자에게 예측하지 못한 새로운 재정적 부담을 지워 중대한 경영상의 어려움을 초래하거나 기업의 존립을 위태롭게 한다면, 이는 종국적으로 근로자 측에까지 피해가 미치게 되어 노사 어느 쪽에도 도움이 되지 않는 결과를 가져오므로 **정의와 형평 관념에 비추어 신의에 현저히 반하고** 도저히 용인될 수 없음이 분명하다." | "신의칙의 적용을 통하여 임금청구권과 같은 법률상 강행규정으로 보장된 근로자의 기본적 권리를 제약하려 시도하는 것은 헌법적 가치나 근로기준법의 강행규정성에 정면으로 반한다. 근로기준법이 강행규정으로 근로자에게 일정한 권리를 보장하고 있음에도 근로자나 사용자가 그 강행규정에 저촉되는 내용의 노사합의를 한 경우에, **신의칙을 내세워 사용자의 그릇된 신뢰를 권리자인 근로자의 정당한 권리 찾기에 우선할 수는 없다.**" |

두 의견의 결론은 정반대인데, 앞서 본 바와 같이 두 의견은 모두 자신의 의견이 정의에 부합한다고 주장한다. 이 역시 정의의 양면성을 드러내는 전형적 사건이다.[278]

### ③ 기타

대법원에서 정치적인 의미의 진보와 보수가 대립한 사건은 상당히 많다. 특히 이용훈 대법원장 시절 김영란, 박시환, 김지형, 이홍훈, 전수안 대법관 등 진보파와 보수파 대법관들이 (i) 환경문제,[279] (ii) 사학재단 문제,[280] (iii) 노동문제,[281]

278 실제로 양승태 대법원장 당시 보수적 입장이 다소 우세하였는데, 정권교체 이후 선고된 통상임금 사건의 경우 대법원 2019. 2. 14. 선고 2015다217287 판결, 대법원 2019. 4. 23. 선고 2016다37167, 37174 판결 등에서는 신의칙 적용을 제한적으로 인정하였다.

279 이와 관련하여 2개의 전원합의체 판결이 있다. (1) 새만금간척종합개발사업을 위한 공유수면매립면허 및 사업시행인가처분의 적법성이 문제된 대법원 2006. 3. 16. 선고 2006두330 전원합의체 판결, 당시 큰 논쟁을 일으켰던 사건으로 김영란, 박시환 대법관이 환경보호를 내세우는 반대의견을 개진하였다. (2) 4대강 사업의 집행정지 여부가 다투어진 대법원 2011. 4. 21.자

(iv) 대기업의 경영권 편법승계 문제[282] 등 여러 사건들에서 대립하였던 점은 잘 알려진 사실이다. 이러한 사건에서 진보파와 보수파가 정치적 논쟁만을 벌이는 것은 물론 아니다. 당연히 현란한 법리적 논쟁이 벌어지지만, 그러한 법리논쟁 배후에서는 법원리적 가치 대립이 도사리고 있다. 양자의 관계는 사건마다, 쟁점마다 미묘하게 다르고, 그러한 교차는 복잡하게 얽히면서 입체적, 역동적 상호작용의 모습을 보이지만, 본질적인 사고의 대립은 대체로 유사하다.

## 3. 마무리 : 원리논증 포인트

이처럼 법원리는 중요한 기능을 하지만 실무에서 원리논증이 성공하는 것은 결코 쉬운 일이 아니다. 원리논증이 설득력을 갖기 위해서는 다음과 같은 점들을 고려할 필요가 있다.

### (1) 추상적 법원리보다는 구체적 법원리를 우선할 것

추상적 정의, 형평을 내세우는 것은 설득력이 떨어진다. Scalia/Garner의 표현을 빌리면 "아무 내용 없는 정의관념에의 호소(naked appeal to fairness)"는 판사를 설득시킬 가능성이 거의 없다.[283] 그보다는 구체적인 법원리를 제시하는 것이 낫다. 가능하다면, 정의, 형평보다는 원인자부담의 원칙, 수익자부담의 원칙, 최소비용회피자 부담의 원칙 등 구체적 법원리를 내세워야 한다.[284]

---

2010무111 전원합의체 결정. 박시환, 김지형, 이홍훈, 전수안 대법관이 반대의견을 개진하였다.

280 상지학원 사건으로 유명한 대법원 2007. 5. 17. 선고 2006다19054 전원합의체 판결. 김영란, 박시환, 김지형, 이홍훈, 전수안 대법관이 반대의견을 개진하였다.

281 출근길 사고의 산업재해가 문제된 대법원 2007. 9. 28. 선고 2005두12572 전원합의체 판결. 김영란, 박시환, 김지형, 김능환, 전수안 대법관이 반대의견을 개진하였다.

282 이른바 삼성에버랜드 사건으로 유명한 대법원 2009. 5. 29. 선고 2007도4949 전원합의체 판결. 김영란, 박시환, 이홍훈, 김능환, 전수안 대법관이 반대의견을 개진하였다.

283 A. Scalia, B. Garner, Making Your Case : The Art of Persuading Judges, Thomson & West, 2008, 30면 참조.

284 위 각주 283의 Scalia/Garner의 표현을 그대로 옮기면 다음과 같다.

> "A naked appeal to fairness in the face of seemingly contrary authority isn't likely to succeed. Whenever possible, dress up the appeal with citation of some venerable legal maxim that supports our points."

### (2) 결과고려 논증을 비롯한 기타 논증과 결합을 통한 추상성 제거

구체적 법원리마저 찾기 어렵다면 당해 법원리를 뒷받침하는 헌법적 근거를 찾거나, 실정법 법리 중 유사 법리를 제시하거나, 다른 논거형식과 결합을 시도해야 한다. 다양한 결과고려 논증, 제도의 취지에 기한 논증, 입법자의 의사에 기한 논증 등과 결합하거나, 후술하는 바와 같이 다른 법령, 판례와의 체계정합성 관점의 주장, 구체적 타당성 등의 주장과 결합할 수 있다. 또한 특정 결론은 관여 당사자들에게 어떠한 불이익이 가해질 수 있고, 그러한 불이익이 얼마나 부당한 것인지를 구체적인 예시를 통해 제시하는 방법도 고려할 수 있다.

# Ⅱ 제2유형 : 체계논증 – 법체계의 통일성과 법적 논증

## 1. 들어가며

### (1) 의미

체계논증은 논쟁적 사안에서 (i) 같은 법령 내의 다른 법조문, (ii) 인근 법령의 유사조문, (iii) 상하위 법령 기타 전체 법질서와의 균형 등을 토대로 특정 결론을 지지하는 논증을 의미한다. 모든 법조문은 고립적으로 존재하는 것이 아니라, 법령의 전체적 맥락 속에 존재한다.[285] 따라서 그러한 맥락에 대한 고찰은 법령의 진정한 의미를 찾는 데에 중요한 실마리를 제공한다. 나아가 이는 당해 법령 자체만이 아닌 유사법령, 나아가 우리 법질서 전체의 통일성으로 확대될 수 있다. 이와 같은 법체계의 흐름 내지 맥락의 이해는 어려운 사건을 푸는 실마리가 될 수 있다.

### (2) 법이론적 검토

실무의 체계논증은 법학방법론에서 말하는 체계적 해석과 유사하지만, 이 역시 반드시 일치하는 것은 아니다.

① 우선 고전적 법학방법론은 체계적 해석을 '외적 체계'와 '**내적 체계**'로 나눠서 설명하는 것이 보통이다.[286] 외적 체계는 개별 법규정, 법령의 구조 등 법률의 형식적 구성을 의미하는 것이라면, 내적 체계는 법질서의 가치적 일관성을 의미하는 것이라고 설명된다. 후술하는 바와 같이 실무의 체계논증은 법학방법론의 외적 체계를 의미한다. 반면 내적 체계는 법질서가 추구하는 가치체계나 추상적 법원리 등과 관계되므로, 내적 체계에 기한 논증은 앞서 본 원리논증이나, 뒤에서 보는 헌법논증에 가깝다.

② 다음으로 법학방법론의 체계적 해석은 말 그대로 법문의 의미를 밝히는 작업이다. 즉, 법을 해석하는 다양한 방법 가운데 하나다. 반면 이 책에서는 이 역시

285 고전적 체계적 해석론도 "맥락 없는 법률 문언은 없다"라는 법언을 강조한다. E. Kramer, 최준규 역, 『법학방법론』, 박영사, 2022, 69면 참조.

286 E. Kramer, 최준규 역, 『법학방법론』, 박영사, 2022, 74면; 김대휘, 『법철학과 법이론 입문』, 성안당, 2021, 246면 참조.

논거유형의 하나로 접근한다. 물론 양자가 완전히 다른 것은 아니다. 하지만 접근 방식에서 차이가 없는 것도 아니다. 뒤에서 보는 것처럼 우리 실무에서 체계논증은 상당히 폭넓게 사용되고, 세부유형도 다양하다. 하지만 공통점은 특정 결론을 지지하는 논거로 활용된다는 점이다.

## 2. 세부유형 검토

대법원 판례들을 통하여 몇 가지 세부유형을 살펴본다.

### (1) 제1유형 : 바로 인근한 조문들과의 관계

우선 당해 사건에서 제기된 법률 문제에 대한 답변을 가장 가까이 있는 인근 조문에서 찾는 방식이다. 난해한 법해석론이 다투어진 사안에서 인근조문의 의미를 살피는 사례들은 상당히 많다. 고전적인 사례로 '실화죄 판결'이 그러한데,[287] 이하에서는 최근 대법원 판결을 중심으로 몇 가지 예들을 살펴본다.

#### ① 대법원 2022. 3. 24. 선고 2017도18272 판결(전)

위 대법원 판결은 대법원 2021. 9. 9. 선고 2020도12630 판결(전)과 함께 주거침입죄의 보호법익에 관한 기존 판례법리를 변경하였다.[288] 다수의견은 주거침입죄의 보호법익을 '사실상 평온'으로 파악하는 입장인 반면 별개의견(대법관 안철상, 김재형)은 기존 판례와 같이 '주거권자의 의사'로 보아야 한다는 입장이다. 판례변경의 타당성 여부에 대해 다수의견과 반대의견은 법해석론부터 정책논거에 이르기까지 다양한 쟁점에서 치열한 공방을 벌였는데, 여기에서는 그러한 논증들 가운데 최협의의 체계논증이라고 할 수 있는 부분만을 보고자 한다. 반대의견의

287 대법원 1994. 12. 20.자 94모32 전원합의체 결정, 법학방법론 교재나 형법교재 등에 자주 등장하는 이 결정은 형법 제170조 제2항에서 말하는 '자기의 소유에 속하는 제166조 또는 제167조에 기재한 물건'이 '자기의 소유에 속하는 제166조에 기재한 물건 또는 자기의 소유에 속하든, 타인의 소유에 속하든 불문하고 제167조에 기재한 물건'을 의미하는 것인지 문제된 사안이다. 이러한 사안의 경우 인접조문과의 체계적 해석이 핵심 쟁점일 수밖에 없다(다수의견은 긍정하였으며, 그 이유는 형법 제166조, 제170조의 규정을 종합할 때 그와 같이 해석하지 않으면 처벌의 공백이 발생하기 때문이라는 것이다).

288 이 판례에 대해서는 제2장 제2유형에서 살펴보았다.

다음과 같은 판결이유 부분이 그러하다.

> "형법 제319조는 제1항의 주거침입죄 바로 다음에 제2항으로 퇴거불응죄를 정하고 있는데, 이것은 사람의 주거 등에서 '퇴거요구를 받고 응하지 않은 사람'을 처벌한다. 퇴거불응죄는 거주자의 의사에 반할 것을 요건으로 하고, 의사에 반하여 퇴거를 불응하는 것 자체가 주거의 사실상 평온을 깨뜨린다고 보아야 한다.
> 퇴거불응죄의 성립 여부를 '사실상 평온상태를 해치는 모습'인지에 따라 판단하면, 이미 주거지에 들어와 머물고 있던 사람에 대해서는 퇴거불응죄가 성립하지 않게 될 수 있다. 이러한 경우에는 사실상의 평온상태를 해치는 모습이라고 볼 수 없기 때문이다. **주거침입죄와 퇴거불응죄를 하나의 조문에서 규율하고 있고 그 보호법익도 통일적으로 보아야 하는 점** 등에 비추어 주거침입죄의 구성요건인 침입도 퇴거불응죄의 경우와 마찬가지로 거주자의 의사에 반하는지에 따라 판단하여야 한다."

퇴거불응죄와 주거침입죄를 일관되게 해석해야 한다는 주장인데, 상당히 설득력이 있다. 또한 "퇴거불응죄의 성립 여부를 '사실상 평온상태를 해치는 모습'인지에 따라 판단하면, 이미 주거지에 들어와 머물고 있던 사람에 대해서는 퇴거불응죄가 성립하지 않게 될 수 있다."라는 부분은 구체적인 사례를 통해 반대주장에 의하면 '부당한 결과(absurd result)'가 도출된다는 점을 논증한 것이기도 하다.

### ② 임의경매와 공신력 : 대법원 2022. 8. 25. 선고 2018다205209 판결(전)

위 판결은 임의경매에서 경매청구권의 근거였던 담보권이 소멸한 경우 어느 시점을 기준으로 경매절차를 무효로 볼 것인지가 문제된 사안이다. 종래 대법원은 경매개시결정 전후를 기준점으로 삼았다. 그런데 1990년 개정 민사소송법에서 "매수인의 부동산 취득은 담보권 소멸로 영향을 받지 아니한다."라는 조항이 신설되었고, 2002년 민사소송법에서 분리된 민사집행법은 제267조에서 이를 이어받아 현재에 이르고 있다. 별개의견은 문언에 따라 처음부터 부존재가 아닌 한(즉 존재하던 담보권이 소멸한 경우) 소멸시점이 경매개시결정 이전이라도 무효로 보아야 한다고 보았다. 반면 다수의견은 기존 대법원 판례를 유지하지는 입장이다.[289]

다수의견과 별개의견은 각 입장을 뒷받침하는 다양한 법해석론(문언해석, 주관적 해석, 목적론적 해석) 및 정책논거 등을 근거로 공방을 벌였는데, 다음과 같은 별개의견의 논거는 바로 인접한 조문들과의 관계에 대한 분석을 토대로 한 체계논증의 예다.

> "법률은 가능한 한 법률에 사용된 문언의 통상적인 의미에 충실하게 해석하여야 한다. 민사집행법 제267조는 '대금완납에 따른 부동산 취득의 효과'라는 제목으로 "매수인의 부동산 취득은 담보권 소멸로 영향을 받지 아니한다."라고 정하고 있다. 이 조항에서 '담보권 소멸'은 담보권이 유효하게 성립한 후 나중에 소멸한 경우를 가리키는 것으로서 그 문언의 객관적 의미와 내용이 명확하므로, 여기에는 경매개시결정 이전에 담보권이 소멸한 경우도 포함된다고 해석하는 것이 법률의 문언에 부합한다.
> 이러한 해석은 민사집행법의 체계에도 부합한다. 이 조항보다 두 조문 앞에 있는 민사집행법 제265조는 '경매개시결정에 대한 이의신청사유'라는 제목으로 "경매절차의 개시결정에 대한 이의신청사유로 담보권이 없다는 것 또는 소멸되었다는 것을 주장할 수 있다."라고 정하고 있는데, **여기에서도 담보권 소멸을 경매개시결정 이후의 것으로 한정하고 있지 않다**. 그러므로 민사집행법 제267조에서도 담보권 소멸을 제265조와 마찬가지로 경매개시결정 전후를 묻지 않고 담보권의 사후적 소멸을 모두 포함하는 것으로 보아야 한다."

비록 다수의견이 되지 못했지만, 이러한 논증은 매우 설득력이 있다. 학설상으로도 민사집행법의 문언해석 기타 논거들을 종합하더라도 별개의견이 더 타당하다는 비판적 견해가 다수인 것으로 보인다.[290]

### (2) 제2유형 : 단일 법령의 전체적 체계에 대한 고찰

두 번째 유형은 특정 조문의 해석을 위해 당해 법령의 목적을 규정한 제1조,

289 이러한 입장 차이는 다음과 같이 설명될 수 있다.

> ① 담보권이 처음부터 부존재, ② 담보권 성립 이후 소멸(변제 등), ③ 경매개시결정 이후 소멸(변제 등)

다수의견은 ③ 시점 이후 담보권이 소멸한 경우는 공신력을 인정하자는 취지이며, 별개의견은 민사집행법 제267조가 신설된 이상 ② 시점을 기준시점으로 보아야 한다는 취지이다,

290 가령 강지웅, "담보권실행경매의 공신력 규정에 관한 해석의 한계 — 대법원 2022. 8. 25. 선고 2018다205209 전원합의체 판결", 법조협회, 「법조」 통권 제762호, 2023.

정의규정을 둔 제2조를 비롯하여 법령의 전체적 내용을 조금 더 넓은 시각에서 고찰하는 방식이다. 이는 체계적 해석방법의 전형이라고 할 수 있다. 이러한 예는 굉장히 많은데, 여기서는 2가지 사례만을 간략히 언급한다.

### ① 대법원 2021. 9. 9. 선고 2017두45933 판결(전)

산재보험법상의 인과관계의 증명책임이 다투어진 대법원 2021. 9. 9. 선고 2017두45933 전원합의체 판결의 다음과 같은 판시 부분은 그러한 접근법을 잘 보여준다.

> "1) 산재보험법은 제5조 제1호에서 '업무상의 재해'를 "업무상의 사유에 따른 근로자의 부상·질병·장해 또는 사망"으로 규정하고, 제36조 제1항에서 요양급여 등 보험급여의 종류를 열거한 다음, 같은 조 제2항에서 수급권자의 청구에 따라 각 보험급여를 지급하도록 하고 있다. 또한 산재보험법은 제40조에서 요양급여의, 제52조에서 휴업급여의, 제57조에서 장해급여의, 제62조에서 유족급여의 각 지급사유, 수급권자, 산정기준, 지급시기 등에 대해 규정하고 있는데, 각 규정은 모두 근로자가 업무상의 사유로 부상, 질병, 장해가 발생하거나 사망한 경우에 해당 보험급여를 지급하도록 함으로써 업무와 재해 사이의 인과관계의 존재를 보험급여의 지급요건으로 하고 있다.
>
> 2) 이 사건 조항은 업무상의 재해를 업무상 사고와 업무상 질병으로 구분하고 이에 관한 세부적인 인정기준을 규정하고 있는데, 이 사건 조항 각호의 각 목 역시 업무와 사고 또는 질병 사이의 관련성 및 인과관계를 업무상 재해의 인정 요건, 즉 보험급여의 지급요건으로 하고 있다. 예를 들어, 이 사건 조항 제2호 (나)목은 업무상 부상과 질병 사이에 인과관계가 인정되어야 함을 규정하고 있고, 특히 이 사건 조항 제2호 (다)목은 제2호 (가)목, (나)목에 포함시키기 어려운 업무상 질병에 관한 일반적인 인정기준으로서, 근로자에게 발생한 질병을 업무상의 재해로 보려면 해당 질병과 업무 사이에 관련성 및 인과관계가 인정되어야 한다는 점을 분명히 하고 있으며, 이 점은 업무상 사고에 관한 이 사건 조항 제1호 (바)목도 마찬가지이다."

대부분 개별법령은 제1조에서 목적을, 제2조에서 용어의 정의를 규정하고 있고, 각 장들은 나름대로의 목적과 존재이유로 유기적으로 연결되어 있다. 이러한 개별 법령의 목적과 전체적 체계를 검토하는 것은 어려운 사건의 법해석에서 간과되어서는 안 될 검토요소라고 할 수 있다.

#### ② 대법원 2023. 3. 23.자 2020그42 결정(전)

위 판결은 피상속인의 배우자와 자녀 중 자녀 전부가 상속을 포기한 경우 배우자가 단독상속인이 되는지가 다투어진 사건이다. 다수의견은 배우자가 단독상속인이 된다고 보았고, 반대의견은 배우자와 피상속인의 손자녀 또는 직계존속이 공동상속인이 된다고 보았다.[291]

두 의견 모두 상속에 관한 입법례, 민법의 입법연혁, 민법 조문의 해석, 채무상속에서 상속포기자의 의사, 실무상 문제 등을 놓고 공방을 벌였는데, 특히 민법의 해석과 관련하여 민법 제1000조부터 제1043조까지 각 조문이 규정하는 '상속인'의 의미가 다투어졌다. 논의가 복잡하여 자세히 소개할 수는 없지만, 다수의견은 민법 제1043조가 규정한 '상속인이 수인인 경우' 역시 민법 제1000조 제2항의 '상속인이 수인인 때'와 동일한 의미라고 본 반면, 반대의견은 그러한 다수의견은 제1000조, 제1003조, 제1042조에 어긋나는 해석이고, 상속법의 기본체계와도 맞지 않다고 보았다. 같은 법령 내의 거의 모든 조문이 검토의 대상으로 망라된 예라고 할 수 있다.

### (3) 제3유형 : 유사한 내용을 규율하는 다른 법령에 대한 검토

세 번째는 유사한 내용을 다루는 다른 법령 및 그에 대한 해석론을 살펴보는 방식이다. 이는 개별법령을 넘어서 법체계의 전체적 정합성을 보는 것이라고 할 수 있다.

#### ① 임대주택법상의 해지사유 : 대법원 2016. 11. 18. 선고 2013다42236 판결(전)

위 대법원 판결은 임대주택법상의 해지사유인 '3월 이상'의 의미가 다투어진 사안이다. '2기에 달하는 때', '3기의 차임액에 해당하는 금액'으로 규정된 민법, 주택임대차보호법, 상가건물임대차보호법과 달리 임대주택법은 '3월 이상'이라고 규정된 점이 문제였다. 이에 대해 대법원은 민법, 주택임대차보호법 등의 조문 체계와의 균형에 주목하여 다음과 같은 논리를 전개한다.

---

291 이 판결에 대해서는 제3장 제4유형(제도의 사회적 기원에 관한 논증)에서 살펴보았다(배우자 상속의 제도적 기원).

"구 임대주택법(2008. 2. 29. 법률 제8852호로 개정되기 전의 것, 이하 같다) 제18조 제1항, 제3항과 그 시행규칙(2008. 6. 20. 국토해양부령 제19호로 전부 개정되기 전의 것) 제8조 제1항, 제2항 [별지 제10호 서식](표준임대차계약서)에 의하면, 위 법률의 적용을 받는 임대주택의 임대사업자는 표준임대차계약서 제10조 제1항의 각 호에 해당하는 사유가 있으면 임대차계약을 해지할 수 있도록 되어 있고, 제4호에는 임차인이 임대료를 '3월 이상' 연속하여 연체한 경우가 해지사유의 하나로 규정되어 있다.
여기에 규정된 '3월 이상'은 3개월 이상 연속되어야 하므로 연체횟수가 3회 이상이어야 한다는 것은 의문의 여지가 없다. 그런데 만약 '3월 이상'이 연체횟수만을 의미할 뿐 연체금액의 의미는 배제된다고 보게 되면, 일반적인 임대차에 적용되는 민법 제640조가 "차임연체액이 2기의 차임액에 달하는 때"를 해지사유로 규정한 것과 대비하여 임대주택의 임차인이 오히려 더 불리하게 되는 경우가 발생할 수 있다. 이는 임대주택법의 적용 대상인 임대차계약에 대하여 해지사유를 더 엄격하게 제한하고 있는 입법 취지에 배치되므로, **'3월 이상'은 연체횟수뿐 아니라 연체금액에서도 3개월분 이상**이 되어야 한다는 뜻으로 새기는 것이 옳다.

이러한 논증은 (i) 체계논증이기도 하지만, (ii) 임차인 보호 목적이 강한 임대주택법의 입법취지에 의한 논증, (iii) 만일 그렇게 해석하지 않으면 임차인 보호를 위해 입법된 임대주택법이 민법에 비해 오히려 임차인에게 불리하게 작용한다는 측면에서 부당결과 회피논증(absurd result rule)이기도 하다.

### ② 땅콩회항 사건과 '항로'의 의미 : 대법원 2017. 12. 21. 선고 2015도8335 판결(전)

유명한 땅콩 회항 사건이다. 쟁점은 공항에서 이륙하기 전 공항활주로에서 항공기를 이동한 것이 항공보안법 제42조의 '항로에서의 이동'에 해당하는지 여부였다. 다수의견은 부정하였고, 반대의견은 긍정하였다. 다수의견은 문언주의 입장에 충실하고자 하였고, 반대의견은 유연한 법해석을 강조하였다. 다만 이 경우도 각 의견은 복수의 논거들을 제시하고 있는데, 다수의견은 다음과 같이 인근 법령(항공보안법 외 항공법, 항공안전법)의 조문 해석론을 제시한다.

> "다른 법률에서 항로는 '항공로'의 뜻으로 사용되기도 하였다. 구 항공법(2016. 3. 29. 법률 제14116호로 폐지) 제115조의2 제2항은, 국토교통부장관이 항공운송사업자에게 운항증명을 하는 경우 '운항하려는 항로' 등 운항조건을 정하도록 규정하였다. 이 조문의 내용을 물려받은 항공안전법(2016. 3. 29. 법률 제14116호) 제90조 제2항은 '운항하려는 항로'를 '운항하려는 항공로'로 바꾸었으므로, 여기에서 '항로'는 항공로와 같은 뜻으로 쓰였음이 분명하다. 항공로의 법률적 정의는 '국토교통부장관이 항공기 등의 항행에 적합하다고 지정한 지구의 표면상에 표시한 공간의 길'로 규정되어 있으므로(항공안전법 제2조 제13호, 구 항공법에서의 정의도 같다), 항공기가 비행하면서 다녀야 항공로가 될 수 있다. 이처럼 항로가 법률용어로서 항공로와 혼용되기도 한 것을 볼 때, 입법자도 항로를 공중의 개념을 내포한 단어로 인식하였다고 볼 수 있다."

협의의 문언해석은 단어의 어의 자체만을 본다면 체계해석은 이처럼 주변 법령의 관계까지 고려하는 것이다.

### ③ 관습법과 실정법의 관계 : 대법원 2017. 1. 19. 선고 2013다17292 판결(전)

위 사건은 2001년 시행된 장사 등에 관한 법률(약칭 '장사법') 이전에 설치된 분묘에 대해서 분묘기지권이라는 관습법이 유효하게 적용된다고 볼 수 있는지가 문제된 사안이다. 다수의견은 긍정하였고, 반대의견은 부정하였다. 다수의견이 들고 있는 여러 근거들 중 하나는 장사법 부칙 규정이다. 다음과 같이 장사법 부칙을 포함하여 장사법의 전체적 취지가 동법 시행 이전의 분묘기지권을 부정하지 않는 것으로 해석된다는 것이다.

> "위와 같은 장사법 부칙 규정들에 의하면, 분묘의 설치기간을 제한하고 토지 소유자의 승낙 없이 설치된 분묘에 대하여 토지 소유자가 이를 개장하는 경우에 분묘의 연고자는 당해 토지 소유자에 대항할 수 없다는 내용의 규정들은 장사법(법률 제6158호) 시행 후 설치된 분묘에 관하여만 적용한다고 명시하고 있어서, 장사법(법률 제6158호)의 시행 전에 설치된 분묘에 대한 분묘기지권의 존립 근거가 위 법률의 시행으로 상실되었다고 볼 수 없다(대법원 2002. 12. 24. 선고 2002다

> 53377 판결 참조). 바꾸어 말하면, 위와 같은 장사법의 규정들은 장사법(법률 제6158호)의 시행일인 2001. 1. 13. 이전에 설치된 분묘에 대하여는 대법원이 인정해 온 분묘기지권에 관한 관습법의 적용을 여전히 허용하고 있는 것이다."

그러면서 위와 같은 규정에 비추어 관습법의 법적 효력도 존속하고 있다는 점을 추론할 수 있다고 한다.

> "이는 장사법(법률 제6158호)의 개정시점인 2000. 1. 12.이나 그 시행시점인 2001. 1. 13.에 법 시행 전에 설치된 분묘에 대하여 분묘기지권 내지 그 시효취득을 인정하는 관습에 관한 사회 구성원들의 법적 확신의 변화나 소멸이 없었다는 방증도 된다. 만약 사회를 지배하는 기본적 이념이나 사회질서의 변화가 뚜렷하여 분묘기지권에 관한 관습법을 폐지하거나 변경할 필요가 있었다면 그러한 관습법과 배치되는 법적 규율을 두지 않을 이유가 없다."

위 판결은 관습법의 내용을 확정하는 데에 실정법의 법해석이 중요한 기능을 한 사례이다. 또한 인근법령, 유사법령의 유사 규정을 통해 특정 결론을 지지하는 매우 설득력 있는 논거를 제시한 예이기도 하다.

### (4) 제4유형 : 판례 간의 체계정합성

네 번째 유형은 판례 간의 체계정합성이다. 학자들 사이에는 대법원 판례의 법원성에 대해 논쟁이 있지만,[292] 어떤 입장에 의하더라도 성문법의 해석지침인 대법원 판례 사이에 체계정합성이 있어야 한다는 점에 대해서는 이론의 여지가 없다. 몇 가지 사례들을 본다.

292 부정설이 다수설 입장이다. 이에 대해서는, 양천수, "판례의 법원성 재검토 — 법이론의 관점에서", 「사법」 제52호, 2020; 이동진, "판례변경의 소급효" 「민사판례연구」 제36권, 2014; 이상덕, "대법원 판례는 절대적 진리인가, 아니면 남의 의견일 뿐인가?", 『법학에서 위험한 생각들』, 법문사, 2018, 376~403면 등 참조.

### ① 채권자대위권과 제3채무자의 해제권 행사 가부 : 대법원 2012. 5. 17. 선고 2011다87235 판결(전)

위 판결은 채권자대위소송이 제기된 사실을 통지받은 제3채무자가 채무자의 채무불이행을 이유로 계약을 해제할 수 있는지가 문제된 사안이다. 종래 대법원은 민법 제405조 제2항을 근거로 부정하였으나,[293] 위 대법원 판결은 이를 변경하였다. 그 근거 중 하나가 그 구조가 유사한 채권압류, 가압류의 경우에도 제3채무자의 해제권이 인정된다는 점이다(넘버링은 필자가 추가함).

> "민법 제405조 제2항은 '채무자가 채권자대위권행사의 통지를 받은 후에는 그 권리를 처분하여도 이로써 채권자에게 대항하지 못한다'고 규정하고 있다. 위 조항의 취지는 채권자가 채무자에게 대위권 행사사실을 통지하거나 채무자가 채권자의 대위권 행사사실을 안 후에 채무자에게 대위의 목적인 권리의 양도나 포기 등 처분행위를 허용할 경우 채권자에 의한 대위권행사를 방해하는 것이 되므로 이를 금지하는 데에 있다. 그런데 (1) 채무자의 채무불이행 사실 자체만으로는 권리변동의 효력이 발생하지 않아 이를 채무자가 제3채무자에 대하여 가지는 채권을 소멸시키는 적극적인 행위로 파악할 수 없는 점, (2) 더구나 법정해제는 채무자의 객관적 채무불이행에 대한 제3채무자의 정당한 법적 대응인 점, (3) **채권이 압류·가압류된 경우에도 압류 또는 가압류된 채권의 발생원인이 된 기본계약의 해제가 인정되는 것과 균형을 이룰 필요가 있는 점** 등을 고려할 때 채무자가 자신의 채무불이행을 이유로 매매계약이 해제되도록 한 것을 두고 민법 제405조 제2항에서 말하는 '처분'에 해당한다고 할 수 없다."

채권이 압류, 가압류된 경우에도 제3채무자는 채무자의 채무불이행을 이유로 계약을 해제할 수 있다는 것이 대법원의 확립된 입장이다.[294] 압류, 가압류의 제3채무자 입장에서 보면 채권자/채무자/제3채무자의 구조는 채권자대위권의 구조와 유사하다. 제3채무자 입장에서는 채무자와의 법률관계만이 문제되는 상황에서 채무자의 채권자가 자신의 의사와 무관하게 개입하였기 때문이다.[295]

---

293 다만 학설상으로는 이러한 종전 판례는 처분의 개념을 무리하게 확장한 것이라는 비판이 있었다. 양창수 "채권자대위에 의한 처분금지효가 제3채무자가 채무자의 채무불이행을 이유로 매매계약을 해제하는 것에도 미치는가?"『민법연구』제7권, 2003 참조.

294 대법원 2000. 4. 11. 선고 99다51685 판결.

### ② 채권양도와 횡령죄의 성부 :
### 대법원 2022. 6. 23. 선고 2017도3829 판결(전)

위 판결은 채권양도인이 대항요건을 갖추지 못한 사이에 채권액을 수령한 이후 양수인에게 전달하지 않은 것이 횡령죄가 되는지가 문제된 사안이다. 매우 논쟁적인 위 사건에서 다수의견과 반대의견 모두 법리적 논쟁 외에 체계논증과 관련해서도 치열한 공방을 벌였다. 가령 다음과 같은 반대의견을 보자.

> 라. 배신성의 정도에 따른 형사처벌의 불균형
> (1) 대법원은 부동산 매각, 채권 추심 등 금전의 수수를 수반하는 여러 형태의 사무처리를 위임받은 자가 그와 관련해 위임자를 위하여 제3자로부터 수령한 금전은 특별한 사정이 없는 한 수령과 동시에 위임자의 소유에 속하고, 위임을 받은 자는 이를 위임자를 위하여 보관하는 관계에 있다고 보았다(대법원 1995. 11. 24. 선고 95도1923 판결, 대법원 2005. 11. 10. 선고 2005도3627 판결 등 참조). 또한 대법원은 재물의 보관자가 소유자와 사이에 아무런 계약관계에 있지 아니하거나, 소유자의 명시적인 위탁행위가 없는 다양한 사안에서 횡령죄의 성립을 긍정하였다(대법원 1985. 4. 9. 선고 84도300 판결, 대법원 1996. 5. 14. 선고 96도410 판결, 대법원 2003. 9. 23. 선고 2003도3840 판결, 위 대법원 2017도17494 전원합의체 판결 등 참조).
> 이처럼 대법원은 사회통념상 형사법의 개입이 정당화될 정도의 배신적 행위인지 여부를 개별 사안에서 규범적으로 판단하여 횡령죄의 구성요건으로서 위탁관계 유무를 판단하였고, 민사계약상 채무불이행에 해당하는 영역이라고 하여 일률적으로 처벌을 배제한 것이 아니며, 계약관계가 존재하지 아니하는 경우에도 사실상의 위탁관계를 인정하여 횡령죄의 성립을 긍정해 왔다."

최근 대법원은 여러 종류의 이중매매와 관련하여 횡령, 배임죄가 성립하는지

---

295 다만 대법원 판례는 가압류가 된 경우 특별한 사정이 없는 한 합의해제가 가능하다는 입장이지만(대법원 98다17930), 채권자가 대위 통지를 받은 이후 합의해제로 채권자에게 대항할 수 없다고 하고(대법원 2006다85921), 임대차보증금반환청구채권의 양도통지 후에는 임대인과 임차인 사이에 임대차계약의 갱신이나 계약기간 연장에 관하여 명시적 또는 묵시적 합의가 있더라도 그 합의의 효과는 보증금반환채권의 양수인에 대하여는 미칠 수 없다고 한 점(대법원 88다카4253, 4260 판결)에 주의를 요한다.

에 대해 여러 판결들을 선고하였다. 그러한 판례들이 상호간 정합성을 가져야 한다는 점에 이견이 있을 수 없다. 위 인용부분은 횡령죄 성립을 부정하는 입장에서 보면 긍정설은 기존의 판례의 입장과 균형이 맞지 않다는 취지로, 이러한 논증방식 역시 대법원 판결에서 흔히 볼 수 있는 논증이다.

### (5) 기타 : 여러 유형의 혼합과 법률의 흠결 보충

그밖에 위와 같은 요소들이 결합된 사례들도 있고, 체계논증은 법률 흠결의 경우 흠결된 규정을 추론하는 방법으로 활용되기도 한다. 몇 가지 사례를 본다.

#### ① 산재보험법상 업무상 재해의 요건 관련 : 대법원 2021. 9. 9. 선고 2017두45933 판결(전)

위 사건은 산업재해보상보험법상 '업무상의 재해'를 인정하기 위한 요건으로 업무와 재해 사이의 상당인과관계에 관한 증명책임이 문제된 사안이다.[296] 이 사건 역시 근거법령의 해석론, 입법연혁, 제도의 취지 등 다양한 쟁점들이 다투어졌는데, 다수의견은 다른 제도와의 관련성 역시 중요한 근거로 제시한다.

구체적으로, (i) 근로기준법상 사용자의 재해보상책임의 경우에도 인과관계의 증명책임은 주장하는 측에 있다고 본 대법원 판례(대법원 1990. 10. 23. 선고 88누5037 판결 등 참조), (ii) 산재보험법상 재요양과 추가요양의 인정은 상당인과관계의 존재를 적극적 요건으로 하는 점, (iii) 구 공무원연금법에 따른 공무상 재해나, 「국가유공자 등 예우 및 지원에 관한 법률」 또는 「보훈보상대상자 지원에 관한 법률」상 직무수행 등을 원인으로 하는 각종 항고소송에서도 대법원은 상당인과관계의 증명책임은 원칙적으로 주장자에게 있다고 보고 있는 점(대법원 2011. 5. 13. 선고 2011두723 판결 등) 등을 다수의견의 근거로 들고 있다.

#### ② 법률의 흠결과 체계해석 : 대법원 1998. 3. 13. 선고 95다30345 판결

위 판결은 업무집행조합원이 없는 경우 조합의 업무집행을 위한 요건이 문제되었다. 이는 민법에 규정이 없는 경우이므로 결국 인근조항과의 체계적 관련성 속에서 해석하는 수밖에 없다. 대법원은 다음과 같은 추론과정을 거쳐 조합원 과반수가 결정하는 것으로 해석하였다.

296 이 판결에 대해서는 제3장 제3유형(입법자료 확인)에서 살펴보았다.

> "민법 제706조는 그 제1항에서 "조합계약으로 업무집행자를 정하지 아니한 경우에는 조합원의 3분의 2 이상의 찬성으로써 이를 선임한다.", 그 제2항에서 "조합의 업무집행은 조합원의 과반수로써 결정한다. 업무집행자 수인인 때에는 그 과반수로써 결정한다.", 그 제3항에서 "조합의 통상사무는 전항의 규정에 불구하고 각 조합원 또는 각 업무집행자가 전행할 수 있다."고 규정하고, 제709조는 "조합의 업무를 집행하는 조합원은 그 업무집행의 대리권 있는 것으로 추정한다."고 규정하고 있는바, 업무집행자의 선임에 조합원 전원의 찬성이 있을 것을 요하지 아니하고 업무집행자는 업무집행에 관하여 대리권 있는 것으로 추정하도록 한 민법의 규정 취지에 비추어 볼 때, 업무집행자가 없는 경우에도 조합의 업무집행에 조합원 전원의 동의는 필요하지 않다고 하여야 할 것이고, 한편 조합재산의 처분·변경도 조합의 업무집행의 범위에 포함된다고 할 것이므로, 결국 업무집행자가 없는 경우에는 조합의 통상사무의 범위에 속하지 아니하는 특별사무에 관한 업무집행은 원칙적으로 조합원의 과반수로써 결정하는 것이고, 조합재산의 처분·변경에 관한 행위는 다른 특별한 사정이 없는 한 조합의 특별사무에 해당하는 업무집행이라고 보아야 할 것이다."

이처럼 법률에 흠결이 있을 경우 명시적 규정이 있는 여러 조항들의 의미를 토대로 빈 공간을 구성하는 추론 방식은 어찌 보면 너무 당연한 법적 추론의 방법이라고 할 수 있다.

## 3. 마무리

(1) 법률가들이 의외로 잘 보지 않는 것이 법이다. 법을 찾아보더라도 당해 조문만을 보는 경향이 있다. 하지만 "모든 텍스트(text)는 콘텍스트(context) 안에 있다"는 말처럼 모든 법조문은 고립되어 단독으로 존재하는 것이 아니다. 인근 조문도 보고, 전체 법령의 구조도 보아야 한다. 제1조의 목적과 제2조의 정의규정을 읽고, 법령의 전체 구조를 알 수 있는 편, 장, 절의 순서도 보아야 한다.

(2) 체계논증은 숙고를 요한다. 찾아보기도 해야 하지만, 다양한 각도로 생각할 필요도 있다. 하지만 그러한 고민 내지 숙고가 생각보다 어렵지 않을 수도 있다. 위에서 언급한 것처럼 법령을 체계적으로 음미하고, 관련 법령이 없는지,

유사판례가 없는지 등을 검토하는 데에 그렇게 많은 시간이 필요한 것은 아니다. 나아가 위와 같은 리서치는 앞서 본 입법취지나 제도의 사회적 기원, 그리고 법조문의 배후에 있는 법원리 등에 대한 통찰과 같은 부수적 이익을 가져오기도 한다. 체계논증 역시 다른 논증들과 다양하게 결합된다는 점은 앞서 본 사례들에서도 드러난다.

## Ⅲ 제3유형 : 헌법논증 – 사법의 해석, 적용과 헌법

### 1. 들어가며

#### (1) 의미

헌법논증은 말 그대로 당해 논증의 결론을 지지하는 헌법적 근거를 제시하는 논증방식이다. 공법, 사법의 분리가 허물어지는 경향에 따라 헌법논증의 중요성은 갈수록 커진다. 헌법논증은 원리논증과 유사한 측면이 있다. 헌법도 법원리와 마찬가지로 실정법의 배후에서 실정법 법리보다 더 근본적이고, 더 상위에 존재하는 규범이기 때문이다. 또한 그 추상성으로 인해 개별 사건에 직접 적용되는 것에 한계가 있다는 점도 유사하다. 하지만 차이점도 명백하다. 우선 성문법으로 볼 수 있는지에 대해 논란의 여지가 있는 법원리와 달리 헌법은 실정법규범이라는 점이 가장 큰 차이이다. 또한 법원리는 모든 실정법의 배후에 존재한다고 볼 수 있는 반면 헌법은 반드시 그렇지는 않다. 사법상의 법리 논증의 모든 쟁점에서 헌법이 문제되는 것은 아니다. 헌법적 쟁점을 갖고 있는 일부 유형의 사건에서 헌법논증은 특별한 의미를 가질 수 있다.

#### (2) 최근 법이론적 논의들

전통적인 법해석이론이 강조하는 해석방법 중 특수한 지위를 갖는 것으로 '헌법합치적 법해석'이 있다. 이는 법률 문언이 다의적이라면 헌법에 반하는 해석보다는 가급적 헌법에 합치되는 해석방향을 택해야 한다는 이론이다. 또한 최근 학자들 사이에는 '헌법정향적 해석'이라는 해석방법론이 논의되고 있으며, 최근 대법원도 그러한 개념을 받아들이고 있다.[297·298]

297 대법원 2022. 4. 21. 선고 2019도3047 전원합의체 판결 다수의견에 대한 보충의견, 대법원 2020. 9. 3. 선고 2016두32992 전원합의체 판결의 김재형 대법관의 별개의견 등.

298 관련 학술논문으로는, (1) 김도균, "법의 근거 이론과 법률해석 — 헌법합치적 해석과 헌법정향적 해석의 법이론적 함의 — ", 「법철학연구」 제26권 제1호, 2023, (2) 강우예, "군형법 제92조의6에 대한 합헌적 해석의 의미와 성격 — 죄형법정주의 및 기타 해석기준과의 관계에 대한 분석을 바탕으로 — ", 「형사법연구」 제34권 제4호, 2002.

"어떤 법률조항에 대하여 여러 갈래의 해석이 가능한 경우에는 우선 그중 헌법에 부합하는 의미를 채택함으로써 위헌성을 제거하는 **헌법합치적 해석**을 해야 하고, 나아가 헌법에 부합하는 해석 중에서도 헌법의 원리와 가치를 가장 잘 실현할 수 있는 의미를 채택하는 **헌법정향적 해석**을 해야 한다."

헌법합치적 해석이 헌법에 어긋나지 않는 해석방법이라는 소극적 의미라면, 헌법정향적 해석은 헌법정신을 가장 잘 구현할 수 있는 해석방법이라는 적극적 의미인 것으로 보인다. 실무가들 입장에서 이와 같은 이론적 논의를 깊이 이해할 필요까지 있는 것은 아닐 수 있다. 하지만 적어도 대법원이 이와 같은 학설상 논의를 수용하고 있다는 점은 염두에 두는 것이 좋다. 향후 사법상의 분쟁에서도 헌법적 논의의 중요성은 점점 더 커질 수밖에 없다.

### (3) 실무에서 헌법논증의 경향

소송에서 특정 당사자의 주장이 명백한 헌법적 근거를 갖는 경우 그러한 주장을 개진하는 것은 희귀한 일이 아니다. 특정 유형의 사건에서 단골손님처럼 등장하는 헌법적 근거는 어찌보면 너무 당연해서 별로 새로울 것이 없다. 예를 들어 (i) 노동사건에서 헌법의 노동3권을 주장하고, (ii) 언론사건에서 헌법상 표현의 자유를, (iii) 학술적 내용의 명예훼손 등이 문제될 경우 학문의 자유를,[299] (i) 양심적 병역거부 사건에서 헌법상 양심의 자유를 근거로 제시하는 것 등이 그러하다.

하지만 헌법 조문들이나 개별조문에 열거되지 않는 기본권 가운데 실무가에게 그 존재 자체가 잘 알려져 있지 않은 경우도 많다. 또한 위와 같이 잘 알려진 조문이라고 하더라도 특정한 사안에서 특수하게 빛을 발하는 경우도 있다.

299 대표적으로 대법원 2023. 10. 26. 선고 2017도18697 판결(박유하 교수의 제국의 위안부 사건).

## 2. 구체적 사례들

### (1) 여성근로 보호와 헌법 제32조 제4항 : 대법원 2019. 10. 31. 선고 2013두20011 판결

위 사건의 원고들은 국가정보원에서 기능 10급 '행정보조 직군'으로 근무하다 계약직직원규정에 따라 45세에 퇴직한 여성 직원들이었다. 원고들은 국가정보원 전산사식(電算寫植) 분야 직원의 정년을 만 45세로 규정한 국가정보원 내부규정이 「남녀고용평등과 일·가정 양립 지원에 관한 법률」 제11조 제1항[300]을 위반하여 무효라고 주장하면서 공무원 지위 확인을 구하였다. 국가정보원 계약직직원규정 제20조는 여성들만 종사하는 전산사식, 입력작업, 전화교환, 안내 직렬의 경우 근무상한연령을 만 45세로 규정하고 있는 반면 남성들만 종사하는 영선, 원예의 경우 근무상한연령을 만 57세로 규정하고 있는데, 이는 양성평등 원칙에 위반된다는 주장이었다.

원심은 자치적 효력을 갖는 내부규정에 따른 소치로서 적법하다고 판단하였다.[301] 대법원은 원심을 파기하였다. 대법원은 다음과 같이 평등권을 규정한 헌법 제11조 제1항 외에 헌법 제32조 제4항을 특별히 강조하였다.

> "여성 근로자들이 전부 또는 다수를 차지하는 분야의 정년을 다른 분야의 정년보다 낮게 정한 것이 여성에 대한 불합리한 차별에 해당하는지는, 헌법 제11조 제1항에서 규정한 평등의 원칙 외에도 **헌법 제32조 제4항에서 규정한 '여성근로에 대한 부당한 차별 금지'라는 헌법적 가치**를 염두에 두고, 해당 분야 근로자의 근로 내용, 그들이 갖추어야 하는 능력, 근로시간, 해당 분야에서 특별한 복무규율이 필요한지 여부나 인력수급사정 등 여러 사정들을 종합적으로 고려하여 판단하여야 한다."

헌법 제32조 제4항은 "여자의 근로는 특별한 보호를 받으며, 고용·임금 및 근로

300 약칭 '남녀고용평등법' 제11조(정년·퇴직 및 해고) ① 사업주는 근로자의 정년·퇴직 및 해고에서 남녀를 차별하여서는 아니 된다.
② 사업주는 여성 근로자의 혼인, 임신 또는 출산을 퇴직 사유로 예정하는 근로계약을 체결하여서는 아니 된다.

301 서울고등법원 2013. 8. 23. 선고 2012누34206 판결.

**조건에 있어서 부당한 차별을 받지 아니한다**"고 규정하고 있다. 헌법 제11조가 규정한 평등원칙에 대한 특별규정이다. 따라서 이는 헌법 제11조보다 더 강한 규범력을 갖는다. 위 사건에서는 원고들의 근무형태 등 기초적인 사실관계도 문제되었지만, 사실상 헌법 제32조 제4항이 사건의 결론을 바꾼 사안이라고 해도 과언이 아니다.

### (2) 헌법 제36조 제2항과 모성보호 : 대법원 2020. 4. 29. 선고 2016두41071 판결

위 사건은 임신한 여성 근로자의 태아에게 건강손상이 발생한 경우 그것이 산업재해보상보험법 제5조 제1호가 정한 '근로자의 업무상 재해'에 포함되는지가 문제된 사안이다. 원심은 그것은 출산아의 질병일 뿐 근로자인 원고 자신의 질병이 아니므로 출산아 본인의 청구권 인정은 별론 근로자 자신의 산재보험으로 볼 수 없다고 판단하였다.[302] 대법원은 다음과 같은 논리로 원심을 파기하였다.

> "산재보험법상 업무상 재해 개념을 해석·적용함에 있어서, 여성 근로자의 임신 중에는 태아가 모체와 일체를 이루고 있다고 보아 태아의 건강손상에 관하여 여성 근로자에게 요양급여 수급권을 인정하다가 여성 근로자의 출산 이후에는 모체와 분리되었다는 이유로 갑자기 그 출산아의 선천성 건강손상에 관하여 수급권을 부정하는 것은, '근로자의 업무상 재해를 신속하고 공정하게 보상하여 근로자 보호에 이바지'한다는 우리 산재보험법의 입법 목적에도 위배된 것일 뿐만 아니라 헌법 제34조 제2항, 제6항에 의한 생존권적 기본권을 제대로 보장하지 못하고 **헌법 제32조 제4항에 의한 여자의 근로에 대한 특별한 보호와 차별금지, 헌법 제36조 제2항에 의한 모성 보호의무를 제대로 구현하지 못하는 해석**이다."

헌법 제36조 제2항은 **"국가는 모성의 보호를 위하여 노력하여야 한다"**고 규정하고 있다. 근로자와 태아는 별개의 법인격이라는 점에 주목하면 위와 같은 대법원의 해석은 문언의 한계를 벗어나는 확장해석일 수 있다. 하지만 그러한 확장해석이 정당화될 수 있는 것은 위와 같은 헌법적 근거가 있기 때문이다.

302 서울고등법원 2016. 5. 11. 선고 2015누31307 판결.

### (3) 직업공무원 제도와 공무원 인사권 행사의 재량권 일탈, 남용 판단 : 대법원 2024. 1. 4. 선고 2022두65092 판결

위 사건은 5급 공무원인 원고가 주택보유상황 등이 4급 공무원 승진임용 심사에 반영된다는 점을 알면서도 주택보유조사 시 오피스텔 분양권 2건에 대한 신고를 누락한 것이 위법한 것인지가 문제된 사안이다. 원고는 그로 인해 지방공무원법 제48조의 성실의무 위반으로 강등 처분을 받았다. 원심은 그러한 처분이 재량권의 일탈, 남용으로 볼 수 없다고 판단하였다.[303] 대법원은 원심을 파기하였다. 파기사유의 논리적 출발점은 다음과 같은 헌법재판소 결정이유였다.

> "대한민국헌법(이하 '헌법'이라 한다) 제7조가 정한 직업공무원제도는 공무원이 집권세력의 논공행상의 제물이 되는 엽관제도를 지양하고 정권교체에 따른 국가작용의 중단과 혼란을 예방하며 일관성 있는 공무수행의 독사성을 유지하기 위하여 헌법과 법률에 따라 공무원의 신분이 보장되는 공직구조에 관한 제도이다. 이러한 직업공무원제도를 운영함에 있어서는 인사의 공정성을 유지하는 장치가 중요하고, 공무원의 정치적 중립과 신분보장은 그 핵심적 요소라고 할 수 있다."

헌법 제7조 제1항은 "**공무원은 국민전체에 대한 봉사자이며, 국민에 대하여 책임을 진다**", 제2항은 "**공무원의 신분과 정치적 중립성은 법률이 정하는 바에 의하여 보장된다**"라고 규정하고 있다. 위 판결의 내용을 보면 대법원은 원심과 비교할 때 원고의 비위행위에 대한 비난 정도에 대한 판단도 달리하는 것으로 보인다. 하지만 그러한 평가의 차이는 직업공무원제도에 대한 헌법적 관점의 차이에서 비롯되는 것일 수 있다.

### (4) 소비자보호운동과 그 한계 : 대법원 2013. 3. 14. 선고 2010도410 판결

위 판결은 소비자보호운동의 헌법적 근거와 한계를 다룬 판결이다. 사실관계는 다음과 같다. 인터넷카페의 운영진인 피고인들은 카페 회원들과 공모하여 특정 신문에 광고를 게재하는 광고주들에 대해 불매운동의 일환으로 지속적·집단적으

303 수원고등법원 2022. 11. 4. 선고 2022누11855 판결.

로 항의전화를 하는 등의 방법으로 광고중단을 압박하였다. 검사는 이러한 행위가 위력으로 광고주들 및 신문사들의 업무를 방해한 것이라는 내용으로 기소하였다.

원심은 유죄를 인정하였다.[304] 반면 대법원은 피고인들의 행위가 광고주들에 대해서는 업무방해죄의 위력에 해당하지만, 신문사들에 대해서는 직접적인 위력의 행사가 있었다고 보기 어렵다는 이유로 원심을 파기하였다. 그러면서 대법원은 다음과 같이 소비자보호에 관한 헌법 제124조,[305] 제21조(표현의 자유), 제10조(인간의 존엄)의 관계를 상세히 논하였다.

> "소비자가 구매력을 무기로 상품이나 용역에 대한 자신들의 선호를 시장에 실질적으로 반영하기 위한 집단적 시도인 소비자불매운동은 본래 '공정한 가격으로 양질의 상품 또는 용역을 적절한 유통구조를 통해 적절한 시기에 안전하게 구입하거나 사용할 소비자의 제반 권익을 증진할 목적'에서 행해지는 소비자보호운동의 일환으로서 **헌법 제124조**를 통하여 제도로서 보장되나, 그와는 다른 측면에서 일반 시민들이 특정한 사회, 경제적 또는 정치적 대의나 가치를 주장·옹호하거나 이를 진작시키기 위한 수단으로서 소비자불매운동을 선택하는 경우도 있을 수 있고, 이러한 소비자불매운동 역시 반드시 헌법 제124조는 아니더라도 **헌법 제21조**에 따라 보장되는 정치적 표현의 자유나 **헌법 제10조**에 내재된 일반적 행동의 자유의 관점 등에서 보호받을 가능성이 있으므로, 단순히 소비자불매운동이 **헌법 제124조에 따라 보장되는 소비자보호운동의 요건을 갖추지 못하였다는 이유만으로 이에 대하여 아무런 헌법적 보호도 주어지지 아니한다거나** 소비자불매운동에 본질적으로 내재되어 있는 집단행위로서의 성격과 대상 기업에 대한 불이익 또는 피해의 가능성만을 들어 **곧바로 형법 제314조 제1항의 업무방해죄에서 말하는 위력의 행사에 해당한다고 단정하여서는 아니 된다**."

위 판결이유는 헌법상 제도보장과 기본권보호의 관계 등을 복잡하게 논하고 있지만, 결국 그러한 헌법적 요소들이 형법상의 구성요건 해당성 판단에 영향을 미칠 수 있다는 취지이다. 이러한 논리는 법학방법론 측면에서 매우 중요한 시사점을 갖는다. 형사법의 구성요건해당성이나 민사상 불법행위, 공서양속 위반 등은

304 서울중앙지방법원 2009. 12. 18. 선고 2009노677 판결.

305 헌법 제124조 "국가는 건전한 소비행위를 계도하고 생산품의 품질향상을 촉구하기 위한 소비자보호운동을 법률이 정하는 바에 의하여 보장한다."

법규정의 문언해석만으로 최종 결론이 도출되는 것이 아니다. 그 배후에는 우리 사회가 갖고 있는 도덕적, 윤리적 가치체계 등이 복잡하게 상호작용하는데, 헌법적 가치는 그러한 상호작용과정에서 일정정도 개입한다. 요컨대, 특정한 유형의 구성요건 내지 특정 유형의 사건에서 헌법적 논증은 형법상 구성요건해당성 판단에 중대한 영향을 미칠 수 있다.

### (5) 교육권 침해로 인한 불법행위 : 대법원 2022. 6. 16. 선고 2022다204708 판결

위 사건은 학교법인이 학교를 무단으로 폐교함으로써 학생들의 학습권 및 교육권이 침해되었다는 이유로 재학생과 학부모 등이 학교법인 및 이사장을 상대로 손해배상을 구한 사안이다. 대법원은 (i) 법인 등이 미리 상당한 기간을 두고 관할 교육청 및 학교 구성원들과 충분한 의견수렴을 거치거나 수년간 유예기간을 두는 점진적 폐교 방식을 택하지 아니한 점, (ii) 관할 교육청의 폐교인가처분 전에 교직원에게 근로계약 종료를 통보한 점, (iii) 폐교인가신청에 대한 반려처분 이후에도 학교 정상화 노력을 하지 아니한 점 등을 근거로 법인과 이사장의 불법행위 책임을 인정하였다. 그런데, 그와 같은 판단의 논리적 전제로 헌법상 교육권에 관한 규정을 든다.

> "헌법은 모든 국민이 능력에 따라 균등하게 교육을 받을 권리를 가진다고 하여 국민의 기본권으로 학습권을 규정하였고(제31조 제1항), 교육에 관한 국민의 권리 등에 관한 기본적 사항을 정한 교육기본법은 모든 국민에 대하여 평생에 걸쳐 학습하고 능력과 적성에 따라 교육받을 권리가 있음과 동시에 의무교육을 받을 권리로 6년의 초등교육과 3년의 중등교육을 명시하였으며(제3조, 제8조), 사립학교의 설립·운영의 근거로 법인이나 사인(私人)이 법률로 정하는 바에 따라 학교 등을 설립·경영할 수 있음을 규정하였고(제11조 제2항), 학생을 포함한 학습자의 기본적 인권이 학교교육 과정에서 존중되고 보호되어야 함을 규정하였다(제12조)."

민사상 손해배상 사건에서 헌법적 근거를 드는 경우가 흔한 것은 아니다. 하지만 반복하여 언급한 것처럼 불법행위의 전제가 되는 주의의무의 결정요인은 사건의 배경이 된 사실관계마다 다르다. 따라서 불법행위 책임이 문제되는 행위가 헌법적 쟁점과 관련된다면 그러한 헌법적 논의는 민사상 손해배상 책임의 성부에도 결정적인 영향을 미칠 수 있다. 비록 많지는 않지만 과거에도 이미 이러한 헌법 논증을 받아들인 판례가 있고,[306] 향후 더 늘어날 것으로 예상된다.

### (6) 자기결정권 : 대법원 2016. 3. 10. 선고 2012다105482 판결 등

최근 대법원 판결에서 가장 빈번하게 등장하는 헌법상 권리는 아마도 자기결정권이 아닐까 생각된다. 위 사건은 개인정보유출을 이유로 하는 손해배상청구 사건이다. 이러한 유형의 사건에서 개인정보보호법 위반이 문제되는 것은 당연하지만, 다른 한편으로 헌법상 개인정보에 대한 자기결정권을 언급하는 것은 논거의 설득력을 더할 수 있다.

> "헌법 제10조의 인간의 존엄과 가치, 행복추구권과 헌법 제17조의 사생활의 비밀과 자유에서 도출되는 개인정보자기결정권은 자신에 관한 정보가 언제 누구에게 어느 범위까지 알려지고 또 이용되도록 할 것인지를 **그 정보주체가 스스로 결정할 수 있는 권리이다**. 개인정보자기결정권의 보호대상이 되는 개인정보는 개인의 신체, 신념, 사회적 지위, 신분 등과 같이 인격주체성을 특징짓는 사항으로서 그 개인의 동일성을 식별할 수 있게 하는 일체의 정보를 의미하며, 반드시 개인의 내밀한 영역에 속하는 정보에 국한되지 않고 공적 생활에서 형성되었거나 이미 공개된 개인정보까지도 포함한다."

그밖에 자기결정권은 (i) 성폭행 사건과 관련하여 피해자들이 갖는 성적 자기결정권,[307] (ii) 형사절차에서 정보에 대한 자기결정권,[308] (iii) 의사의 설명의무의 한계,[309] (iv) 수혈거부의 한계[310] 등 다양한 사건에서 결론에 영향을 미치는 중요한 논거로 활약한다.

306 대표적으로 서울기독교청년회(서울 YMCA)가 남성 회원에게는 별다른 심사 없이 총회의결권 등을 가지는 총회원 자격을 부여하면서도 여성 회원의 경우에는 지속적인 요구에도 불구하고 원천적으로 총회원 자격심사에서 배제하여 온 것은, 여성 회원들의 인격적 법익을 침해하여 불법행위를 구성한다고 본 대법원 2011. 1. 27. 선고 2009다19864 판결 참조.

307 대법원 2023. 9. 21. 선고 2018도13877 전원합의체 판결.

308 대법원 2023. 9. 18. 선고 2022도7453 전원합의체 판결.

309 대법원 2017. 2. 15. 선고 2014다230535 판결 등.

310 대법원 2014. 6. 26. 선고 2009도14407 판결.

### (7) 평등권과 행정처분의 적법성 : 대법원 2024. 4. 4. 선고 2022두56661 판결

위 사건은 헌법상의 평등권이 행정처분 취소에서 핵심적인 역할을 한 사안이다. 사안의 개요는 다음과 같다.

- A는 B로스쿨(국립내) 시험에 응시하였다.
- B로스쿨은 면접일정을 토요일로 잡았다.
- A는 토요일을 안식일로 하는 제칠일안식일예수재림교 신자였던 관계로 면접일시 변경을 해 달라는 이의신청을 하였으나 피고는 이를 거부하였다.

A는 위 이의신청거부처분, 불합격처분의 취소를 구하는 행정소송을 제기하였다. 1심은 각하였으나 2심과 대법원은 평등권 침해를 이유로 원고 청구를 인용하였다.

> "피고는 원고에 대한 면접시간을 변경하는 데에 비용 또는 불편이 다소 증가한다는 이유만으로 토요일 오전으로 지정된 원고의 면접일시의 변경을 거부함으로써 원고가 종교적 신념을 이유로 받게 된 중대한 불이익을 방치하였다. 이와 같은 피고의 행위는 헌법상 평등원칙을 위반한 것으로 위법하다. 이 사건 불합격처분은 이처럼 위법하게 지정된 면접일정에 원고가 응시하지 않았음을 이유로 한 처분이므로 적법한 처분사유가 존재한다고 볼 수 없어 취소되어야 한다."

위 사건에서 이러한 처분의 위법성의 근거는 헌법상의 평등원칙이므로, 결국 헌법논증이 사건의 결론을 결정한 것이라고 할 수 있다.

## 3. 마무리 : 헌법논증의 특징, 포인트

### (1) 다른 논증과의 관련성

헌법논증은 포석깔기 논증의 방식으로 이루어지는 경우가 대부분이다. 일반적으로 활용되는 헌법상 표현의 자유, 재산권 침해, 사생활보호, 행복추구권, 인간의 존엄에 관한 기본적 권리 등은 진부한 얘기로 들릴 수도 있지만, 사안에 따라서는 의외로 강력한 설득력을 가질 수도 있다. 최근 박유하 교수의 제국의 위안부 명예훼손 사건 대법원 판결(대법원 2023. 10. 26. 선고 2017도18697 판결)[311]이 대표적인 예라고 할 수 있다.

헌법논증은 체계논증과도 관련성을 갖는다. 앞서 본 바와 같이 체계논증은 주로 인근 법령 등 법체계의 문제지만 다른 한편으로 상하관계도 문제되기 때문이다. 그런 점에서 하위법령이 상위법령에 반하지 않는 방향으로 해석되어야 한다는 헌법합치적 해석이나, 상위법령인 헌법에 가장 부합하는 해석이 되어야 한다는 헌법정향적 해석은 중요한 의미가 있다. 헌법 관련 업무를 하지 않는 법률가들이 헌재 결정문을 지속적으로 업데이트하는 것은 쉽지 않다. 대법원 판결도 따라잡기 힘든데, 헌재 결정까지 업데이트하는 것은 불가능하기도 하다. 하지만 관련사건, 관련쟁점이 문제될 때 헌재의 입장이 어떠한지를 살펴보는 것은 그렇게 많은 노력이 필요한 것은 아니다.

### (2) 헌법재판소 결정과 입법취지, 입법연혁

헌재 결정 검토에서 얻을 수 있는 부가적 이익이 하나 더 있다. 재판에서 개별법령이 문제되었을 때 당해 법령이 위헌인지 여부가 다투어진 헌재 결정이 있을 경우 그 결정문을 보면 입법취지와 입법연혁 등이 잘 정리되어 있다. 그러한 내용은 제2장에서 살펴본 입법취지, 입법연혁에 관한 리서치를 대신할 수 있다.

311 이 판결에 대해서는 제3장 제5유형(일반론의 포석깔기)에서 살펴보았다.

## Ⅳ 제4유형 : 비교법 논증 - 국제적 경향과 법적 논증

### 1. 들어가며

#### (1) 의미

비교법 논증은 말 그대로 해외 법제를 통해서 우리 법률문제의 실마리를 찾는 논증방법이다. 비교법 검토는 실무가보다는 학자들의 업무영역이다. 하지만 학자들이 비교법 연구를 하는 이유 자체가 우리 실무에서 제기되는 법률문제에 대한 답을 찾기 위한 것이므로, 실무가 입장에서는 그 성과를 활용할 필요가 있다. 실제로 중요한 대법원 판결에서 비교법 논거를 제시하는 비중은 날로 증가하고 있다. 최근 번역기 등 기술적 요인에 의해 언어 장벽이 무너져가는 상황을 고려하면, 비교법 논증의 비중은 날로 증가할 것으로 예상된다.

#### (2) 법이론적 검토

비교법 논증은 유비논증의 일종이다. 따라서 이는 귀납논증이다. 귀납논증은 연역논증과 달리 논리필연적 결론을 담보하지는 않는다. 단지 "그럴 가능성이 높다"는 정도의 의미이다. 외국이 그렇다고 해서 우리도 꼭 그래야 할 논리필연적 근거는 없기 때문이다. 하지만 그렇다고 설득력이 약한 것만은 아니다. 사안에 따라 혹은 쟁점에 따라 외국에서 일정한 경향을 보이는 법해석은 다른 어떠한 근거들보다 강력한 설득력을 갖기도 한다. 비교법 논증이 설득력을 가질 수 있는 경우로 다음과 같은 예들을 들 수 있다.

① 특정 문제에 대해 선진국들 상당수가 일정한 답으로 수렴하는 경우
② 외국에서 우리가 현재 당면한 문제에 대해 이미 상당한 고민을 축적한 경우
③ 법체계가 다른 외국의 사례가 그 다르다는 점 때문에 우리 법의 해석에서 일정한 시사점을 갖는 경우

위 ①은 사실적 문제이기도 하지만 당위적, 규범적 문제이기도 하다. 제4장 제5유형에서 본 것처럼 법해석은 사실적인 것에서 출발하지만 당위적, 규범적으로

바람직한 결과를 지향한다. 선진국의 흐름이 규범적으로 타당한 것으로 인정된다면 그러한 흐름은 수용가능한 논증으로 인정될 가능성이 높다. ②는 실질적 의미에서 선례의 효능 중 하나다. 검토를 해보니 현재 우리가 하고 있는 고민들을 이미 더 깊은 수준에서 고민한 점이 밝혀진 경우라면, 우리에게도 매우 중요한 시사점을 가질 수 있다. ③은 '다르다는 사실' 자체가 우리가 보지 못한 어떠한 깨달음을 주는 경우다.

외국법은 우리 재판에서 법원성이 인정되지 않음은 당연하다. 그럼에도 외국법을 검토하는 효용은 위와 같은 점들에 있다.

## 2. 구체적 사례들

### (1) 비동의간음죄, 비동의추행죄의 국제적 경향 : 대법원 2023. 9. 21. 선고 2018도13877 판결(전)

최근 국제적 경향이 우리의 법해석에서도 상당한 의미를 가질 수 있는 대표적 영역은 성폭력 사건이다. 음란성이나 추행의 의미 등은 개별국가의 문화적 특성과 밀접하게 관련된다. 하지만 다른 한편으로 피해자 중심주의는 국제적, 보편적 흐름이기도 하다. 크게 보면 동성애 문제, 여성 문제 등 소수자보호 문제를 어떻게 다루는지는 자유민주주의의 발전 정도 내지 사회적 성숙도의 문제로 여겨지기도 한다. 그런 맥락에서 비동의간음죄 내지 비동의추행죄는 세계적인 추세이고, 이러한 경향은 대세적 흐름이 될 가능성이 높다. 따라서 이러한 국제적 흐름을 지적하는 것은 당해 사건의 결론을 지지하는 유력한 근거가 될 수 있다.

위 대법원 판결은 이른바 폭행, 협박 선행형 강제추행죄에서 폭행, 협박의 의미를 '항거불능'에서 '일반적 해악의 고지'로 변경한 판결이다. 대법원은 다양한 법리적 논거를 제시하지만, 국제적 경향 역시 매우 중요한 논거로 작용한다. 노정희 대법관의 다수의견에 대한 보충의견은 그러한 점을 잘 보여준다.

> “세계 주요 국가들은 폭행·협박을 통해 피해자의 반항을 억압한 성폭력 행위를 처벌하던 태도에서 의사에 반하는 성적 침해행위를 처벌하되 폭행이나 협박이 개입된 경우에는 가중처벌하는 태도로 변화하였다.
> 예를 들어, 독일은 2016년 개정 형법에서 종전 폭행·협박을 구성요건으로 하는 ‘성적강요죄’ 외에 ‘성적침해죄’를 신설하여, 피해자의 동의를 받지 않은 추행행위를 포함한 비동의 성범죄를 처벌할 수 있는 근거를 마련하고, 폭행·협박이 동반된 경우 가중처벌하고 있다(제177조 제1항, 제5항). 미국은 2022년 연방형법 개정으로 폭행·협박 등 다른 행위태양을 수반할 필요 없이 타인의 동의 없이 성적 행위 내지 접촉을 하면 강간죄 내지 강제추행죄가 성립하고, 폭행 또는 협박을 동반하는 경우 가중처벌한다(제2242조, 제2244조).”

이러한 선진국의 경향은 사실적 문제이기도 하지만 **규범적, 당위적 문제**이기도 하다. 법령의 해석과 적용은 사실적인 것이 기본이지만, **당위적, 규범적으로 더 바람직한 방향을 지향해야** 한다. 선진국에서 성범죄 피해자를 더 엄격하게 보호하고자 하는 추세는 우리의 법해석에도 강력한 시사점을 가질 수 있다.

### (2) 해직노동자의 노조구성 : 대법원 2020. 9. 3. 선고 2016두32992 판결(전)

국제적 경향이 의미가 있는 또 다른 영역은 노동법 분야이다. 노동문제 역시 당해 국가의 자본주의의 성격이나 헌법적 결단 등 각 국가의 고유한 사회경제적 요소에 의해 결정되는 측면이 있지만, 다른 한편으로 선진국가들의 태도에 일정한 경향성이 존재한다면 그와 같은 경향성을 가볍게 치부하기 어렵다. 이 경우 역시 그러한 경향성은 사실적 의미만을 갖는 것이 아니며 규범적 함의를 가질 수 있다.

위 사건은 유명한 전교조 법외노조 통보사건이다. 주무관청에서 해직자를 조합원으로 두고 있던 전교조를 노동조합법상 노조가 아닌 법외노조라고 통보한 것이 위헌, 위법인지가 문제되었다. 다수의견은 법외노조 통보는 형성적 처분이므로 법률에 근거가 있어야 하는데, 그렇지 않고 시행령에 그 근거를 규정한 것이 법률유보 원칙에 반하는 것으로서 무효라고 보았다. 반면 김재형 대법관의 별개의견은 그러한 다수의견의 논리는 문제를 해결하는 것이 아니라고 비판하면서,[312] 소수의

312 다음과 같이 비판한다. “다수의견은 이 사건 시행령 조항이 무효라는 선언 외에 결격사유가 발생

해직자를 조합원으로 인정한다고 하여 노조 자체가 불법이라고 해석하는 것은 부당하다는 목적론적 축소해석을 시도하였다. 그러한 목적론적 축소해석을 지지하는 다양한 논거들(헌법상의 노동3권, 노동조합의 본질론 등)[313] 가운데 하나가 아래와 같은 비교법 논증이다.

> "국제사회의 보편적 기준에 비추어 보더라도 해직자의 노동조합 가입을 불허하는 것은 부당하다. 미국, 영국, 일본, 독일, 프랑스 등 주요 국가에서는 해고자나 퇴직자의 노동조합 가입을 금지하거나 제한하고 있지 않다. 더욱이 해직자가 조합원으로 가입했다는 이유로 그의 조합원 지위를 부정하는 것을 넘어 해당 노동조합의 법적 지위를 아예 부정하는 입법례는 역사적으로도 찾아보기 어렵다. (중략) 이처럼 노동 관련 국제기구 차원에서뿐만 아니라 개별 국가의 실정법 차원에서도 해직자의 노동조합 가입을 인정하는 것은 국제사회의 표준이라 할 수 있다."

안철상 대법관의 별개의견도 유사한데, 안철상 대법관이 제시하는 비교법 논거는 더 강력하고 상세하다.

> "2) 해직자를 노동조합의 조합원에서 배제하는 것은 아래와 같은 세계 보편적 기준에 반한다.
> 선진 각국과 국제사회는 해직자의 노동조합 가입을 허용하고 있고, 해직자가 조합원으로 가입하고 있다는 이유로 해당 노동조합의 지위를 부정하지도 않는다. 지금까지 동료였던 조합원을 단지 사용자로부터 해고되었다는 이유만으로 노동조합으로부터 배제하도록 강제하는 법제는 우리나라를 제외하고는 찾기가 쉽지 않다. 이는 노동조합의 본질과 정신에 정면으로 반하는 것이다. 이러한 세계 보편적 기준은

---

한 노동조합의 법적 지위는 무엇인지, 이 사건의 구체적 법률관계는 어떻게 된다는 것인지 제대로 설명하지 않고 있다. 이는 문제의 핵심을 비켜 가는 것이고 실질적 판단을 회피하는 것이다." 지극히 타당한 지적이라고 생각된다.

313 다음 판시 부분 참조 : "노동조합의 존재의의를 고려할 때 해직자를 노동조합의 조합원에서 일률적으로 배제하도록 하는 것은 노동조합의 본질에 부합하지 않는다. 일반적으로 해직자는 일시적 실업자 또는 구직자일 뿐 사용자에 해당하지는 않는다. 노동조합법상 근로자는 '노무공급자들 사이의 단결권 등을 보장해 줄 필요가 있는가'라는 관점에서 판단해야 하고, 일시적으로 실업 상태에 있는 자나 구직 중인 자도 노동3권을 보장할 필요성이 있는 한 그 범위에 포함된다고 보아야 한다."

일시적으로 막을 수는 있지만 건강한 사회라면 언젠가는 도달하게 되는 것이다. 국제노동기구(International Labour Organization, ILO)는 2020년 6월 현재 전체 190개 협약 중 가장 기본적인 노동권에 관한 4개 분야의 8개 협약을 '핵심협약(Fundamental Conventions)'으로 지정하고 모든 회원국에 대하여 그 비준 및 준수를 강력히 권고하고 있다. 그중 「결사의 자유 및 단결권 보호에 관한 협약(제87호 협약)」은 제2조에서 "근로자 및 사용자는 어떠한 차별이나 사전 허가 없이 스스로의 선택에 따라 단체를 설립하고 그 단체의 규약에 따를 것을 조건으로 단체에 가입할 권리를 가진다."라고 규정하고 있다. **이는 일체의 차별과 정부의 사전 허가 없는 단결권의 보편적 보장 원칙을 국제노동기준으로 확립한 것이라고 할 수 있다**." (이하 생략)

이 역시 사실적인 논거이면서도 규범적, 당위적 논거이다. 외국 특히 서구 선진국 법해석의 흐름에서 일정한 방향성을 찾을 수 있다면 그러한 점을 지적하는 것은 당해 결론의 정당성을 지지하는 강력한 논거로 작용할 수 있다.

### (3) 위약벌과 직권감액 : 대법원 2022. 7. 21. 선고 2018다248855 판결(전)

위 판결은 위약벌도 손해배상액의 예정처럼 감액을 인정할 것인지 여부가 다투어진 사안이다. 주지하다시피 확립된 대법원 판례법리는 위약벌과 손해배상액 예정을 구별하고, 위약벌에 대해서는 감액을 인정하지 않는다. 그 점이 다시 다투어졌는데, 다수의견은 기존 판례를 유지하였다. 하지만 유력한 반대의견이 있었고, 학설상으로도 반대의견이 다수설이다.[314] 이 사건 역시 법해석론, 정책논거 등 다양한 쟁점들이 다투어졌는데, 반대의견의 다음 부분은 비교법 논증의 전형이다.

"**위약벌에 대한 감액을 인정하지 않는 것은 비교법적 고립을 자처하는 셈이다**. 대륙법계에서는 대체로 위약벌의 유효성을 인정하고 그 감액을 인정하고 있다. 독일 민

314 대표적으로 김재형, "손해배상액의 예정에서 위약금 약정으로", 「비교사법」 제21권 제2호 2014, 646면; 권영준, "2022년 민법 판례 동향" 서울대학교 「법학」 제64권 제1호, 2023, 537~547면 참조.

법은 계약벌 또는 위약벌에 관하여 이것이 과도하게 많은 경우에는 채무자의 청구에 따라 판결에 의하여 적절한 액으로 감액할 수 있다고 정하고 있다(제343조 제1항). 프랑스 민법은 법원이 위약벌을 직권으로 증감할 수 있다고 정하고 있다(제1231조의5). 기존 판례에 영향을 미친 일본조차도 2017년 민법을 개정하여 '법원은 손해배상의 예정액을 증감할 수 없다'는 제420조 제1항 후문 규정을 삭제하였다. 영국이나 미국 등 보통법계에서는 위약벌을 아예 무효로 보고 있다. 따라서 비교법적으로도 위약벌의 감액을 인정하는 것이 균형 잡힌 해결책이라고 볼 수 있다."

인간의 이성은 문화적 차이에도 불구하고 일정한 결론으로 수렴할 수 있다. 특정 쟁점에 관해 모든 선진국들의 법률적 견해가 같은 방향으로 움직인다면 그럴 만한 합당한 이유가 있을 것이라고 추정할 수 있다. 반대주장에도 불구하고 대법원은 기존 입장을 유지하였지만, 이러한 비판이 끊임없이 제기되는 것은 법리적이나 실질적으로나 다수의견이 완전하지 않다는 점을 방증한다. 시간이 더 흐르면 판례가 변경될 여지가 없지 않을 것이라고 생각된다.[315]

### (4) 공공계약의 법적 성격 : 대법원 2017. 12. 21. 선고 2012다74076 판결(전)

공공계약과 관련한 법적 분쟁의 핵심적 다툼은 결국 공공계약을 사적 계약과 같은 것으로 볼 것인지, 아니면 공적 성격을 부각함으로써 차별성을 강조할지의 문제로 귀결된다. 위 대법원 판결에서도 상반된 두 의견이 대립하였다.

| 다수의견 | 반대의견 |
| --- | --- |
| "국가 또는 공기업(이하 '국가 등'이라 한다) 이 사경제의 주체로서 상대방과 대등한 지위에서 체결하는 사법(私法)상의 계약으로서 본질적인 내용은 사인 간의 계약과 다를 바가 없으므로, 법령에 특별한 정함이 있는 경우를 제외하고는 서로 대등한 입장에서 당사자 | "이와 같이 공공계약에는 사법상의 계약과는 구별되는 특성이 있기 때문에, 공공계약을 규율하는 국가계약법령은 계약체결 단계부터 계약 내용의 성립과 실현에 이르기까지 공공성을 유지하고 궁극적으로 공익을 실현함을 주된 목적으로 한다. 이에 따라 국 |

315 참고로 2014년 민법개정안도 손해배상액 예정과 위약벌을 위약금이라는 하나의 틀로 규율하자는 입장이다.

| | |
|---|---|
| 의 합의에 따라 계약을 체결하여야 하고 당사자는 계약의 내용을 신의성실의 원칙에 따라 이행하여야 하는 등 사적 자치와 계약자유의 원칙을 비롯한 사법의 원리가 원칙적으로 적용된다." | 가계약법령은 계약법을 보충하여 계약담당 공무원의 재량을 적정하게 제한하고 통제하기 위하여 공공계약에 직접 적용될 것을 전제로 마련된 것이다." |

결국 다수의견은 공공계약 역시 사적 계약과 본질적으로 다르지 않다는 점을 강조하는 입장이라면, 반대의견은 차별성에 주목한 것이다. 이러한 견해대립과 관련하여 판례평석의 다음과 같은 비교법적 검토는 반대의견에 힘을 실어준다.[316]

> 공공계약을 사인 간 계약과 같이 취급하는 이론은 독일법의 전통적인 입장, 즉 공, 사법 구별에 관한 권력설과 국고이론의 강력한 영향을 받았다. 독일의 이론은 원래 국가작용 중 비권력 부분을 사법의 영역으로 분리하여 통상의 민사재판권에 복종시킴으로써 군주의 우월적 지위를 경감시키려는 노력의 일환으로 탄생한 것이다. 그러나 독일에서도 이제는 공공계약을 순수한 사법의 영역으로 남기려는 이론은 흔적을 찾을 수 없고, 이른바 '행정사법'의 영역으로 보아 다양한 공법적 구속 하에 두려는 것이 통설적 입장이다.

이와 같은 공공계약의 지위에 대한 독일의 고민은, 선행적 고찰로서의 의미를 갖는다. 비록 100%라고 단정할 수는 없지만, 향후 우리나라에서도 사안이 축적되고 실무와 학계의 논의 및 고민들이 축적될 경우 유사한 결론에 이를 가능성이 높다고 볼 수 있다.

### (5) 채권양도의 법적 취급 관련 : 대법원 2019. 12. 19. 선고 2016다24284 판결(전)

위 판결은 채권양도금지특약의 효력을 대세적/물권적으로 볼 것인지, 대인적/채권적으로 볼 것인지가 문제된 사안이다. 위 판결 역시 법해석론을 비롯한 다양한 논거들이 대립하였는데, 반대의견은 다음과 같은 비교법적 논증을 제시

316 박정훈, "행정조달계약의 법적 성격", 「민사판례연구」 제25권, 박영사, 2003, 589면; 권영준, 『민법판례연구 Ⅰ』, 박영사, 2019, 226면에서 재인용.

한다.

"비교법적으로 보면, 채권양도금지특약을 아예 금지하는 입법례도 있고, 이를 허용하는 입법례나 국제규범에서도 대부분 그 특약을 위반한 채권양도에 관하여 채권적 효력설을 채택하고 있다. 일본 민법 제466조 제2항은 우리 민법 제449조 제2항과 거의 동일하게 규정하고 있어 그 해석론을 주목할 필요가 있다. 일본의 판례는 양도인이 양도금지특약을 이유로 채권양도의 효력을 부정할 수 없다고 하였는데, 이는 채권적 효력설을 따른 것으로 평가할 수 있다."

UN 국제채권양도협약, 국제상사계약원칙, UNIDROIT 국제팩토링에관한협약 등 다양한 국제규범이 **채권적 효력설**을 취하고 있고, 심지어 유럽계약법원칙은 채권양도금지특약에 반하는 양도가 양수인과 양도인의 법률관계에 영향을 미치지 않는다고 규정하고 있다고 한다.[317]

### (6) 외국법의 다른 법개념 : 대법원 2020. 5. 21. 선고 2017다220744 판결(전)

위 판결은 부당이득에서 손해의 의미가 문제되었다. 부당이득법에서도 불법행위와 마찬가지로 '손해'가 요구된다는 것이 전통적인 견해인데, 위 판결의 다수의견은 부당이득제도는 불법행위와 다르므로 '손해'보다는 '이득'이 중심 개념이라는 취지로 판시하였다. 다수의견은 그러한 결론의 근거 중 하나로 다음과 같은 비교법 논거를 제시한다.

"이러한 부당이득제도의 기능이나 목적을 고려하면 민법 제741조에서 말하는 '손해'는 불법행위나 채무불이행에서 말하는 '손해'와 동일한 개념으로 파악할 필요가 없다. 우리 민법과 부당이득 규정의 문언이나 체계가 비슷한 일본 민법은 '손해'라는 용어 대신 '손실'이라는 용어를 사용하고 있고, 독일 민법은 손실이나 비용에 해당하는 'Kosten'이라는 용어를 사용하고 있다. 미국 법학협회의 부당이득법 리스테이트먼트에서는 손실이나 비용에 해당하는 'expense'라는 용어를 사용한다.

317 권영준, 『민법판례연구 II』, 박영사, 2021, 140면 참조.

이러한 입법례 등은 부당이득의 성립요건인 손해가 일반적으로 불법행위나 채무불이행에서 말하는 손해와 다를 수 있음을 전제로 한다."

우리는 불법행위와 부당이득에서 손해라는 용어를 공유한다. 하지만 양자의 의미가 반드시 같은 것은 아니다.[318] 양자를 준별하는 외국의 용례는 우리의 관성적 사고에 경각심을 불러일으킨다. 이는 제2절에서 본 개념쪼개기에 의해 보다 정확한 실체에 접근하는 논증방법이기도 하다. 외국에서 이미 개념을 정확하게 쪼개 두었으니, 논증이 한층 더 수월할 뿐만 아니라 비교법 논증이 더해져 설득력이 배가되는 장점도 있다.

## 3. 마무리

비교법 논증은 사안에 따라 매우 효과적인 논증방법이지만, 실무가 입장에서 외국법을 정밀하게 리서치하는 데에는 한계가 있을 수 있다. 하지만 주석서나 논문 등에서 학자들에 의해 이루어진 연구결과를 활용할 수 있다. 또한 외국법에 대한 접근 가능성이 점점 높아지고 있는 것도 사실이다. 따라서 중요한 쟁점이 다투어지는 어려운 사건이라면 외국의 경향을 분석하는 논증도 중요하게 고려할 수 있다.

318 부당이득법은 불법행위법과 달리 손해보다는 이익을 중심으로 사고해야 한다는 점에 대해서는, 이계정 "부당이득에 있어서 이득토출책임의 법리와 그 시사점 : 반환범위에 있어 손해중심에서 이득중심으로의 전환", 「저스티스」 통권 제169호, 2018 참조.

# V 제5유형 : 구체적 타당성 논증 : 일반추상성 vs 개별성

## 1. 들어가며

### (1) 의미

법이론과 재판실무에서 '구체적 타당성'이라는 표현처럼 미묘한 말도 흔치 않다. 이 표현은 재판실무에서 가장 많이 사용되는 단어 중 하나이면서도 그 의미를 정확하게 정의하기 어렵다. 모두가 말하지만 그 의미가 모호하고, 학설과 판례 공히 강조하지만 깊이 연구된 바 없다.

도대체 구체적 타당성이란 무엇인가? 우선 어의적 의미를 보면, '구체적'의 사전적 정의는 **"실제적이고 세밀한 부분까지 담고 있는"**이다.[319] '추상적'과 대비된다. 하지만 법에서 말하는 구체적 타당성은 이러한 사전적 정의와 완전히 일치하지는 않는 것 같다. 오히려 **"당해 사건의 개별적 특성까지 고려한다"**는 의미, 나아가 그 결과 **"개별 사안의 결론이 정의나 형평, 상식에 부합하는"** 정도의 의미가 아닌가 생각된다. 하지만 뒤에서 보는 것처럼 대법원 판례들을 보더라도 이는 매우 다의적으로 사용되는 표현이어서, 그 의미를 일의적으로 정의하는 것은 쉽지 않다.[320]

### (2) 법이론적 검토

이처럼 재판실무에서 가장 중요한 용어 중 하나인 구체적 타당성에 대해 학술적 연구가 거의 부재한 것은 기이한 일이다. 필자가 검색한 바에 의하면 3편 정도의 논문이 발견된다.[321] 모두 훌륭한 글들이지만, 실무에서 사용되는 구체적 타당성의 의미에 대한 본격적인 연구라기보다는 특정한 문제의식에 치중된 글들로 보

---

319 표준국어대사전 참조.

320 김재형, "입법과 사법의 경계 : 법률해석의 한계", 「민사법학」 제108호, 2024, 12면은 "구체적 타당성은 그 의미가 반드시 명확한 것은 아니지만, 법의 엄격한 적용을 완화하여 개별 사안에 따라 형평이나 정의관념에 맞게 결론을 도출하는 것"이라고 한다.

321 김현섭, "아리스토텔레스의 형평 : 구체적 타당성을 위한 덕", 「법철학연구」 제20권 제2호, 2017; 박준석, "구체적 타당성에 대하여", 경북대학교 법학연구원 「법학논고」 제38호, 2012; 유종우, "구체적 타당성 개념의 형성과 발전 — 1910~1960년도 한국과 일본 판결을 중심으로 — " 「기초법학연구」 창간호, 2022.

인다.

영미법의 경우 구체적 타당성이 구현하는 정신을 표현하는 유명한 표현이 있다. 'equity'가 그것이다. 영미법에서 'equity'는 'law'에 대비되는 개념이다. 여기에는 역사적인 유래가 있다. 과거 영국에서 법률(common law)의 기계적, 형식적 적용이 타당하지 않은 결과를 가져올 때 좀 더 유연한 해결을 위해 고안된 또 다른 법체계가 equity이다. 현대적인 의미에서 "법(law)과 형평(equity)의 대립의 관한 논생은 형식(form)과 실질(substance)의 대립에 관한 논쟁에 다름 아니다"라는 지적이 있는데,[322] 이러한 지적은 구체적 타당성을 지향하는 형평법의 특성을 잘 보여준다. 하지만 형평법은 법체계 내지 법영역을 지칭하는 용어이므로 재판이 추구해야 할 특정한 가치를 의미하는 구체적 타당성과 적용 국면이 다르고, 그 의미도 같지 않다.

사견으로는 이 개념을 한마디로 정의하기 어려운 이유는 아래와 같이 다양한 의미로, 다양한 맥락에서 사용되기 때문이 아닌가 한다.

① 법률의 일반적, 형식적 적용이 개별, 구체적 사건에서 정의관념에 반하는지 여부

② 법률의 일반적, 형식적 적용이 현실적 분쟁을 실효적, 실질적으로 해결하는지 여부

③ 법률의 일반적, 형식적 적용이 변화된 현실에 대한 적정한 해결책이 되는지 여부

④ 법률의 일반적, 형식적 적용이 국민의 일반적인 법감정에 반한다는 의미

⑤ 법률 외적 요소, 즉 원, 피고가 아닌 제3자의 이익도 적정하게 고려해야 한다는 의미

구체적 타당성의 5가지의 세부항목의 특징 내지 차이점은 법이론적 맥락에서 살펴보면 너 쉽게 이해가 간다.

①은 법률의 형식적, 기계적 적용을 부인하고 실제 사안에서 정의, 형평을 문제삼는 것이므로 원리논증과 가깝고(다만 일반적 법원리라기보다는 개별 사안의 법원

322 Joel P. Trachtman, The Tools of Argument, Trachtman, 2013, p.158, 원문 : "The 'law versus equity' debate is the converse of the 'form versus substance' debate".

리정합성), ②는 법의 현실적, 실용적 유용성을 강조하는 것이므로 법실용주의에 가깝다.[323] ③은 시간의 변동에 따른 법적용의 유연성에 주목하는 입장이므로, 미국의 '동적 해석이론(Dynamic Statute Interpretation)'과 일맥상통하는 면이 있고,[324] ④의 법감정 역시 최근 법이론가들 사이에 여러 논의가 있는 쟁점이다. ⑤는 법률 외적(extra-legal) 논거의 문제로, 재판이 원, 피고의 분쟁만을 해결한다는 재판제도의 본질적 한계에 대한 문제제기라고 할 수 있다.

이처럼 실무에서 이루어지는 구체적 타당성의 실제 의미는 매우 다채롭다. 논증의 관점에서 보면 위 5가지 모두 적정한 소구점을 갖는다. 이하에서 대법원 판례의 구체적 사례를 통해 차례로 살펴보기로 한다.

## 2. 각 유형별 검토

### (1) 일반추상화, 법적 안정성의 대립항으로서 개별, 구체적 정의와 형평

구체적 타당성이 가장 빈번하게, 가장 원칙적인 형태로 사용되는 경우는 법률의 일반추상성과 대비되는 개별 구체적 사건에서의 정의 관념이다. 다음과 같은 유명한 판결이유는 일반추상성과 구체적 타당성이 대립하는 국면의 일반론이 정리된 것이다.

#### 대법원 2009. 4. 23. 선고 2006다81035 판결

"법은 원칙적으로 불특정 다수인에 대하여 동일한 구속력을 갖는 사회의 보편타당한 규범이므로 이를 해석함에 있어서는 법의 표준적 의미를 밝혀 객관적 타당성이 있도록 하여야 하고, 가급적 모든 사람이 수긍할 수 있는 일관성을 유지함으로써 법적 안정성이 손상되지 않도록 하여야 한다. 그리고 실정법이란 보편적이고 전형

323 법원리주의, 법실용주의에 관한 이론적 설명으로는, 공두현, "우리 대법원 법해석론의 흐름 : 법실증주의, 법현실주의, 법원리론", 「법철학연구」 제22권 제2호, 2019 참조.

324 법해석은 법제정 당시가 아닌 법적용 당시의 규범적 상황을 전제로 해야 한다는 미국의 법해석이론을 의미한다. 대표적으로, Eskridge Jr., William N., "Dynamic Statutory Interpretation", 135 U. PA. L. REV. (1987).

적인 사안을 염두에 두고 규정되기 마련이므로 사회현실에서 일어나는 다양한 사안에서 그 법을 적용함에 있어서는 구체적 사안에 맞는 가장 타당한 해결이 될 수 있도록, 즉 구체적 타당성을 가지도록 해석할 것도 요구된다. 요컨대, 법해석의 목표는 어디까지나 **법적 안정성**을 저해하지 않는 범위 내에서 **구체적 타당성**을 찾는 데 두어야 한다."

위 판결은 잘 알려진 '임차인 판결'[325]의 대법원 판결이고, 대법원은 '아름다운 판결'로 알려진 원심 판결을 파기하였다. 대법원은 왜 아름다운 판결을 파기했을까? 아름답지 않은 판결이 더 좋은 판결이기 때문인가? 항소심 판결이 구체적 타당성을 위해 법문을 뛰어넘어(contra legem) 예외를 인정하였다면, 대법원은 읍참마속(泣斬馬謖)의 심정으로 그러한 해석이 '법적 안정성'을 해하는 폐해가 더 크다고 본 것이다.[326]

학자들 사이에서 위 판결은 법해석론의 차원에서만 논의되지만, 법적 논증의 관점에서도 중요한 의미가 있다. 즉, 논증의 관점에서 보면, 고등법원에서 원고 대리인은 구체적 타당성을 근거로 법문에 반하는 결론을 주장하여 승소한 사안이라고 할 수 있기 때문이다. 당해 사건에서 법대로 해석할 경우 원고에게 가혹한 결과(즉 정의와 형평에 반함)가 된다는 주장을 개진하였을 것이고, 대전고등법원은 이례적인 시적 언어로 법문에 반하는 판결을 한 것이다.[327] 실무에서 구체적 타당성을 근거로 법문을 뛰어넘는 해석을 시도하거나, 적어도 그러한 쟁점이 치열하게 다투어지는 사건은 꾸준히 반복되고 있다.

325 대전고등법원 2006. 11. 1. 선고 2006나1846 판결.

326 대법원 판결을 지지하는 입장의 논문으로는 김재형, "황금들녘의 아름다움 : 법해석의 한 단면 : 임대주택법상의 임차인에 관한 해석 문제", 「법학평론」 제1권, 2010 참조. 법철학적 관점에서 위 판결을 분석한 논문으로는 양천수, "법적 안정성과 해석 : 이른바 '아름다운 판결'을 예로 하여", 국민대학교 법학연구소 「법학논총」 제28권 제2호, 2015 참조.

327 당시 재판장이었던 박철 판사는 이후 이에 관해 심도 있는 논문을 발표한 바 있다. 박철, "법률의 문언을 넘은 해석과 법률의 문언에 반하는 해석", 한국법철학회 「법철학연구」 제6권 제1호, 2003.

### (2) 현실적 필요성 내지 유용성에 관한 논증 : 대법원 2019. 1. 24. 선고 2016다264556 판결(전)

구체적 타당성의 두 번째 의미는 현실적 필요성 내지 실천적 유용성이다. 대표적인 사례로 독점적·배타적 사용·수익권 포기에 관한 대법원 판례를 들 수 있다. 독점적·배타적 사용·수익권 포기의 법리란, 토지소유자가 일정기간 토지 일부가 일반공중을 위한 도로 등으로 사용되는 것을 용인한 경우, 그 부분에 대해 소유권에 기한 독점적·배타적 사용·수익권을 포기한 것으로 보아 그에 대한 물권적 청구권 및 부당이득반환청구권 주장을 전부 또는 일부 배척하는 법리를 의미한다.

이러한 법리는 성문법상 근거 없이 소유권을 제약하는 것이므로 학설상으로도 많은 비판이 있어왔다. 위 대법원 판결에서도 반대의견[328]은 이러한 법리가 현행법상 근거가 없다는 점을 근거로 그야말로 맹공을 퍼부었다. 다수의견은 다양한 반박논리를 개진하였지만, 결국 핵심은 현실적 필요성이 있다는 것이고, 이 역시 구체적 타당성이라는 언어로 표현되었다. 다음 판시 부분이 그러하다(넘버링은 필자가 추가함).

> "(1) 확립된 대법원 판례가 오랫동안 토지 소유자의 권리행사 제한에 관한 중요한 판단 기준으로 기능하여 온 것은, 많은 사건에서 위 법리를 적용함으로써 **구체적 타당성**을 실현하는 결론에 이르렀고, 그러한 결론이 일반인의 법의식과 법감정에 부합하기 때문이다. (2) 즉, 위 법리는 토지 소유자가 해당 토지를 일반 공중의 사용에 제공함으로써 자신의 사용·수익권에 대한 제한을 수인하고 그에 대한 이익을 누린 것으로 평가되는 사안에서 관계자들 사이의 이해관계를 적절히 형량하는 법리로서 기능하여 온 것이다."

길지 않은 글이지만 논리구조에 주목할 필요가 있다. 위 문단에서 (1)은 결론이고, (2)는 그 근거 내지 구체적 내용이다. 다수의견이 구체적 타당성의 내용으로 강조한 것은 이해조정에 따른 현실적으로 합리적 결론이다.

구체적으로, 법원이 이러한 법리를 아무런 제한 없이 적용한 것은 아니고, 토

328 반대의견은 조희대 대법관, 김재형 대법관에 의해 개진되었다. 두 반대의견은 결론을 같이 하지만 논리구조에는 차이가 있다.

지소유자들이 반대급부의 이익을 얻은 사안들에서만 그러한 법리를 적용하였다는 것이다. 그러한 이익은 주로 재산상 이익과 행정상 이익이다. 재산상 이익은 도로 예정지 부분이 나머지 택지 부분에 공로를 제공하여 분할된 택지를 용이하게 처분할 수 있다는 점이고, 행정상 이익은 관련법령상 인허가 등에서 편의를 얻었다는 것이다. 다수의견은 다음과 같이 밝히고 있다.

> "이처럼 대법원 판례가 토지 소유자의 독점적·배타적인 사용·수익권 행사의 제한을 긍정한 사안을 살펴보면, 어떠한 형태로든 토지 소유자가 이익 또는 편익을 얻었다고 볼 수 있는 경우임을 알 수 있다. 토지 소유자로서 해당 토지의 무상 제공을 통해 얻을 수 있는 **어떠한 이익도 상정하기 어려운 경우에까지 대법원이 독점적·배타적인 사용·수익권 포기 또는 그 행사의 제한을 긍정한 예는 찾아보기 어렵다**. 토지 소유자의 이익 또는 편익을 상정할 수 있다고 해서 당연히 독점적·배타적인 사용·수익권의 행사가 제한된다고 보아야 하는 것은 아니지만, 토지 소유자가 해당 토지의 무상 제공을 통해 **유·무형의 이익을 얻었다는 것은 위와 같은 사용·수익권 행사가 제한된다고 볼 만한 중요한 징표**가 되어 왔다고 볼 수 있다."

대법원이 위 법리를 무한정 인정한 것은 아니고, 현실적 필요성 내지 구체적 타당성이 인정되는 제한적 사안에서만 인정하였다는 취지이다. 법이론 내지 법적 논증의 관점에서 보면, 위 대법원 판결은 엄격하게 법리를 적용하자는 법규주의(legalism)에 맞선 법실용주의(pragmatism)적 논증이 성공한 사례라고 할 수 있다.

앞서 본 임차인 판결은 결국 법원이 최종적으로 법적 안정성이라는 결론을 채택한 것이라면, 위 판결은 실용주의적 관점의 구체적 타당성 논증이 받아들여진 것이다. 구체적 타당성을 주장하는 입장에서 그러한 결론이 현실적 필요성에 부합하고, 일반인의 법의식과 법감정에 부합한다는 점, 나아가 관계자들 사이의 이해관계를 적절히 형량하는 결과가 된다는 점을 설득한 것이라고 할 수 있다.

### (3) 규범적 상황의 변동과 법률의 유연한 적용 : 대법원 2022. 4. 21. 선고 2019도3047 판결(전)

구체적 타당성의 세 번째 의미는 규범적 상황의 변동에 따른 법률의 해석, 적용의 유연성이다. 법률을 경직되게 해석하면 과거에 제정된 법문언의 규범적 의미를 현재에도 무조건적으로 관철해야 한다는 결론에 이를 수 있다. 하지만 법률은 항상 과거에 제정된 것이고, 그것이 적용되는 시점은 그 이후이므로, 규범적 상황은 다를 수 있다. 구체적 타당성은 그와 같이 달라진 상황에 유연하게 적응해야 한다는 의미로도 사용된다. 대표적으로 위 대법원 판결[329]의 다음과 같은 판결이유 등을 들 수 있다.

"'추행'에 해당하는지 여부를 판단할 때 중요한 고려요소 중 하나는 '그 시대의 성적 도덕관념'이므로, 현행 규정의 '추행'에 해당하는지 여부를 판단할 때에도 '이 시대의 성적 도덕관념'을 고려하여야 한다. 법원이 법률을 해석할 때 지금 **이 시대의 법의식을 고려**하는 것은 **구체적 사건에서 타당성** 있는 법률의 해석·적용을 위하여 반드시 요청되는 사항이다."

구체적 타당성이라는 표현을 사용하지는 않았지만, 대법원 2019도11294 판결(전)의 다음 판결이유 부분도 유사하다.[330]

"컴퓨터 등 정보처리장치를 이용한 범죄는 과학기술과 정보통신이 획기적으로 발전함에 따라 전자기록등위작죄가 신설된 당시에 비해 더 한층 많이 발생하고 있고, 그 형태도 매우 다양할 뿐만 아니라 **과학기술의 발전 속도에 비추어 앞으로도 계속 증가할 것으로 예측**된다. 개정 형법의 입법 취지와 보호법익을 고려하면, 컴퓨터 등 전산망 시스템을 이용하는 과정에 필연적으로 수반되는 사전자기록 등 특수매체기록 작성 등에 관하여 권한 있는 사람이 그 권한을 남용하여 허위의 정보를 입력함으로써 시스템 설치·운영 주체의 의사에 반하는 전자기록을 생성하는 행위를 '위작'의 범위에서 제외하여 축소해석하는 것은 **입법자의 의사에 반할 뿐만 아니라 과학기술의 발전과 시대적·사회적 변화에도 맞지 않는 법 해석**으로서 받아들일 수 없다."

이처럼 구체적 타당성은 법의 해석과 적용이 변화된 시대상황에 부합해야 한다는 당연한 당위를 표현하는 용어이기도 하다.

329 이 대법원 판결에 대해서는 제3장 제1유형(숨겨진 전제와 목적론적 축소)에서 살펴보았다(남성인 군인들이 독신자 숙소에서 구강성교, 항문성교 등을 한 것이 군형법 제92조의6에 해당하는지가 문제된 사안).

330 사전자기록에도 유형위조 외에 무형위조도 포함되는지가 문제된 대법원 2020. 8. 27. 선고 2019도11294 전원합의체 판결의 다수의견.

### (4) 법감정과 구체적 타당성

구체적 타당성이 작용하는 다른 국면은 법논리가 아닌 법감정이 문제되는 사안들이다. 재판의 기본은 논리적 추론이지만, 최종 결론에 대한 직관적 판단은 이성만으로 이루어지는 것은 아니다. **"감성으로 판단하고, 이성으로 합리화한다"**는 유명한 명제처럼, 인간의 의사결정에서 감성 내지 정서의 기능은 사회과학이나 인문과학에서는 이미 많은 연구가 축적되어 있다. 법학자들 사이에서도 감정이 재판의 결론에 어떠한 영향을 미치는지의 문제는 다양한 방식으로 꾸준히 연구되고 있다.[331]

물론 절대다수 사건에서 법적 추론은 논리와 법리에 의해 이루어진다. 하지만 어려운 사건 특히 추상적인 법률요건의 판단이 문제되는 사안에서 법감정은 그러한 판단에 간접적 영향을 미칠 수 있고, 결론의 정당성을 검증하는 장치로 작용할 수도 있다. 실제로 대법원 판결을 보더라도, 법감정을 언급하는 사례들은 점점 늘고 있다. 몇 가지 예를 들면, (i) 특정한 행위가 사회질서에 반하는 행위인지 여부의 판단(대법원 2024. 4. 4. 선고 2022두56661 판결),[332] (ii) 형사처벌이 필요한 정도의 위법한 행위인지 여부의 판단(대법원 2022. 6. 23. 선고 2017도3829 전원합의체 판결의 반대의견),[333] (iii) 불법원인급여 해당 여부의 판단(대법원 2019. 6. 20. 선고 2013다218156 전원합의체 판결),[334] (iv) 친생추정의 한계(대법원 2019. 10. 23. 선고

---

331 가령 변종필, "법감정의 일반화를 위한 제언". 「법철학연구」 제3권 제1호, 2000; 변학수·조홍석, "법의식, 법감정 그리고 법제도", 「독일문학」 제103집, 2005; 전해정, "법감정의 인식론적 가능성 연구", 「법학논총」 제26권 제2호, 2013 등 참조.

332 "국립대학교 총장은 공권력을 행사하는 주체이자 기본권 수범자로서의 지위를 갖는다. 그 결과 사적 단체 또는 사인의 경우 차별처우가 사회공동체의 건전한 상식과 법감정에 비추어 볼 때 도저히 용인될 수 있는 한계를 벗어난 경우에 한해 사회질서에 위반되는 행위로서 위법한 행위로 평가되는 것과 달리, 국립대학교 총장은 헌법상 평등원칙의 직접적인 구속을 받고, 국민의 기본권을 보호 내지 실현할 책임과 의무를 부담하므로, 그 차별처우의 위법성이 보다 폭넓게 인정된다."

333 "채권양도인이 진정한 권리자인 채권양수인의 재산을 임의 처분한 행위에 대하여 횡령죄의 성립을 부정하는 것은 부당하다. 이는 횡령죄의 체계에 심대한 공백과 불균형을 초래할 뿐만 아니라, 일반 국민의 법감정에도 부합하기 어려워 결과적으로 형사처벌에 관한 법적 안정성을 크게 저해한다. 종전 판례는 명백하게 배신적 행위로 평가할 수 있는 사안에서 횡령죄의 성립을 인정한 것으로서 타당하고, 선례가 횡령죄의 성립을 긍정해 온 많은 사안들과 형사처벌이 체계상 균형을 이루고 있으므로 그대로 유지되어야 한다."

334 "뇌물제공 목적의 금전 교부 또는 성매매 관련 선불금 지급과 같이 불법원인급여에 해당하는 전형적인 사례에서는 급여자의 급부가 선량한 풍속 그 밖의 사회질서에 반하여 그 반환청구를 거부해야 한다는 데에 우리 사회 구성원 모두가 인식을 같이 하고 있다. 이러한 경우에는 법원이 그 반환청구를 받아들이지 않는 것이 관련 법규범의 목적에도 부합한다. 그러나 명의신탁자를 형사

2016므2510 전원합의체 판결)[335] 등 다양한 사안에서 법감정을 언급하고 있다.

법감정은 그 실체를 정확하게 입증하기 어렵다는 분명한 한계가 있다. 하지만 그렇다고 그것이 전혀 실체가 없는 것이라고 볼 수도 없다. 형식적 논리가 법감정에 부합하지 않는다면 구체적 타당성을 결한 판결이라는 비판은 항상 존재할 수밖에 없다. 이 쟁점도 향후 다양한 방식으로 문제가 되고, 연구들도 축적될 것으로 예상된다.

### (5) 비법률적 요소와 결론의 타당성

마지막으로 법률요건이 아니므로 재판에서 직접 고려될 수 없지만 결론의 정당성에 영향을 미치는 요소에 대한 강조를 들 수 있다. 이러한 특징은 하급심의 실무에서 여러 예를 찾을 수 있지만, 대법원 판례에서 그 예를 찾기는 어렵다. 대표적으로 다음과 같은 예들을 들 수 있다.

① 당사자의 도덕성

② 법률요건 외 요소들의 문제

③ 당사자 외 이해관계인들의 문제

① 당사자의 도덕성은 말 그대로 원, 피고가 나쁜 놈이라고 비난하는 것이다. 이는 법률요건이 아니므로 재판에서 고려대상이 될 수 없는 것이 원칙이다. 하지만 실제로는 반드시 그렇지 않다. 법률요건에 따라 그러한 주장이 쟁점에 영향을 미칠 수 없는 사건도 있지만, 그렇지 않은 사건도 많다. 예를 들어 단순한 대여금 사건이나 소유권이전등기, 등기말소청구, 배당이의 등 순수하게 법리적 내지 경제적 논리가 지배하는 법률요건의 경우 당사자의 도덕성은 별 문제가 되지 않는다. 차주가 나쁜 놈이라고 하더라도 차용증서와 미변제 사실이 인정되면 원고 청구를 배척할 수 없다. 하지만 법률요건에 따라 당사자의 도덕성이 직, 간접적으로 영향

처벌하거나 명의신탁자에게 과징금을 부과하는 등 법률 규정에 따라 제재하는 것을 넘어, 부동산실명법에서 명의신탁을 금지하고 있다는 이유만으로 명의신탁자로부터 부동산에 관한 권리까지 박탈하는 것은 일반 국민의 법감정에 맞지 않는다."

335 "혼인 중인 남편과 아내가 인공수정 자녀의 출생에 관하여 의사가 합치되어 이를 토대로 제3자의 정자를 제공받아 인공수정이라는 보조생식 시술에 동의함으로써 자녀가 출생하였다면 그 자녀는 그 부부의 친생자로 보아야 한다. 이렇게 보는 것이야말로 헌법에 규정된 국민의 행복추구권, 사생활의 비밀과 자유, 가족생활의 보장 원칙에 부합하고, 가족관계에 관한 민법 규정과도 조화를 이루며, 법이 추구하고자 하는 기본적인 가치와 사회 일반의 보편적인 법감정 및 법의식에도 맞는다."

을 미칠 수 있는 경우도 많다. 가령 이혼의 정당한 사유, 신뢰관계 파괴를 원인으로 하는 계약해지 등은 당사자가 믿을 수 없는 사람이라는 점이 법률요건을 구성하거나 적어도 간접적으로 영향을 미칠 수 있다. 그러한 양극단 사이에도 다양한 유형들이 있을 수 있다.

영미법에서는 법률적 관점에서 당사자의 도덕성을 고려하는 것이 타당한 것인지에 대해 다양한 논의가 있다. 미국 증거법에는 당해 사건의 법률요건과 무관한 당사자의 인격 내지 도덕성에 관한 증거는 제출 자체가 불허되는 것이 원칙이라는 'character evidence rule'이 있는데,[336] 이 역시 그러한 점을 고려한 것이다. 그러한 제한이 없는 우리나라의 경우 상대방을 도덕적으로 비난하는 주장들이 무차별적으로 제시되는 경향이 있다. 재판은 당사자의 인격과 무관하게 권리, 의무의 존부를 판단하는 것이라는 관점에서 보면, 법률이 정하지 않은 다른 요소가 결론에 영향을 미친다는 것은 법리적으로 타당하지 않을 뿐만 아니라 모든 사람이 법 앞에 평등하다는 평등 원칙에도 반한다.[337] 하지만 다른 한편으로 결론이 애매한 상황에서 도덕적으로 옳지 않은 방식으로 행위한 자에게 좋은 결과를 가져다주는 것이 정당한가의 문제는 늘 남는다.

② 법률 외적 요소, 당해 사건의 당사자가 아닌 이해관계인에 대한 판결의 영향도 구체적 타당성의 측면에서 고려될 수 있다. 가령 토지소유자 혹은 건물소유자가 건물 임차인을 상대로 차임미지급을 이유로 임대차계약을 중도해지하고 철거청

336 Federal Rules of Evidence Rule 404 (1) 참조("Evidence of a person's character or character trait is not admissible to prove that on a particular occasion the person acted in accordance with the character or trait.") [단, 404 (2) 이하는 여러 예외를 규정하고 있다].

337 이와 관련하여 미국 명예훼손법상 'libel-proof plaintiff doctrine'을 둘러싼 논쟁은 참고할 만하다. 'libel-proof plaintiff doctrine'이란 그 사람의 인간성이 너무 나빠서 아무리 부정적인 욕을 해도 훼손될 명예가 없다는 이론을 의미한다. 실제로 미국에서 이러한 주장을 받아들인 하급심 판결은 많다. 하지만 이러한 이론에 대해 비판적인 시각도 많다. 비판론의 요지는 이 이론은 인간존엄이나 평등원칙에 반한다는 것이다. 이와 관련하여 A. Scalia 판사는 "우리 모두에게는 최소한 아주 조금이라도 하더라도 선한 면이 있어서, 아무리 나쁜 사람이라고 하더라도 더 나빠질 수 있다"고 판시한 바 있다(Liberty Lobby, Inc. v. Anderson, 746 F. 2d 1069, 1075 (3 Cir. 1988). 원문 "The law, however, proceeds upon the optimistic premise that there is a little bit of good in all of us — or perhaps upon the pessimistic assumption that no matter how bad someone is, he can always be worse.") 어떤 사람이 무조건적으로 나쁜 인간이라고 폄훼하는 것도 하나의 편견에 불과할 수 있다는 취지로서 매우 흥미롭고, 설득력이 있는 견해라고 할 수 있다.

구, 건물 인도청구를 하는 사안을 생각해 보자. 문제는 다수의 전차인들이 상가를 운영하는 등 청구가 인용될 경우 불측의 손해를 입게 될 이해관계자들이 존재한다는 점이다. 원, 피고 사이의 법률요건 상으로는 원고가 승소할 수 있는 사안이라고 하더라도, 원고 승소가 가져올 부정적 결과들은 법원으로 하여금 다른 해결책을 고민하게 할 수 있다. 이러한 점은 재판제도의 본질적 한계와 관련된 문제이기도 하고, 판결이 아닌 조정이나 기타 ADR에 대한 관심이 높아지는 이유이기도 하다.

## 3. 마무리

### (1) 일반추상성과 종합고려설

구체적 타당성은 결국 법률의 일반추상성을 어느 정도까지 관철시킬 것인지의 문제이기도 하다. 구체적 타당성을 구현하기 위해 대법원이 대놓고 법률의 일반추상성을 포기한 법리가 이른바 '종합고려설' 내지 '종합판단기준설'이다.[338] 대법원 판례 가운데, "A, B, C, D, E, F 등 제반요소를 종합적으로 고려하여 판단하여야 한다"는 취지의 판결들은 상당히 많다. 다음과 같은 식이다.

#### 대법원 2021. 10. 28. 선고 2019다293036 판결

"그중 신의칙상 채권자에게 급부를 수령할 의무나 급부 이행에 협력할 의무가 있다고 볼 특별한 사정이 있는지는 추상적·일반적으로 판단할 것이 아니라 구체적 사안에서 계약의 목적과 내용, 급부의 성질, 거래 관행, 객관적·외부적으로 표명된 계약 당사자의 의사, 계약 체결의 경위와 이행 상황, 급부의 이행 과정에서 채권자의 수령이나 협력이 차지하는 비중 등을 종합적으로 고려해서 개별적으로 판단해야 한다."

338 이 점은 대법원 판결에서도 확인할 수 있다. 가령 대법원 2023. 9. 21. 선고 2018도13877 전원합의체 판결의 반대의견 중 다음 부분이 그러하다. "종래의 판례 법리는 폭행·협박 선행형의 강제추행죄에서 상대방의 항거를 곤란하게 하는 정도의 폭행 또는 협박이 요구된다는 것인바, 이러한 법리는 형사법 문언과 체계에 부합하고, '종합판단기준설'에 따라 구체적 타당성을 도모하는 법리로서 그대로 유지되어야 한다."

대법원이 종합고려설을 명시한 사례들도 고려요소들은 각기 다르다. 예를 들어, (i) 손해배상 예정액의 감액 여부에 대한 판단,[339] (ii) 개인정보 공개가 인격권을 침해하는지 여부의 판단,[340] (iii) 자동차 격락손해에 대한 배상책임의 인정 여부 판단[341] 등 그 판시이유를 보면 고려요소들은 사안에 맞게 달리 구성되어 있다는 점을 확인할 수 있다.

대법원이 종합고려설을 취하는 이유는 분명하다. 대법원 판례의 핵심적 기능 중 하나는 법해석의 통일성 유지이다. 대법원은 특정 유형의 사건에 대해 하급심에서 적용될 법리를 하나의 법명제로 선언함으로써 법질서의 통일성을 도모한다. 하지만 종합고려설은 그러한 방식의 규율을 포기하고, 후속 법원으로 하여금 대법원이 나열한 요소들을 두루두루 살펴서 개별 사안에 맞는 결론 즉 '구체적 타당성' 있는 결론을 도출하라는 취지이다.

### (2) 논증도구로서의 구체적 타당성

구체적 타당성은 논증도구서 미래에도 그 발전 가능성은 무궁무진하다. 제2장 서두에서 개념쪼개기가 문제되는 이유가 법률의 일반추상성에 있으며, 이는 19세기 이후 근대적 평등사상에서 유래되었다는 점, 그 반대 극단에 법의 개인화와 같은 상반된 경향의 논의가 있다는 점에 대해 살펴보았다. 그러한 큰 흐름에 비추어보면, 향후 구체적 타당성의 중요성은 더욱 커질 가능성이 높다. 법은 더욱 세분화되고, 개별적 차이들을 포용하는 경향으로 움직일 가능성이 높기 때문이다.

339 이 경우 대법원은 "채권자와 채무자의 경제적 지위, 계약의 목적과 내용, 손해배상액을 예정한 경위(동기), 채무액에 대한 예정액의 비율, 예상 손해액의 크기, 그 당시의 거래관행과 경제상태, 채무자가 계약을 위반한 경위 등"을 종합적으로 고려해야 한다고 한다(대법원 2013. 12. 26. 선고 2013다213090 판결).

340 대법원은 "개인이 공적인 존재인지 여부, 개인정보의 공공성 및 공익성, 개인정보 수집의 목적·절차·이용형태의 상당성, 개인정보 이용의 필요성, 개인정보 이용으로 인해 침해되는 이익의 성질 및 내용 등 여러 사정" 등을 종합하여 판단해야 한다고 한다(대법원 2011. 9. 2. 선고 2008다42430 전원합의체 판결).

341 대법원은 "이 경우 그처럼 잠재적 장애가 남는 정도의 중대한 손상이 있는 사고에 해당하는지는 사고의 경위 및 정도, 파손 부위 및 경중, 수리방법, 자동차의 연식 및 주행거리, 사고 당시 자동차 가액에서 수리비가 차지하는 비율, 중고자동차 성능·상태점검기록부에 사고 이력으로 기재할 대상이 되는 정도의 수리가 있었는지 여부 등의 사정을 종합적으로 고려하여" 판단하여야 한다고 한다(대법원 2017. 5. 17. 선고 2016다248806 판결).

## 제3절
# 마무리

이 장의 결론을 대신하여 한 가지 법이론적 문제점만을 간략히 언급하고자 한다. 이 책의 제4장에서는 결과고려 논증을 5가지 세부유형으로 정리하였고, 이 장에서는 법적 논증의 보조장치를 5가지 세부유형으로 정리하였다. 지면으로는 제4장과 제5장에 대해 거의 비슷한 양을 할애하였는데, 이는 논증이라는 관점에서 접근하였기 때문이다. 반면 법이론의 관점에서 보면 이는 지나친 불균형이다. 제5장에서 접근한 법원리의 문제, 헌법의 문제, 구체적 타당성의 문제는 그 자체만으로 제4장 전체 이상의 법이론적 논의가 가능하기 때문이다.

특히 법원리의 경우 법철학적 논의를 제외하더라도, 실체법 법리와의 관계, 현행 법제도에서의 기능, 실무에서 활용되는 양상, 기능 등은 단행본 한 권 이상의 분석과 연구가 필요한 주제라고 할 수 있다. 이 점은 헌법논증이나 구체적 타당성도 크게 다르지 않을 것이다. 이 책에서는 논증의 관점에서 필요한 한도에서 정리하였지만, 위와 같은 법이론적 문제는 향후의 중요한 학문적 과제라는 점을 지적하면서 이 장을 마무리하고자 한다.

제6장

# 나가며

제6장

# 나가며

이 책 전체의 결론을 대신하여 지금까지 살펴본 논증의 세부유형 및 구체적 사례들을 토대로 법학방법론과 관련된 법이론적 문제를 간략히 언급하고자 한다. 필자는 공부를 업으로 하는 전업학자는 아니지만 실무가로서 학계의 논의에 대한 개인적 견해를 밝히고자 하는 것이다.

첫째는, 법학방법론의 문제이다. 이 글의 여러 곳에서 밝힌 것처럼 독일이나 영미의 법학방법론의 중심은 법해석 방법론(즉 법문언을 어떻게 해석할 것인지의 문제)이다. 19세기 사비니(F. Savigny)가 문리/논리/역사/체계적 해석의 4대 해석방법론을 밝힌 이래 법학방법론은 문언해석/목적론적 해석, 주관적 해석/객관적 해석 등의 대립이 핵심적 논의의 대상이었다. 이러한 점은 최근까지 번역된 독일의 법학방법론 교재나 영미 법해석 관련 논문들에서 어렵지 않게 확인할 수 있다.

하지만 실무가의 입장에서 보면 법학방법론 교재들의 이러한 논의는 그다지 절실하게 와 닿지 않는다. 방법론(methodology)이란 당해 학문의 기초가 되는 근본원리에 대한 논의가 되어야 한다. 이는 방법론에서 제시하는 원리가 모든 사건의 근원에 흐르는 문제여야 함을 의미한다. 하지만 실무가 입장에서 실제 사건을 반추해 보면 고전적 법해석 방법론이 논쟁의 중심이 되는 사건은 극소수에 불과하다. 우선 절대다수의 일반 사건들은 판례법리에 따라 법적 삼단논법으로 해결된다. 기존의 학설, 판례로 쉽게 해결되지 않는 어려운 사건도 대부분 그 결론이 법문언의 해석 논쟁만으로 도출되지 않는다. 물론 법률문언은 가장 중요한 준거점이고, 법적 추론의 출발점인 것은 사실이다. 하지만 최종 결론에 이르는 과정은 이 책에서 길게 살펴본 바와 같이 법률의 해석 외에 다양한 '규범적 판단(normative judgment)'으로 구성될 수밖에 없다.

사견으로는 법문언의 의미를 밝히는 것을 '협의의 법해석', 그러한 법문언을 구체적 사안에 적용하는 과정을 '광의의 법해석'으로 구별한다면, 적어도 어려운 사건에서 광의의 법해석은 이 책에서 살펴본 여러 논거들이 그 실질적 내용을 구성할 수밖에 없다. 이 책 곳곳에서 언급한 것처럼 법률요건 판단의 방식은 법조항마다 다르고 개별적 사실관계마다 다르지만, 사안에 따라 다양한 결과고려 논증이나, 법개념의 배경이 된 사회제도에 대한 분석, 헌법적 의미, 법원리, 구체적 타당성 등등 여러 요소들에 대한 규범적 판단(normative judgment)이 법해석의 실질적 내용을 구성하기도 한다. 또한 같은 법문이라고 하더라도 사회적 상황이 바뀌었다면 거기에 맞게 또다른 규범적 판단을 해야 한다. 그러한 규범적 판단에는 법감정이나 일반인의 상식, 정의관념, 구체적 타당성 등이 다시 고려되어야 한다. 상식, 정의관념 등도 시간의 흐름에 따라 서서히 변해가기 때문이다.

그럼에도 고전적 법해석방법론은 마치 법령이 모든 정답을 내포하고 있고, 따라서 우리는 그 법령을 잘 해석하면 정답을 얻을 수 있는 것처럼 전제한다. 이러한 고전적 방법론의 이론적 전제가 실제와 맞지 않다는 것이 필자의 견해이다. 비록 이 책에서 길게 논할 수는 없지만, 이처럼 법해석 방법론은 문언 해석 중심의 접근법보다는 구체적 사안에 대한 포섭, 적용의 과정에서 이루어지는 다양한 '**규범적 판단(normative judgment)' 중심으로 재구성**되어야 한다는 것이 필자의 문제의식이다.[342]

| 협의의 법해석 | 광의의 법해석 - 당해 사안의 적용과 관련하여 |
|---|---|
| 법령의 문언의 일반적 의미를 밝히는 것<br>→ 문언해석이 출발점<br>→ 체계적, 주관, 객관적 해석 등 | 입법취지, 입법자의 의사 고려<br>제도의 사회적 의미 내지 기능, 사회적 변동 고려<br>정책적 측면 고려 - 다양한 결과고려 논증<br>법원리와 상식, 구체적 타당성, 헌법적 측면, 국제적 동향 고려<br>→ 중층적 규범적 판단(normative judgment) |

이론과 실무의 괴리가 더 심한 영역은 법적 논증이론(legal argumentation theory)이다. 얼핏 생각하면 실무가 입장에서 더 도움이 될 기초법학 분야는 법해석론보다 법적 논증 분야이다. 서두에서 밝힌 것처럼 모든 실무가들이 하는 일이 법적 논증이기 때문이다. 하지만 법적 논증이론에 관한 글은 대부분 지나치게 이론적, 철학적이다. 이론적, 철학적 논의가 필요하지 않다는 것이 아니다. 그러한

342 이에 관해서는 拙稿, "법적 추론에서 삼단논법과 규범적 판단(normative judgement)의 상호작용에 관한 연구", 저스티스 통권 제199호, 2023 참고. 법적 삼단논법(legal syllogism)은 이와 같이 다채로운 규범적 판단으로 얽혀 있기 때문에 논리학의 삼단논법과는 다른 것이다. 사실 필자는 이 책 전체를 통해 이 점을 입증하고자 하였다.

논의와 별개로 실제 논증에 대한 분석 및 평가도 중요할 것인데, 그러한 연구는 찾아보기 어렵다는 점이 문제인 것이다. 필자는 이 책을 통해 그러한 기초작업을 시도한 것이라고 할 수 있다.

이러한 시도와 관련하여 한 가지 지적해야 하는 또다른 법이론적 주제는 사법판단의 정당성 문제이다. 이 주제가 법이론가들 사이에서 매우 중요하게 다루어지는 이유는 다음과 같다.[343] 사법부는 국민의 권리의무를 선언하는 기관이므로 민주적 정당성이 요구된다. 그런데 선거라는 민주적 정당성 확보 절차를 갖는 입법부와 달리 판사들은 국가고시 등을 통해 선발된 인원이므로 그러한 정당성 측면에서 상대적으로 취약할 수밖에 없다. 그렇기 때문에 법의 지배, 법관의 실정법에의 구속과 같은 요청이 절실해지는 것이다. 문제는 그럼에도 법의 의미가 일의적이지 않아서 법관에게 너무 많은 재량이 부여된 것이 아닌가 하는 점이다. 법이론의 흐름을 보면 그러한 법관의 재량을 솔직히 인정하자는 입장(법현실주의, 법실증주의)과 그럼에도 사법판단의 정당성을 확보할 제도적, 이론적 장치의 필요성을 강조하는 입장(원리주의, 법규주의)이 대립한다.

이 책에서 분석한 내용과 관련하여 필자의 고민은 이와 같이 다양한 논증 도구 내지 논거 형식을 제시하는 것이 행여 전자의 방향으로 이해되는 것은 아닌지의 우려이다. 하지만 그렇지 않다는 점을 분명히 밝히고 싶다. 오히려 이 책에서 제시된 논거형식들이 실무에서 실제로 활용되는 이상 그에 대한 면밀한 분석은 그러한 복잡한 논증 속에서 어떻게 사법판단이 정당화될지에 대한 보다 수준 높은 논의의 전제가 될 수 있다고 보아야 한다.

실무가 입장에서 이러한 논의는 달리 말할 수도 있다. 법률가들에게 법적 논증은 논리게임이자 언어게임이지만, 당사자들에게는 인생이 걸려 있는 문제이다. 20년 넘게 변호사 생활을 하면서 당사자들이 소송결과에 목을 매지 않는 사건을 본 적이 없다. 나의 고민과 열정이 당사자의 그것을 넘어서는 경우도 없다. 사법판단이 정당성을 가져야 한다는 것은 이론적 문제만은 아니며, 소송당사자에게 이처럼 간절한 문제이다.

잘 알려진 바와 같이 최근 사법부에 대한 신뢰는 날이 갈수록 떨어지고 있다. 이는 결론의 정당성 문제이기도 하지만, 결론에 이르는 논증과정이 그만큼 정치하

343 이 문제를 정면으로 다룬 글로는 이계일, "사법의 민주적 정당화 — 인적 정당성 문제에 관한 독일의 논의를 중심으로 —", 「법철학연구」 제16권 제3호, 2013 참조.

지 않기 때문이기도 하다. 더 쉽게 말하면 법조인들의 고민과 노력이 그만큼 부족했다는 의미이다. 변호사 업무를 하면서 승패 이전에 서면에서 자신의 얘기를 시원하게 풀어준 것만으로도 치유가 된다는 의뢰인을 만나는 경우가 있다. 마찬가지로 패소판결이라도 패소 당사자의 주장을 고민한 흔적이 있는 판결과 그렇지 않은 판결은 당사자들이 수긍하는 정도에 차이가 있다. 법원이든 다른 직역의 법률가든 당사자들의 깊은 고민을 최대한 공감하고, 충분히 숙고된 논증을 추구할 때 사법부의 신뢰가 회복될 수 있지 않을까 생각한다.

# 참고문헌

## 1. 단행본

### (1) 국내서

고학수 외 6인, 박세일 법경제학, 박영사, 2019.

김도균 엮음, 한국의 법질서와 법해석론, 세창출판사, 2013.

김수배 외 2인, 인문학과 법의 정신, 충남대학교출판문화원, 2013

김대휘, 법철학과 법이론 입문, 성안당, 2021.

김정오, 법철학 – 이론과 쟁점, 제3판, 박영사, 2022.

권영준, 민법판례연구 I, 박영사, 2019.

_____, 민법판례연구 II, 박영사, 2021.

_____, 민법학의 기본원리, 박영사, 2020.

오세혁, 법학방법론, 박영사, 2024.

이계일 엮음, 법학방법론, 세창출판사, 2017.

최봉철, 현대법철학, 법문사, 2007.

최 훈, 논리는 나의 힘, 우리학교, 2024.

### (2) 번역서

I. Copi 외 2, 박만준 외 1 역, 논리학 입문, 경문사, 2015.

E. Damer, 김회빈 역, 논리의 오류, 중원문화, 1994.

R. Dworkin, 염수균 역, 법과권리(Taking Rights Seriously), 한길사, 2010.

K. Engish, 안법영, 윤재왕 역, 법학방법론, 세창출판사, 2011.

E. Kramer, 최준규 역, 법학방법론, 박영사, 2022.

J. Merryman 외 1, 김희균 역, 대륙법전통, 책과함께, 2018.

N. Luhman, 강희원 역, 법사회학, 한길사, 2015.

U. Neumann 외 2, 윤재왕 역, 현대 법철학과 법이론 입문, 박영사, 2024.

R. Posner, 백계문, 박종현 역, 판사는 어떻게 사고하는가? 한울아카데미, 2008.

### (3) 해외서

A. Scalia, B. Garner, Making Your Case : The Art of Persuading Judges, Thomson & West, 2008.

A. Scalia, Edited by Amy Gutmann, A Matter of Interpretation, Princeton University Press, 1997.

F. Schauer, Thinking Like a Lawyer : A New Introduction to Legal Reasoning, Harvard University Press, 2009.

J. Trachtman, The Tools of Argument, Trachtman, 2013.

Kenneth J. Vandevelde, Thinking Like a Lawyer : An Introduction to Legal Reasoning, Westview Press, 2011.

## 2. 논문

### (1) 국내논문

강우예, "군형법 제92조의6에 대한 합헌적 해석의 의미와 성격 — 죄형법정주의 및 기타 해석기준과의 관계에 대한 분석을 바탕으로 —", 형사법연구 제34권 제4호, 2022.

강지웅, "담보권실행경매의 공신력 규정에 관한 해석의 한계 — 대법원 2022. 8. 25. 선고 2018다205209 전원합의체 판결", 법조협회, 법조통권 762호, 2023.

공두현, "우리 대법원 법해석론의 흐름 : 법실증주의, 법현실주의, 법원리론", 법철학연구 제22권 제2호, 2019.

_____, "2019년~2021년 법철학 판례 동향", 법철학연구 제25권 제1호, 2022.

_____, "판결하기 어려운 사건, 쉬운 사건, 보통의 사건 — 법적 추론과 논증의 영역들", 한국법학원, 저스티스 통권 제192호, 2022.

_____, "목적론적 해석의 합리적 재구성", 서울대학교 박사학위 논문, 2024.

권영준, "법의 개인화 단상", 법조 제70권 제5호(통권 제749호), 법조협회, 2021.

_____, "계약법의 사상적 기초와 그 시사점 : 자율과 후견의 관점에서", 한국법학원, 저스티스 통권 제124호, 2011.

_____, "2022년 민법 판례 동향", 서울대학교 법학 제64권 제1호, 2023.

김도균, "법의 근거 이론과 법률해석 — 헌법합치적 해석과 헌법정향적 해석의 법이론적 함의 —", 법철학연구 제26권 제1호, 2023.

김범진, "법적 추론에서 삼단논법과 규범적 판단(normative judgement)의 상호작용에 관한 연구", 저스티스 통권 제199호, 2023.

김병렬, 류승호, "포스너의 법실용주의와 사회법에서 대법원의 법해석론", 서울대학교 법학연구소 법이론연구센터, 기초법학연구 제2호, 2023.

김영환, "한국에서의 법학방법론의 문제점 — 법발견과 법형성 : 확장해석과 유추, 축소해석과 목적론적 축소 간의 관계를 중심으로", 이계일 엮음, 법학방법론(2011).

_____, "법률해석의 목표 : 주관적 해석이론과 객관적 해석이론 간의 논쟁에 관해", 법철학연구 제21권 제1호, 2018.

김재형, "황금들녘의 아름다움 : 법해석의 한 단면 : 임대주택법상의 임차인에 관한 해석 문제", 법학평론 제1권, 2010.

_____, "손해배상액의 예정에서 위약금 약정으로", 비교사법 제21권 제2호, 2014.

_____, "입법과 사법의 경계 : 법률해석의 한계", 한국민사법학회, 민사법학 제108호, 2024.

김현섭, "아리스토텔레스의 형평 : 구체적 타당성을 위한 덕", 법철학연구 제20권 제2호, 2017.

김종구, "형법해석에 있어서 사실주의와 규범주의 — 최근 대법원 판례와 관련하여 —", 홍익법학 제13권 제3호, 2012.

박경규, "미술품거래에서 사기죄의 성립범위 — 대법원 2020. 6. 25. 선고 2018도13696 판결의 평석 및 형법과 법원의 역할에 관한 고찰", 사법발전재단, 사법 vol.1, no.54, 2020.

박정훈, "행정조달계약의 법적 성격", 민사판례연구 제25권, 박영사, 2003.

박　철, "법률의 문언을 넘은 해석과 법률의 문언에 반하는 해석", 한국법철학회, 법철학연구 제6권 제1호, 2003.

백숙종, "부동산 실권리자명의 등기에 관한 법률에 위반한 명의신탁약정과 불법원인급여", 사법발전재단, 사법 통권 제50호, 2019.

백승주, "공동 거주자 1인의 승낙을 얻어 주거에 들어간 행위가 다른 공동 거주자의 의사에 반하는 경우 주거침입죄의 성부 — 대법원 2021. 9. 9. 선고 2020도12630 전원합의체 판결 —", 저스티스 통권 제187호, 2021.

변종필, "법감정의 일반화를 위한 제언". 법철학연구 제3권 제1호, 2000.

변학수·주홍석, "법의식, 법감정 그리고 법제도", 독일문학 제103집, 2005

안민영, "W. Eskridge의 역동적 법률해석론에 관한 방법론적 의의", 동아법학 제98호, 2023.

양창수 "채권자대위에 의한 처분금지효가 제3채무자가 채무자의 채무불이행을 이유로 매매계약을 해제하는 것에도 미치는가?", 민법연구 제7권, 2003.

양천수, "판례의 법원성 재검토 — 법이론의 관점에서", 사법 제52호, 2020.

_____, "법적 안정성과 해석 : 이른바 '아름다운 판결'을 예로 하여", 국민대학교 법학연구소,

법학논총 제28권 제2호, 2015.
윤진수, "법의 해석과 적용에서 경제적 효율의 고려는 가능한가?", 서울대학교 법학 제50권 제1호, 2009.
이계일, "법적 판단에 있어 결과고려의 구조에 대한 비판적 탐구", 법철학연구 제23권 제2호, 2020.
_____, "판결의 법산출성을 강조하는 법이론의 입장에서 본 법관법", 법철학연구 제19권, 2016.
_____, "사법의 민주적 정당화—인적 정당성 문제에 관한 독일의 논의를 중심으로—", 법철학연구 제16권 제3호, 2013.
_____, "최근 대법원 전원합의체 판결에 있어 해석논거 투입과 의견분기의 양상에 대한 비판적 분석", 법철학연구 제25권 제2호, 2022.
이계정, "부당이득에 있어서 이득토출책임의 법리와 그 시사점 : 반환범위에 있어 손해중심에서 이득중심으로의 전환", 한국법학원, 저스티스 통권 제169호, 2018.
_____, "변호사 보수청구 제한의 근거로서 신의칙과 신인관계—법관의 합리적 재량 행사의 문제를 겸하여—", 서울대학교 법학 제60권 제4호, 2019.
_____, "입법자의 의사와 법률해석의 문제", 서울대학교 법학 제63권 제4호, 2022.
이동진, "판례변경의 소급효", 민사판례연구 vol., no.36, 2014.
이상덕, "대법원 판례는 절대적 진리인가, 아니면 남의 의견일 뿐인가?", 법학에서 위험한 생각들, 법문사, 2018.
이윤정, "입법자의 의사와 법해석", 서울법학 제27권 제2호, 2019.
정철희, "명예훼손죄의 공연성에 관한 전파가능성 법리의 유지 여부 : 대법원 2020. 11. 19. 선고 2020도5813 전원합의체 판결", 부산판례연구회, 판례연구 제34집, 2023.
전해정, "법감정의 인식론적 가능성 연구", 법학논총 제26권 제2호, 2013.
조동은, "법원의 인권합치적 법해석에 관하여 : 대법원 2022. 4. 21. 선고 2019도3047 전원합의체 판결을 소재로 삼아", 헌법학연구 28권 4호, 2022.
조충영, "민사계약에 따른 형사법적 책임 : 대법원 2022. 6. 23. 선고 2017도3829 판결을 중심으로", 부산대학교, 법학연구 제64권 제1호, 2023.
최봉철, "미국의 법률해석론 개관", 한국법학원, 저스티스 통권 제176호, 2020.
하민경·강민애, "대법원 판결과 사회변화", 사법정책연구원 연구총서, 2017.
홍완식, "입법의 원칙에 관한 연구", 법제처 법제논단, 2006.

### (2) 해외논문

Veronica Dougherty, "Absurdity and the Limits of Literalism : Defining the Absurd

Result Principle in Statutory Interpretation", 44 Am. U. L. Rev. 127 1994-1995.
H. L. A. Hart, "Positivism and the Separation of Law and Morals", Harvard Law Review, Vol. 71, No. 4 (Feb. 1958).
Eskridge Jr., William N., "Dynamic Statutory Interpretation", 135 U. PA. L. REV. 1987.

## 3. 평석, 기사 등

강해룡, "결정·명령 고지 전 항고, 무효인가 유효인가?", 법률신문 2014. 11. 13.자 판례평석.
_____, 법률신문 2020. 12. 7. 강해룡 변호사(법률신문 편집인) 인터뷰 기사.
김성우, "상당한 기간 피상속인을 동거·간호한 배우자의 기여분", 법률신문 2020. 1. 2.자 판례평석.
배인구, "2023년 분야별 중요판례분석(10) 상속법", 법률신문 2024. 6. 22.자 판례평석.
윤진수, "민법 제496조는 사용자책임에도 적용되는가?", 법률신문 2007. 4. 9.자 판례평석.
이성일, "형사소송법상 피압수자의 개념과 범수", 2024. 7. 13.자 법률신문 칼럼.

저자소개

김 범 진

서울대학교 외교학과 및 동 대학원 졸업(1995, 정치학석사)
미국 Washington University in St. Louis LL.M.(2012, 법학석사)
서울대학교 법과대학원 졸업(2018, 법학박사, 민법전공)
44회 사법시험 합격(2002)
법무법인 광장 변호사(2005~2025. 3.)
프리머스 법률사무소 변호사(2025. 3.~현재)
미국 뉴욕주 변호사 자격증 취득(2012)
한양대학교 법학전문대학원 겸임교수(2019~2021)
고려대학교 법학전문대학원 겸임교수(2022~2023)
서울대학교 법학전문대학원 겸임교수(2024~2025)


주요 저서 및 논문

법률가의 글쓰기(2021, 박영사)
"명예훼손법의 기초이론에 관한 연구 — 명예권의 역사, 이론 및 시사점", 서울대학교 박사학위논문, 2018.
"재판실무에서 법적 논증의 기본 구조", 한국법학원, 저스티스, 2019. 8.
"법적 추론에서 삼단논법과 규범적 판단(normative judgement)의 상호작용에 관한 연구", 한국법학원, 저스티스, 2023. 12.
"Function of 'Normative Judgment' in Legal Reasoning", Journal of Korean Law, 2024.


대법원 판례로 읽는 법적 논증
— 어려운 사건을 해결하는 19가지 논증 도구 —

초판발행 2025년 9월 25일

지은이 김범진
펴낸이 안종만 · 안상준

편 집 이승현
기획/마케팅 김한유
표지디자인 BEN STORY
제 작 고철민 · 김원표

펴낸곳 (주) 박영사
서울특별시 금천구 가산디지털2로 53, 210호(가산동, 한라시그마밸리)
등록 1959. 3. 11. 제300-1959-1호(倫)
전 화 02)733-6771
fax 02)736-4818
e-mail pys@pybook.co.kr
homepage www.pybook.co.kr
ISBN 979-11-303-2439-5 93360





정 가 22,500원